Volker Bieta / Wilfried Siebe

SPIELTHEORIE FÜR FÜHRUNGSKRÄFTE

**Was Manager
vom Militär
über Strategie
lernen können**

UEBERREUTER

Die Deutsche Bibliothek – CIP-Einheitsaufnahme

Bieta, Volker:
Spieltheorie für Führungskräfte : was Manager vom Militär über
Strategie lernen können / Volker Bieta/Wilfried Siebe. – Wien :
Ueberreuter, 1998
 ISBN 3-7064-0409-5

S 0351   1 2 3 / 00 99 98

Inhalt

„Next week there can't be any crisis. My schedule is already full!"

Henry Kissinger

Persönliche Vorbemerkungen: Cui bono?

Schlagworte wie Total Quality Management (TQM), Reengineering, Leanness, Corporate Identity und Corporate Culture zeigen, daß Managementphilosophien hoch im Kurs stehen. Wenn der Kurs einer Aktie steigt, sinkt aber bekanntlich der Zins. So entsteht rund um diese Managementphilosophie-Hausse der Eindruck, daß das Wortgeklingel in den schönen sprachlichen Gewändern der Anglizismen nicht selten vor allem zwei Erwartungshaltungen der „Shareholder" entgegenkommt: Neben dem Wundermittel wird die „magische" Antwort gesucht, die den Unternehmenserfolg per se garantiert. Dabei suchten schon die Alchimisten erfolglos den Stein der Weisen, und auch Novalis war während seines kurzen Lebens vergeblich auf der Suche nach der Blauen Blume. Warum soll es daher gerade in der Wirtschaft jene Wunder geben, die es in anderen Bereichen des Lebens nicht geben kann?

Spätestens wenn die x-te Lösung zum selben Problem angeboten wird, zeigt sich das Dilemma. Der Wunsch, die Angst vor dem Wandel zu reduzieren, schlägt in Angst vor den Instrumentarien um, mit denen gerade die Angst vor dem Wandel reduziert werden soll. Wenn dabei die sich jagenden Managementkonzepte die Zeit der Akteure (Betroffenen) zum eigenen (Nach-)Denken über den Wandel immer weiter reduzieren, wird oft zu einem probaten Mittel gegriffen: Die eigene (Denk-)Arbeit wird nach außen verlagert, wobei der damit verbundene Nachteil der Aufgabe eigener (Denk-)Fähigkeit quasi billigend in Kauf genommen wird. Werden aber Teile der flexiblen Reaktions-Software auf Umweltwandel aufgegeben, stellt sich die Frage, wie Manager in diesem Szenario durch das Eingehen kalkulierbarer Risiken bessere Entscheidungen treffen sollen. Ein erster Schritt in die richtige Richtung wäre die Erkenntnis, daß das Synonym für Netzwerkwandel Gestaltung von Beziehungen heißt.

Da es keine hierarchiefreien Organisationen geben kann, verändern die von „Quantensprüngen" im Management auf irgendeine Art und Weise betroffenen offenen und „verdeckten" Spielregelsysteme der Netzwerke auch die Netzwerkpsychologie. Das „Zusammenspiel" dieser Spielregelsysteme transportiert aber die eigentliche Netzwerkmacht und damit die Akzeptanz oder die Ablehnung von Veränderung per Managementphilosophie durch die Netzwerkspieler. Diese (Macht-)Spiele sind schwer prognostizierbar, wie die Task Forces der Beratergeschwader oft erfahren müssen: Meistens sind es gerade diese „verdeckten" Spielregelsysteme, über die sie stolpern.

Unter dem Deckmantel der „verdeckten" Spielregelsysteme aus Gebräuchen, Routinen und persönlichen Beziehungen können nämlich Spieler nicht nur die Macht an sich reißen; sie können sich dahinter auch vor den Risiken des Wandels verstecken. So werden (machtlose) Spieler oft erst zu Bedenkenträgern, selbst wenn das offene Spielregelsystem in Form der Corporate-Culture-Hochglanzbroschüren ganz andere Signale aussendet. Die Crux ist, daß diese Schattenhierarchien oder Netzwerkgrauzonen letztendlich über die Netzwerk-Performance entscheiden, ganz egal, welche Rahmen des „Erlaubten" und des „Nicht-Erlaubten" solche Zieldeklarationen abstecken. Das erschwert dem Management als dem (Haupt-)Gestalter der Spielregeln aller Netzwerkspiele aber das „Wägen", das bekanntlich vor dem „Wagen" kommt. Daher sind (Macht-)Spiele, die sich etwa in den bekannten Angriffs- und Verteidigungsschlachten um Abteilungs-Königreiche zeigen, plötzlich oft die einzige „Konstante" des Netzwerkwandels. Dabei wehrt sich dieses Netzwerkimmunsystem der über lange Zeiträume wohl ausgependelten (Macht-)Spiele gegen Veränderungen durch den bekannten „organizational distress". Sind einige Spieler gleicher als andere Spieler, was jeder Spieler weiß, aber keiner ausspricht, kann oft niemand mehr für die Mißerfolge verantwortlich gemacht werden. Quantilians Erkenntnis „Jeder will lieber fremde Fehler verbessert haben als eigene" folgend, entstehen so auch die Gefechte auf den Nebenkriegsschauplätzen mit dem Namen „Suche einen Sündenbock", die als nicht mehr „verdeckte" Spielregeln oft das Netzwerktagesgeschäft entscheidend (mit) bestimmen. Daher braucht erfolgreiche Netzwerkkoordination – fast wie beim Militär – (Gedanken-)Rahmen, die die Komplexität strategischer Entscheidungssituationen klar und für alle Spieler nicht nur wahrnehmbar, sondern auch nachvollziehbar auf strategisch relevante Kerne reduzieren. Diese (Gedanken-)Rahmen sind die **Spiele,** und die strategisch relevanten Kerne sind die **Hebel** (Bausteine) der Spiele. Die Hebel sind dann das Abbild aller Interaktionen innerhalb des Spiels. Dabei ist ein Spiel das Darstellungsmittel eines „Gedankenexperiments", das nicht nur die entscheidenden Begriffe klar und verständlich macht, sondern durch das „(Herum-) Spielen" mit Eventualitäten auch Vorhersagen und Einsichten liefert.

Die Spiele sind als Szenarien dann die Kettenglieder spieltheoretischen Szenarienmanagements. Über Netzwerkspiele, in denen alles einander bedingt, sind die Spieler zum Erfolgs-Risiko-Verbund verzahnt. Damit sie diese „tool box" zur systemischen, ganzheitlichen Abschätzung der Folgen eigener und fremder Entscheidungen erfolgreich einsetzen können, müssen sie aber erst einmal erkennen, daß sie auf dynamisch wechselnden Spielfeldern in verschiedenen Rollen verschiedene Spiele spielen. Spieltheoretisches Szenarienmanagement besteht deshalb aus den eng verzahnten Teilen des spieltheoretischen Denkens und des spieltheoretischen Handelns. **Die spieltheoretische (Denk-)Logik gibt den Spielern dabei die Chance, sich die (Denk-)Hüte anderer Spieler aufzusetzen, um zu verstehen, wie diese auf neue Strategien reagieren werden.** Erkennen die Spieler dann wechselseitig, welchen Hebel sie **wie** bewegen müssen, um Spiele zu verändern, kommen sie nicht nur den „verdeckten" Netzwerkspielregeln auf die Spur, die sich erst im Spielerverhalten zeigen. Mehr noch, die Spieler lernen sich selbst und ihre Mitspieler besser kennen und verstehen. **Über die Hebel der Spiele werden nämlich alle Wechselwirkungen der Spieler als Chancen und Risiken in einer Situation klar benannt.** Mit dem Management, Consultern und Netzwerkmitgliedern als Spielern ist spieltheoretisches Szenarienmanagement daher ein Veränderungsprozeß und kein Netzwerkschmusekurs, da „group thinking" durchbrochen wird und selbständiges Denken an die Stelle emotionalen Handelns tritt. Der Grund dafür ist einfach: Durch das vernetzte Denken der Spieltheorie erweitert sich das verhaltenssteuernde Repertoire der Strategien zur Veränderung des Spiels in einer nicht immer für alle Spieler angenehmen Art und Weise. **Da eine Strategie den Vorstellungen eines Spielers kaum jemals zur Gänze entspricht, ist spieltheoretisches Szenarienmanagement ganzheitliches Risikomanagement.** Durch Spiele wird nämlich erkennbar:

- daß jedes (Teil-)Spiel im Zusammenhang mit den es verzahnenden größeren Spielen zu sehen ist
- daß nur die Spiele verbunden sind, die Spieler nach ihrer Auffassung auch für verbunden halten
- daß, was in einem (Teil-)Spiel geschieht, davon abhängt, was in anderen (Teil-) Spielen oder größeren Spielen geschieht, wobei das Verhalten in einem (Teil-) Spiel aber wieder die mit diesem (Teil-)Spiel verzahnten Spiele von heute und morgen beeinflußt
- welche Spieler es gibt und wie sich Machtpositionen durch Beeinflussung der Spielregeln bestimmen.

Gleichzeitig erkennen die Spieler aber auch erst im (Gedanken-)Rahmen der Spiele, welche Hebel des Spiels *wie* zu bewegen sind, um die Spiele in ihrem Sinne zu beeinflussen. Sie sehen:

- wie die Auffassungen der anderen Spieler vom Spiel zum eigenen Nutzen zu verändern sind
- wie sich das Spiel verändert, wenn neue Spieler das Spielfeld betreten oder alte Spieler das Spielfeld verlassen
- wie man dafür sorgt, daß man im „richtigen" Spiel unter seinen Spielregeln spielt
- wie sich die „Macht" als Schlüssel zum Verständnis des Spielerverhaltens gerade durch das Spielerverhalten zeigt

- wie das Spiel aktiv zu gestalten ist, damit man das Spiel verändert und nicht durch das Spiel verändert wird.

Kurzum, die Spiele zeigen einem Spieler, wie andere Spieler Risiken wahrnehmen, womit dieser Spieler aber auch weiß, wie das Verhalten der anderen zu beeinflussen ist.

Ein wesentliches Merkmal spieltheoretischer Strategiepraktik ist nämlich, **daß die Reaktionen anderer Spieler auf eigene Entscheidungen nicht nur prognostizierbar werden, sondern auch in das eigene Kalkül einbezogen werden.** Dadurch schauen die Spieler mittels Strategien in die Zukunft und schließen aus der Zukunft auf die Gegenwart. Die dafür notwendige geistige Fitneß liefert der flexible (Gedanken-)Rahmen der Spiele, in dem sich auch der Regler für das der Situation angepaßte Abstraktionsniveau der Szenarien versteckt. Dabei ist die Spieltheorie in erster Linie eine (Denk-)Logik, die jeder beherrschen kann, da sie auf der (Denk-)Logik der Antike basiert. Die Mathematik verbindet diese (Denk-) Logik dann logisch-konsistent im systemischen Zusammenhang, womit die Spieltheorie erst in zweiter Linie als Umsetzungsstrategie zu einer Mathematik- oder Computerakrobatik werden könnte. Diese Klaviatur muß aber nicht mehr jeder Spieler beherrschen. Die wichtige (Denk-)Arbeit der Spieler besteht vielmehr darin, das der Situation entsprechende richtige Spiel zu finden. **Daher ist spieltheoretisches Risikomanagement auf die (Denk-)Fähigkeit aller Spieler angewiesen; nur so lassen sich die richtigen Strategien finden und die richtigen Entscheidungen treffen.** Im Schmelztiegel des Spiels verbinden sich alle voneinander abhängigen Faktoren, und die Spieler erkennen, warum Entscheidungen nicht mehr isoliert von den Entscheidungen anderer Spieler getroffen werden können. Gilt nicht mehr Donnes „No man is an island, entire of itself", sondern eher Vinsons „What man has made, man can change", werden im Spiel die „Köpfe" der Spieler ganzheitlich genutzt und nicht benutzt. **Somit ist es nicht mehr das Spiel, das die Spieler verändert, sondern die Spieler verändern vielmehr ihrerseits das Spiel.** Hat ein Spieler die Sicherheit, das für ihn richtige Spiel zu spielen, erhöht sich sein Engagement. Im Wirkungsverbund mit den anderen Spielern wird sich dann zeigen, ob sein Spiel nicht sogar zum Spiel aller Spieler wird.

Die Spieler verfügen mit der Denkökonomie der Spieltheorie nun plötzlich über eine gemeinsame Sprache in Sachen Change Management. Dabei erkennt jeder Spieler seine wichtige Rolle als Change Agent, da spieltheoretisches Szenarienmanagement alle Spieler als die per se besten Wissensverarbeiter und Netzwerkkenner erfaßt. Das erhöht neben der Identifikation mit der „Sache" auch deren Akzeptanz. Erst in dieser Sprache ist es – frei von Polemik und Polarisierung und in emotionaler Ferne zum Geschehen – aus der Vogelperspektive des Spiels möglich, vorgeschlagene Strategien zu reflektieren, einen Konsens zu bilden und Verhaltensweisen sachlich zu kritisieren. Aufgrund dieser Art des gemeinsamen strategischen Denkens und Handelns, die als zeitlose (Denk-)Logik unabhängig von Umfeldwandel und Trendhopping ist, akzeptieren die Spieler aber, daß nicht mehr alles so sein muß, wie es einst war, da sie verstehen, warum nicht mehr alles so sein kann. **Die Betrachtung aus der Perspektive der Spieltheorie führt dazu, daß die Spieler viele als selbstverständlich geltende Merkmale nicht mehr länger für selbstverständlich halten.** Mehr noch, durch das Spiel haben sie erst ein Forum, das ihnen die Möglichkeit bietet, das Umsteuern nach ihren Vorstellungen (mit) zu beeinflussen.

Ob ein Spieler diese Chance nutzt und wie er damit umgeht, hängt von seiner Risikobereitschaft ab. Er kann sich jedoch, egal, ob er sich passiv oder aktiv verhält, der Einbindung durch seine (Mit-)Spieler nicht entziehen. Da jeder Spieler in seinen Wertschöpfungskategorien denkt, muß es aber sein Ziel sein, von der Verteilung des Kuchens (Spielergebnis) durch die (Mit-)Spieler nicht durch eigene Passivität ausgeschlossen zu werden. Da der Wertschöpfungsanteil eines Spielers auch seine Macht im Spiel reflektiert, ist daher jeder Spieler schon aus Eigeninteresse gefordert. Die Spieler sehen so ihre wichtige Rolle im Wandel, womit der Wandel aber auch seine mystischen und Ängste verursachenden Merkmale des per se Bedrohlichen verliert. **Nur im Spiel können allzu einfache Vorstellungen über den Wandel, die das Mystische oft erst begründen, hinterfragt werden.** In diesem „richtigen Geist" lassen sich dann jene Strategien zur Bewältigung des Wandels finden, die ohne spieltheoretisches Denken nie zu finden wären. Die Spieler erkennen, was sie in das Spiel einbringen (müssen) und was sie aus dem Spiel herausnehmen (können). So wird der Weg zur qualitätsgesicherten spieltheoretischen „Lösung" zum Ziel eines jeden Spielers. In der Phase der Umsetzungsstrategie resultiert daraus die alle Spieler zusätzlich bindende Qualitätsphilosophie. Dieses für die Kunden wahrnehmbare Separationsprofil schützt dann das Netzwerk vor „Me-Too"-Strategien der Konkurrenz. Damit ist aber auch klar, daß spieltheoretisches Risikomanagement als offene Kommunikations- und Fehlerkultur nicht vor der mangelnden Elastizität der Unternehmenskulturen haltmacht und diese damit ihre Funktion als Entschuldigungsrahmen für alles verlieren.

Kurzum, spieltheoretisches Risikomanagement ist in einem ersten Schritt die Umsetzung von (Denk-)Logik. Damit ist die Spieltheorie, die aufgrund ihrer militärischen Wurzeln lange top-secret war, eng mit der Entwicklung des strategischen Denkens und somit mit der Geschichte verbunden. Um den Geheimnissen der Spieltheorie und damit dem strategischen Verhalten auf die Spur zu kommen, ist die Auseinandersetzung mit der Geschichte unumgänglich. Deshalb wurde auf das Referieren bekannter Unternehmenshistorien bewußt verzichtet. Jeder weiß mittlerweile, daß

- Boeing durch Reengineering zur Zeit beachtliche Erfolge erzielt
- Merck durch Time-Based Competition die Umsätze beträchtlich steigert

- Motorola und Xerox TQM als strategische Stoßrichtung im Wettbewerb nutzen
- Ciba Geigy und Swissair Lean Management erfolgreich praktizieren
- das Konzept der Lernenden Organisation bei General Electric Anwendung findet.

Diese Liste ließe sich „fast" beliebig fortsetzen. Bei soviel Licht muß es aber bekanntlich auch viel Schatten geben: Tatsächlich ist es nach Hammer/Champy, den Erfindern der Reengineering-Philosophie, so, daß weit über die Hälfte aller Change-Projekte scheitern. Der Grund dafür ist wohl, daß sich Managementphilosophien vor Ort oft als Definitionsensemble parallel anzustrebender Zielgrößen ohne inhaltliche Präzision erweisen. Eine Managementphilosophie wird daher „nur" zur Scheinlösung, wenn die Netzwerkspezifika ignoriert werden.

Wie läßt sich nun ein Weg durch den Nebel finden? Wie können die betroffenen Spieler erkennen, welche Spiele (mit ihnen) gespielt werden, wenn durch die systematisch unreflektierte Implementation von Managementphilosophien ein Netzwerkgau droht? Die Identifikation von Change Management mit Netzwerkspielen bietet hier die Chance, daß Spieler in wohldurchdachter Art und Weise mittels konkreter Strategien alle Chancen und Risiken des neuen Projekts erkennen. Die Einführung neuer Managementphilosophien ist dann plötzlich nicht mehr per se ein Nullsummenspiel, das angst macht, da Spieler nur das gewinnen können, was andere Spieler verlieren. Werden die Dinge des Wandels durch Spiele aber zueinander in Beziehung gesetzt, ermöglicht der Perspektivenwechsel, daß jeder Spieler die Welt so sehen kann, wie sie die Mitspieler sehen. Aus dem Nullsummenspiel des Anfangs wird Ciceros „Cui bono" (Wem nützt es?). Erst diese Sicht der Dinge, die den Spielern zeigt, daß sie nicht nur gemeinsam siegen, sondern auch gemeinsam verlieren können, und taktische Siege durchaus zu strategischen Niederlagen führen können, wandelt die isolierte Schwarzweißlogik des „Entweder-Oder" in die verbindende „Sowohl-Als-auch-Logik". Dadurch wird die Basis dafür geschaffen, daß aus Wertschöpfung vernichtendem Egozentrismus wertschöpfender Allozentrismus wird.

An dieser Stelle vorab ein klares Statement. **Spieltheoretisches Risikomanagement ist keine mathematische Formelsammlung, die fernab vom Ort des Geschehens an den grünen Tischen von Netzwerkstrategen per Gleichungssystem jede Art von Komplexität löst.** Es ist auch kein mechanischer Spielregelgenerator für jede Lage der Dinge, und der Risikomanager als „Spieler" ist nicht der Uhrmacher, der die Netzwerkmaschine mit seinem Ölkännchen an der richtigen Stelle zur richtigen Zeit richtig ölt, damit sie richtig (weiter-)läuft. Daher ist die Spieltheorie auch kein neuer Befreiungsschlag für das Management zur perfekten Lenkung sozioökonomischer Systeme. Die Spieltheorie ist eine (Denk-)Logik, die in den „Köpfen" der Spieler entlang der Prozesse und Wertschöpfungsketten im Netzwerk ständig bereitsteht, womit die prozeßorientierten modernen Managementphilosophien auch wie Fleisch an einem spieltheoretischen Skelett hängen. Durch die Spieltheorie werden Menschen nicht plötzlich rationaler; sie denken nur disziplinierter und geordneter in systemischen Zusammenhängen. **Da Risiken nicht einfach technisch (weg-)diversifiziert werden, kann die Zukunft durch die Spieltheorie in den Dienst der Gegenwart gestellt werden. Erst durch spieltheoretisches Risikomanagement wird nämlich erkennbar, wie Risiken zu begreifen und systemisch abzuwägen sind. Genau darauf basiert ein gutes (Spiel-)Ergebnis.** Da jeder Spieler frei entscheidet, ob er zusätzliche Risiken übernimmt oder erst einmal versucht, bestehende Risiken in den Griff zu bekommen, bekommt er vom Kuchen im Wirkungsverbund aller Spieler auch nur das Stück, das ihm durch sein Spielverhalten zusteht. Dahinter verbergen sich nicht nur Macht, Prestige oder auch Geld; hier liegt vielmehr der Anreiz, ein „guter" Spieler zu sein. Damit ist es nicht unwahrscheinlich, daß sich die Verzinsung des „Wandelportefeuilles" mit einer spieltheoretischen Portefeuilleversicherung per spieltheoretischem Risikomanagement erhöht und Henry Kissinger, wenn er den richtigen systemischen Blick für das Ganze hätte, eine ruhige Woche bevorstünde.

Bielefeld/Rostock, Juli 1997   V. Bieta, W. Siebe

„Nicht von Beginn an enthüllen die Götter uns Sterblichen alles.
Aber im Laufe der Zeit finden wir, suchend, das Bessere."

Xenophanes

I. Szenarien: Orientierungspunkte im Wandel

Zentralthemen

- Neue Wirklichkeiten erschließen Kombinationen neuer Werkzeuge. Nicht jede Kombination ist dazu geeignet; „qualitätsgesicherte" Kombinationen sind zu finden

- Szenarien erschließen neue Wege in die Zukunft. Es ist das Ziel des Szenarienmanagements, Wissen und Können der Spieler in Szenarien zu Systemwissen zu verdichten

- Szenarienmanagement ist ein Werkzeugkasten „vernetzter" (Denk-)Instrumente. Erst die „Köpfe" der Spieler erschließen die Wege in die Zukunft

- Die Spieltheorie liefert Bausteine für Szenarien

Das Spiel von Realität und Perspektive

Albert Einstein hat mit der Relativitätstheorie zu Beginn des 20. Jahrhunderts eine Theorie der Bewegung von Massen in Raum und Zeit geliefert, die dem modernen „gesunden" Menschenverstand schon einiges zumutet(e). Etwas salopp formuliert, kränkte Einstein mit der Relativitätstheorie zumindest die intuitiven Überzeugungen des Menschen. Spätestens seit Einstein müssen nämlich die Strukturen des Denkens nicht mehr mit den Strukturen der Wirklichkeit übereinstimmen. Der volkstümliche Spruch „Alles ist relativ" ist seit Einstein keine philosophische Binsenweisheit mehr. Die Menschen müssen damit leben, daß der Raum, den sie sehen und in dem sie leben, anders ist, als sie diesen Raum sehen (wollen).

**Erst wenn Bekanntes aus neuen Perspektiven betrachtet
wird, wandeln sich (Denk-)Routinen**

Hinter dem Relativitätsprinzip Einsteins verbirgt sich wesentlich mehr als nur die schlichte Formel $E = mc^2$. Im Grunde genommen setzt sich die Relativitätstheorie auch damit auseinander, wie Dinge aus unterschiedlichen Blickwinkeln erscheinen können. Einsteins Ruhm beruht mit auf der Erkenntnis der subjektiven Natur aller Beobachtungen und Messungen. Das im Zusammenhang mit der Relativitätstheorie oft strapazierte Bild des Zwillingsparadoxons, das gerade die Phänomene der verschiedenen Blickwinkel illustriert, ist mittlerweile fast jedem bekannt. In der modernen Managementterminologie de Bonos verstecken sich hinter dem Perspektivenwechsel Einsteins die „thinking hats". Je nachdem, welchen von den möglichen Denkhüten de Bonos ein Manager gerade auf dem Kopf hat, gestaltet sich seine Sicht der Dinge vom Netzwerkleben. Ob es die „richtige" Sicht der Dinge ist, steht auf einem anderen Blatt.

Perspektiven bestimmen das Handeln. Welche Perspektive ist die richtige? Wie findet man sie?

In Einsteins kompliziertem Theoriegebäude kann man sehr schnell den Glauben an den „gesunden" Menschenverstand verlieren. Größen wie Masse und Geschwindigkeit hängen plötzlich zusammen, wo doch der „gesunde" Menschenverstand diese Größen klar trennt. Zu allem Überfluß wird auch noch die Zeit von den Gravitationsfeldern gekrümmt. Die Zeit hängt dann unglücklicherweise wieder mit dem Raum zusammen. Damit gab es für Einstein auch keine Ereignisse mehr im Raum; diese fanden vielmehr nur noch in einem vierdimensionalen „Raum-Zeit-Kontinuum" statt. Und spätestens jetzt wird es schwierig, denn dieses Kontinuum wird auch noch von der Schwerkraft verdreht und verbogen. Ein interessierter Betrachter der Relativitätstheorie fühlt sich in der Einstein-Zeit fast in die Zeiten von Hamlets „The time is out of joint" zurückversetzt.

Wie beeinflussen unterschiedliche Zeitvorstellungen Handlungen und Perspektiven?

Mit der Tatsache, daß bei Einstein die Zeit aus den Fugen gerät, ist es allerdings noch nicht getan. Vollends ins gedankliche Chaos wird der Betrachter dann gestürzt, wenn er sich anhand der jedermann aus der Schule bekannten Euklidischen Geometrie in der Einstein-Welt orientieren will. Die ordnende Hand der Euklidischen Geometrie versagt nämlich hier ihren seit über zwei Jahrtausenden gewohnten Dienst als Orientierungshilfe. Dabei ist die Geometrie Euklids, die wie jede Ordnung bestimmte Dinge über Regeln ziemlich konservativ in Beziehungen zu-

Einstein oder Badenixen? Alles ist relativ

einander setzt, nicht falsch. Die Euklidische Geometrie ist für die Orientierung in Einsteinschen Welten nur einfach nicht zuständig. Erst die Geometrie des gekrümmten Raumes von Bernhard Riemann liefert als neue Ordnung in einer neuen Welt die notwendige neue Orientierungshilfe. Neben die Geometrie Euklids trat also die Geometrie Riemanns, wobei es noch viele andere geometrische Ordnungen gibt, die allerdings auch nicht für die Einsteinschen Welten, sondern für andere Welten Geltung haben.

Welche Ordnung (Regel) gilt in welcher Welt? Wie findet man in „richtigen" Welten „richtige" Ordnungen?

Spätestens ab 1945 hat wohl kein Mensch – unabhängig davon, ob er sich in der Einstein-Welt orientieren konnte oder nicht – mehr den Fehler gemacht, an der Existenz dieser Welt zu zweifeln. Die Relativitätstheorie galt nicht mehr länger als Hypothese aus dem Elfenbeinturm der Physik. Ganz entgegen Einsteins Absichten wurde die Relativitätstheorie zum Bestandteil militärischer Kriegsführung. Über Nacht verwandelte sich das Markenzeichen $E = mc^2$, hinter dem sich die Äquivalenz von Masse und Energie verbirgt, durch die Atombombenabwürfe auf Hiroshima und Nagasaki in grausame Realität. Die Relativitätstheorie war plötzlich eine Wirklichkeit. Sie hatte ihren Ursprung überdauert und wird als gesellschaftliches Wissen weitergegeben. Nicht jeder Mensch muß dieses Wissen verstehen, aber die Menschen soll(t)en wissen, daß es dieses abrufbare Wissen gibt.

Vorhandenes Wissen muß der Situation angepaßt genutzt werden

Die Menschen müssen sich wohl oder übel damit abfinden, daß Wirklichkeiten und Wissen kompliziert sein können. Dabei kann es passieren, daß die Wirklichkeit und das Wissen anders sind, als die Menschen denken oder erwarten. Kommt die Relativitätstheorie somit aus einer anderen, zukünftigen Welt, die den Menschen wie eine „black box" erscheinen muß, wobei sie sich diesem Wandel aber nicht entziehen können? Wird der Wandel unter dieser (Denk-)Alternative begriffen, kann das zu berechtigter Besorgnis führen, da der Wandel dann ausschließlich die von den Menschen geliebten Ordnungen zerstört. Ohne diese Dramaturgie übertreiben zu wollen, hilft hier die schlichte Tatsache weiter, daß die Zukunft nicht immer etwas Bedrohliches sein muß. Wohl nur im Ausnahmefall trifft etwas Zukünftiges ohne irgendwelche Vorzeichen schlagartig auf etwas Gegenwärtiges, was auch schon Dantes Prophezeiung „Coming events cast their shadows before" spiegelt. Die Menschen müssen daher Mittel und Wege finden, um selbst aus „schwachen" Signalen im zeitlichen Vorfeld von Ereignissen Schlüsse auf die Zukunft ziehen zu können.

Wann birgt die Zukunft Chancen, wann birgt sie Risiken?

Wege in die Zukunft: Spiele um Chancen und Risiken

In der Antike kannte man die berühmten Orakel des Apollon und des Zeus in Delphi und Dodona, wo die Menschen darauf hofften, daß zukünftige Ereignisse ihre Schatten durch Spruchweisheiten der Götter vorauswarfen. Die Zuflucht zu Weissagungen und göttlichen Offenbarungen war ein „gangbarer" Weg, um die Ungewißheiten des Morgen und des Übermorgen zu meistern. Einen anderen Weg, um Aussagen über die Zukunft zu machen, wies dagegen im 6. Jahrhundert v. Chr. der Philosoph Thales von Milet, als er eine Sonnenfinsternis voraussagte. Er nutzte dafür astronomische Daten der Babylonier und machte eine der ersten dokumentierten Prognosen. Vereinfacht gesagt, verwendete er Daten der Vergangenheit, um in die Zukunft zu gelangen. Die Prognose des Thales basierte jedoch auf einem mathematischen Modell, auf das er die astronomische Realität reduziert hatte, womit er sich in seiner (Natur-)Modellwelt darauf verlassen konnte, daß seine Prognose auch stimmte.

Die „richtige" Modellwelt gibt die „richtige" Prognose

Für die Menschen als Netzwerkspieler ist allerdings die handlungsleitende Wirklichkeit der Gegenwart in die unscharfe Realität der Zukunft eingebettet, die sich im Regelfall aus menschlichen Interaktionen und nur im Ausnahmefall aus konstanten Gesetzmäßigkeiten der Natur bestimmt. Der Mensch ist dieser (Spiel-)Art der „unsicheren" Zukunft jedoch nicht ganz hilflos ausgeliefert, wenn er wie Einstein eine Vision hat. Um von der Gegenwart (Wirklichkeit) des physikalischen Denkens eines Newton in die Zukunft (Realität) des physikalischen Denkens eines Einstein zu gelangen, nutzte Einstein die Sprache der Mathematik als Brücke. So konnte er seine Vision vom Zustand der Welt realisieren. Dem (mathematischen) Denken seiner Zeit voraus, mußte er sich aber erst einmal die (mathematischen) Werkzeuge schaffen, um sich seine neue (zukünftige) Gedankenwelt zu erschließen. Unabdingbare Voraussetzung dafür war, daß Einstein damit aufhörte, bestimmte Merkmale der (mathematischen) Welt für selbstverständlich und unveränderlich zu halten. Er brauchte ein neues (Spiel-)Regelsystem für seine Welt und fand es in der Nicht-Euklidischen Geometrie.

Welches sind die Werkzeuge, um die Zukunft zu erschließen?

Hinter der Frage nach den Werkzeugen versteckt sich ein wichtiger Punkt zum Verständnis des Wandels. Die „Erkenntnis" ist einfach; die Konsequenzen sind jedoch weitreichend: Die Welt und ihre Eigenschaften können nämlich nicht ausschließlich durch „neues" Denken verstanden werden. Auch ein Albert Einstein hätte lange denken können und wäre trotzdem zu keinem Resultat gekommen, wenn er nicht die Krücke seiner „speziellen" Werkzeuge gehabt hätte und eine Vision, die ihn davor bewahrte, in seinem Denken allzuoft in die Irre zu tappen. Dabei sind die Reichweite von Einsichten und die Qualität von Werkzeugen untrennbar miteinander verknüpft, da sich bestimmte Zusammenhänge erst erschließen können, wenn auch die „richtigen" Werkzeuge eingesetzt werden. Verfügt man etwa beim Bau eines Schiffes nur über einen Hammer, dann kann auch die zu „bearbeitende" Welt nur aus Nägeln bestehen. Mit diesem Werkzeugrepertoire wird der Schiffsbau nicht nur ziemlich lange dauern. Es darf auch daran gezweifelt werden, ob sich mit dieser Konstruktion ein Schiffsmodell der Zukunft erschaffen läßt, mit dem die „Hammer-Nagel-Welt" einmal verlassen werden kann.

Reichweiten des Denkens und von Werkzeugen bestimmen die Reichweite der „Erkenntnis"

In einer „Nicht-Schiffswelt" findet das „Hammer-Nagel-Szenario" sein Pendant im Instrumentarium des Portefeuillemanagements in der Provenienz der Boston Consulting Group (BCG). Das Portefeuillemanagement ist ein am Wettbewerb orientiertes „strategisches" Denken, wobei Netzwerkwelten zu Portefeuillewelten werden. Unterstützt von Umfeld- und Unternehmensanalysen, stehen zusätzliche Spielregeln zur Verfügung, um in diesen Welten erfolgreiche Strategien zu finden. Für die gewünschte Positionierung in der Portefeuillematrix stehen dann wieder Normstrategien bereit. Das Konzept ist bzw. war verlockend. Die Komplexität des Wandels wurde auf wenige Größen reduziert, und man hatte einen klar definierten Lösungsweg. Doch liegt der Teufel bekanntlich im Detail, und so hat auch dieses „mechanische" Konzept zur Positionierung im Wettbewerb einen „kleinen" Nachteil: Wenn alle Wettbewerber dieses Wundermittel kennen, werden es auch alle anwenden. Damit verliert es allerdings an Wirkkraft. Ein Wunder kann es erst dann wieder geben, wenn sich ein Spieler plötzlich nicht mehr an die Spielregeln des Wundermittels hält. Dann kommt es auf die Perspektive an, unter der ein solches Spielerverhalten bewertet wird. Für einige Betrachter ist es sicherlich innovativ oder kreativ, wenn ein Spieler seine Spielregeln verändert und etwas Dynamik in die Statik dieser (Denk-)Welten trägt. Für andere Beobachter ist er dagegen schlicht und einfach ein Spielverderber. Das „Hammer-Nagel-Szenario" der Portefeuilleanalyse hat zweifelsohne dazu beigetragen, daß es zu einer intensiveren analytischen und „systemischen" Auseinandersetzung mit dem Markt und der Konkurrenz kam. Die Ausrichtung auf diese speziellen Umfeldspezifika hat jedoch den weiter gefaßten systemischen Blickwinkel getrübt, so daß andere, für den Unternehmenserfolg ebenfalls relevante systemische Reflexe am Wegesrand nicht mehr erkannt wurden.

Welche (systemische) Qualität müssen Werkzeuge haben, um die Zukunft zu erschließen?

Daß neben Qualität und Reichweite auch die Kombination der Werkzeuge entscheidend ist, verdeutlicht eine kleine Anekdote um den großen dänischen Physiker Nils Bohr, der sich so seine Gedanken über das Spülen im Haushalt machte. Er stellte sich die Frage, was eigentlich den Erfolg des Spülens ausmacht. Man wischt doch mit einem schmutzigen Tuch in schmutzigem Wasser an schmutzigem Geschirr herum. Jeder hauswirtschaftliche Laie erhält aber mit etwas Erfahrung in der Spültechnik dennoch einigermaßen sauberes Geschirr; vorausgesetzt, er setzt diese drei Komponenten im Verbund und in der „richtigen" Reihenfolge ein. Nichtsdestotrotz ist der Spülvorgang an sich eine Paradoxie. Wir haben unklare Vorstellungen über den Gegenstand: das „schmutzige Geschirr". Wir haben dazu ein unklares „Experiment": das „schmutzige Wasser". Zuletzt wird der Spülvorgang auch noch in der unklaren Sprache des „schmutzigen Lappens" abgehandelt. Bei allem Schmutz ist das Resultat unserer Bemühungen aber (hoffentlich) „relative" Sauberkeit. Läßt man allerdings nur einen Bestandteil des „Schmutzszenarios" weg, kann es mit der Sauberkeit schon dahin sein. Mit einem schmutzigen Lappen an schmutzigem Geschirr zu reiben, dürfte auch dem größten Optimisten als nicht sehr erfolgversprechend erscheinen. Die Quintessenz daraus ist, daß zum einen die notwendigen Kombinationen von Werkzeugen nicht verändert werden dürfen und zum anderen die Qualität der Werkzeuge (Verschmutzungsgrad) das „(Spül-)Ziel" nicht gefährden darf.

Wie sind Werkzeuge zum Erreichen von Zielen zu kombinieren?

Daß Einstein selbst bei einem gut angepaßten „equipment" Fehler unterliefen, hat ihn zeit seines Lebens geärgert. Als seine Gleichungen zeigten, daß sich das Universum mit der Zeit veränderte, womit es einen Anfang in der Zeit hatte, war seine Geduld zu Ende. Das Universum sollte nämlich, dem „gesunden" Menschenverstand der damaligen Zeit folgend, als Ganzes in sich ruhen. Kurz entschlossen fügte Einstein seinen Gleichungen den „kosmologischen Term" hinzu, der dem Universum den Schwung nahm. Das bezeichnete Einstein später aber als den

„größten Schnitzer seines Lebens". Erst Jahre später wurde mit der Rotverschiebung der Galaxien die Expansion des Universums dann tatsächlich nachgewiesen, die ohne den „kosmologischen Term" aber schon in Einsteins Gleichungen verborgen lag. Damit dokumentiert dieser „Schnitzer" Einsteins, daß sich erst durch die geeignete Kombination von Werkzeugen und die „richtige" Intuition eine größtmögliche Wertschöpfung erzielen läßt. Spätestens an dieser Stelle, wo sich diese beiden wichtigen Erfolgskomponenten des Change Managements verzahnen, erlangt die Spieltheorie Bedeutung.

Wie sind Werkzeuge und Intuition zu kombinieren?

Einstein stand in der (Denk-)Tradition der griechischen Philosophie. Für ihn hatte die Welt eine (mathematische) Ordnung. Daß diese (Denk-)Tradition ohne flexibles Denken allerdings zur Stagnation führen kann, zeigte die Scholastik des Thomas von Aquin. In der Scholastik war alles durch eine göttliche Ordnung geregelt, die auch vor dem Denken nicht haltmachte. Das Resultat davon, daß die Menschen über die Dinge der Welt nicht nachdenken mußten, führte zur bekannten Stagnation der Gesellschaft im Mittelalter. Einstein kombinierte jedoch die Systematik eines Aristoteles und Plato mit „seinem" flexiblen Denken, womit für den Querdenker Einstein der Weg das Ziel war. Dadurch wurde die Zukunft (Vision) eines Albert Einstein zur Gegenwart, und die Relativitätstheorie war plötzlich Wirklichkeit.

In diesem „ewigen" Kreislauf des Wandels zwischen Vergangenheit, Gegenwart und Zukunft bleibt den Menschen allerdings immer weniger Zeit zum Verschnaufen. So steht mit dem Astrophysiker Stephen Hawking schon ein neuer Einstein bereit, der mit seiner Kosmologie die Gegenwart eines Albert Einstein in naher Zukunft bald wieder zur Vergangenheit machen wird. Im Zeitstrom der Geschichte sind die Inseln momentaner Komplexitätsbewältigung daher durch Brücken des Denkens miteinander verbunden. Diese Brücken müssen die Menschen nicht nur begehen **können,** sondern auch **wollen,** um den zahlreichen Stagnationsfallen zu entgehen. Winston Churchills Ausspruch „Wenn wir einen Streit zwischen Vergangenheit und Gegenwart beginnen, werden wir finden, daß wir die Zukunft verloren haben" verdeutlicht, warum zur Bewältigung des Wandels die Gedanken auf diese Brückenkonstruktionen zu richten sind. Die Spieltheorie kann nicht nur die Brückenpfeiler, sondern auch die Brücken selbst stabilisieren.

Wie findet man Brücken zwischen Vergangenheit, Gegenwart und Zukunft?

Einstein erschloß sich „seine" Zukunft durch (Gedanken-)Experimente, wobei ihm die begrenzte Reichweite seines mathematischen Werkzeugkastens durchaus bewußt war. Er identifizierte die Mathematik (nur) als eine gültige Sprachregelung in einem bestimmten mathematischen Bezugssystem. Systemische Reflexe durch die Umwelt werden demnach nicht per se von jeder (Spiel-)Art der Mathematik erfaßt und reflektiert. Dahinter verbirgt sich letztendlich eine wichtige Konsequenz: Prognosen über Aktienkurse und über die Entwicklung von Managementsystemen sind als systemische „Phänomene" anders zu handhaben als Wettervorhersagen und die Bestimmung ballistischer Flugbahnen von Raketen. An dieser Schnittstelle der Prognostik erfaßt jedoch die Spieltheorie den System-Feedback, den die Netzwerkdynamik bewirkt. Das ist ein wichtiger Punkt, wenn Spieler Entscheidungen bei Informationspathologien treffen müssen, die durch fragmentarische oder schlecht identifizierbare Informationen verusacht werden.

Prognostik wird komplizierter, wenn Prognose und Prognosegegenstand einander beeinflussen

Die Erklärung dieses qualitativen Unterschiedes, an dem letztendlich die Illusion der Beherrschbarkeit sozio-technischer (Management-)Systeme scheitern muß, ist einfach. Die methodische Bewältigung ist dagegen schwierig, wenn nicht gar unmöglich. Eine Aktienkursprognose kann unvorhersehbare Wirkungen auf die Kursentwicklung haben; die Wettervorhersage kann dagegen das Wetter nicht beeinflussen. So zeigt die Tagesroutine an der Börse, daß es nach der Veröffentlichung kursrelevanter Informationen zu den bekannten „market overreactions" in beide Richtungen kommen kann: Positive Informationen können die Kurse schlagartig verbessern, negative Informationen können sie schlagartig verschlechtern. In diesem Sinn sind Kursschwankungen willkürlich. Das Börsengeschehen unterliegt den bekannten zufälligen Schwankungen, die clevere Börsianer wie ein Rauschen („noise") wahrnehmen und zur Chancenwitterung nutzen. Hinter diesem Bild versteckt sich ein Zugang zur Kursprognostik, der letztendlich aber nur das Angleichen sich wechselseitig beeinflussender Erwartungen der Börsenspieler widerspiegelt.

Welche (Spiel-)Regeln verbinden Informationsszenarien und Komplexität? Wie sind diese (Spiel-)Regeln zu beeinflussen?

Die Börse ist jedoch kein Spielkasino, in dem eine Hintergrundkapelle für das Rauschen verantwortlich zeichnet. Sie ist auch keine Fabrik, deren Ziel darin besteht, die verschiedensten Arten von Risiken zu produzieren. Vielmehr ist die Börse ein Ort, an dem die Übernahmen volkswirtschaftlicher Risiken nach Marktgesetzen geregelt werden. Deshalb ist sie auch weit von dem Glücksrittertum des Hasardeurs im Spielkasino entfernt. Die Spiele des Spekulanten an der Börse werden durch strategisches Verhalten bestimmt. Er reflektiert auf Gewinne aus zukünftigen Preisänderungen, wozu er Kombinationen aus Erfahrung und Prognose nutzt, um darauf sein Risikomanagement aufzubauen. Versteht er etwas von Spieltheorie, kann er sein Risikomanagement durch systemische Tools ergänzen.

Welche Instrumente ermöglichen ein systemisches (ganzheitliches) Risikomanagement?

An den schnelllebigen Börsen können aus den Verstärkungseffekten von Prognosen rasch inverse Zinskurven und unerwartete Kettenreaktionen an den kurzen und langen Enden der Märkte resultieren. Die Reaktionen des Geld- und Bondmarktes beeinflussen wieder die nachfolgenden Kursprognosen, womit das „Börsenspiel" nicht nur ein in sich geschlossenes Spiel dargestellt, sondern mit vielen (Teil-)Spielen verbunden ist. Aufgrund einer oft nur psychologisch bedingten Volatilität (Schwankungshäufigkeit) der Kurse kann die Prognose dabei sogar selbst zum Störfaktor („noise") werden. Das erschwert das optimale Timing für den Einstieg in ein Engagement oder eben den Ausstieg. In diesem Szenario spiegeln Börsenkurse daher nicht immer die realen Werte der zugrundeliegenden Instrumente wider, womit Börsenkurse plötzlich das Resultat sich (nur) verstärkender Erwartungsprozesse sein können. Sind die Börsenkurse aber eine Mischung aus diskontierten unternehmensrelevanten Informationen und diskontierten Erwartungen, wird das Spielerverhalten an der Börse durch die subjektiven Diskontfaktoren und die Wahrnehmungsmuster der Spieler gesteuert. Die Börsenaktivitäten werden dadurch zu Spielzügen in Spielen. Im subjektiven Diskontfaktor verbirgt sich aufgrund der starren Mustererkennungsprozesse allerdings der gefährliche „slack" im Denken, den Marie v. Ebner-Eschenbach mit dem Ausspruch „Ein Urteil läßt sich widerlegen, ein Vorurteil dagegen nicht" sehr illustrativ beschreibt. Die Spieler laufen somit ständig Gefahr, nur noch Ausschnitte bzw. nur noch (Teil-)Spiele des gesamten Börsenspiels zu sehen.

Wann bergen Erwartungen Chancen, wann bergen sie Risiken?

Die Neigung zur Selffulfilling prophecy, wonach sich Charts (graphische Kursverläufe) durch steigende Akzeptanz oft von selbst bewahrheiten (können), ließ auch schon den Ökonomen John Maynard Keynes an der Zuverlässigkeit langfristiger und nichtsystemischer (Börsen-)Prognosen zweifeln. Keynes, selbst erfolgreicher Börsianer und Erfinder der nach dem Zweiten Weltkrieg populären Wirtschaftspolitik eines „Mehr" an Staatseingriffen („deficit spending"), verglich die Akteure an der Börse denn auch direkt mit Spielern. Es lag ihm jedoch fern, die Börsenaktivitäten mit einem traditionellen Glücksspiel gleichzusetzen. Keynes hatte schon die Börse als Spielfeld von Entscheidern im Visier, wobei er sich aber nicht festlegte, ob er das Spiel im Sinne von „play", „gamble" oder „game" klassifizierte. Strategisches Entscheiden und Prognostik sind an der Börse jedoch untrennbar miteinander verbunden, wenn man sich die Konsequenzen möglicher Spielergebnisse vor Augen führt. Im Normalfall einer im Gleichtakt von Trends verlaufenden Börsenaktivität lassen sich Prognosefehler eines Spielers im nachhinein sicherlich noch zu erträglichen Kosten korrigieren. Die das Verhalten der (Mit-)Spieler beeinflussenden Konsequenzen sind erträglich; die strategische Reichweite der Korrekturen hält sich in Grenzen. Im Fall deutlicher Kursausschläge, wo bei einer Hausse oder Baisse Entscheidungen mit hohen Kursgewinnen oder hohen Kursverlusten verbunden sein können, erhalten die Prognosen jedoch existenzielle Brisanz für die Spieler. Die strategischen Konsequenzen aus dem Verhalten der Spieler nach Prognosefehlern sind im Börsennetzwerk nun unüberschaubar. Da das Spielerverhalten nicht nur das eigene Spiel, sondern auch die damit verbundenen Spiele beeinflußt, sind also geeignete Spielformen zu finden.

> **Sich wechselseitig beeinflussende Entscheidungen sind strategisch. Spiele sind strukturierte (Gedanken-)Rahmen zur Reflexion der Konsequenzen strategischen Verhaltens**

Aufgrund des an der Börse herrschenden Mangels an Zeit und Information sowie des Drucks zu schnellem Handeln können Prognosen ihre Funktion als Faustregeln zur gedanklichen Vereinfachung des Börsengeschehens verlieren. Geht die „Sicherheit" durch diese Orientierungshilfen verloren, kann schnell der Eindruck entstehen, daß die Turbulenzen des Umfelds unvorhersagbar werden und Regellosigkeit das Börsengeschehen ergreifen könnte. Die Angst vor dem Kontrollverlust kann in ein panikartiges Verhalten münden. Versagen dann auch noch Indikatoren und vergleichende Kennzahlen zwischen den Bond- und Aktienmärkten als Sensoren, kann es als Resultat von überzogenen Erwartungen zu einem Crash kommen. Derartige Börsen-Crashs aufgrund zu hoher bzw. falscher Erwartungen sind

übrigens kein Phänomen der Neuzeit, wie eine der ersten größeren Finanzkrisen
Mitte des 16. Jahrhunderts beweist: Damals war das Haus Habsburg involviert,
weil es den Zinsen- und Tilgungsdienst für seine Staatsanleihen einstellen mußte.
Die bekannte Tulpenzwiebelkrise in Holland und die Südseekrise Englands haben
ebenfalls ihre festen Plätze in der Finanzgeschichte.

Spieltheoretische Strategien verschmelzen systemisch Regeln und Prognostik

Das Szenario aus Erwartungen, Wahrnehmungen und strategischer Interaktion unterscheidet ein rückkoppelndes System (Börse) von einem nichtrückkoppelnden
System (Wetter). Dieser Unterschied macht aus einem System erst ein Netzwerk.
Im Netzwerk ist die Rückkoppelung eine zentrale Spielregel, wodurch die Netzwerkspieler nicht nur untereinander und zum Netzwerkganzen in Beziehung stehen, sondern auch von den umgebenden Systemwelten beeinflußt werden (können). Gerade diese wechselseitige Beeinflussung gibt es bei Wettervorhersagen
nicht. Etwas pointiert ausgedrückt, macht die Netzwerkperspektive aus einem Un-
ternehmensschlachtschiff eine Unternehmensflottille, wobei der Schlachtschiffka-
pitän auf ein Führungsschiff wechselt. In den Toleranzgrenzen von „Schlacht-
schiffkapitän" und Flottillenkapitänen ist die Flottille unter der Führung des
„Schlachtschiffkapitäns" dann erst einmal so zu koordinieren, daß im Eifer der
„Wandelgefechte" ein wechselseitiges „friendly fire" (also ein Beschuß durch eigene Truppen) vermieden wird. Dabei ist es jedoch nicht immer möglich, vor Ort
rasch einzelne Wirkungszusammenhänge und -komponenten klar zu trennen und
zu erkennen. Die Entflechtung von Wechselwirkungen und Zusammenhängen
wird somit zum wichtigen (Teil-)Ziel. Im Sinne des Ganzheitlichkeitsaspekts der
System-Netzwerk-Perspektive kann dieses Ziel nur durch ganzheitliches Denken
erreicht werden.

Was sind Werkzeuge zum „Bau" von Ordnungen (Regeln) in rückkoppelnden Systemen?

Das Wetter wird somit von etwas bestimmt, was sich der Kontrolle des Menschen
entzieht. Bei der Wettervorhersage sind der Beobachter und das Beobachtete getrennt. Dieser Dualismus zwischen Natur und Beobachter findet sich auch schon
in Descartes' Grundannahme über das Wesen der Welt. Sein berühmtes „Cogito,
ergo sum" (Ich denke, also bin ich), wonach das Denken die Grundlage der wahren Erkenntnis ist, basiert mit auf dieser Weltsicht, die bis heute unser Denken be-

einflußt. Die cartesianische Perspektive unterscheidet demnach auch die Physik und die Chemie von der Alchemie. Bei der Alchemie waren der Beobachter und das Beobachtete untrennbar miteinander verbunden, womit beim Experimentator letztendlich nur noch die „richtige" Geistesverfassung nötig war, wenn das Ergebnis günstig ausfallen sollte. Kurzum, hinter der cartesianischen Denkauffassung verbirgt sich eine bestimmte Art und Weise der Komplexitätsbewältigung. In diesem „mechanistischen" Weltbild ist alles trennbar, und die Welt ist eine große Maschine, in der die Menschen seelenlose und grenzenlos optimierbare Rädchen sind. Dieses Bild beruht auf der Vorstellung, daß komplexe Phänomene immer zu bewältigen sind, wenn man die Mechanismen des Zusammenwirkens ihrer Grundbausteine ergründet. Führung und Management sind daher gleichbedeutend mit Analyse, Rationalität, Reduktionismus, Steuerung und Kontrolle. Dynamische Netzwerkbeziehungen und Menschen als Wesen mit eigener Rationalität, Emotionalität, Intuition und Fehleranfälligkeit haben in diesem Weltbild keinen Platz.

Spiele trennen systemisch Kontrollierbares und Unkontrollierbares jenseits von Descartes

Dieser „kleine" cartesianische Unterschied in der Struktur der Kausalität in rückkoppelnden und nichtrückkoppelnden Systemen begründet auch die Erfolge von Physik und Chemie gegenüber Psychologie, Soziologie, Volks- und Betriebswirtschaft: Die zuletzt genannten Disziplinen befassen sich mit rückkoppelnden Systemen, wobei jedoch oft, **unreflektiert** vor systemischen Zusammenhängen, auf die Methoden der Physik und Chemie zurückgegriffen wird. Das Leben eines Chemikers wäre, gelinde gesagt, aufs höchste gefährdet, wenn sich seine Moleküle so „unkalkulierbar" verhielten, wie es die „Bausteine" von interaktiven Managementsystemen manchmal tun. Das Leben in den Netzwerken ist jedoch nicht ungefährlich – wenn auch im Regelfall nicht ernsthaft bedroht –, falls unterstellt wird, daß Managementsysteme Ansammlungen von Molekülen sind, die sich so verhalten, wie sie sich in der Chemie per Naturgesetz tatsächlich verhalten müssen. Die Spieltheorie ist eine Methode, mit der sich alle „unsicheren" Wechselwirkungen in rückkoppelnden Netzwerkstrukturen klar benennen lassen.

Netzwerkmanagement und Spiele

Das Management ist als Teil des Netzwerkganzen durch die Tagesroutine der Netzwerkkoordination untrennbar mit dem Netzwerk und dessen Umwelt durch Rückkopplung verknüpft. In derartigen rückgekoppelten Systemen stellt sich die entscheidende Frage: **Wirken sich die Entscheidungen eines Netzwerkspielers auf die Entscheidungen der anderen Netzwerkspieler aus oder nicht? Wenn ja, wie sind dann die wahrscheinlichen Reaktionen der anderen Spieler in die eigenen Entscheidungen einzubeziehen?** Die „Beantwortung" dieser Fragen, hinter denen sich das Unbestimmte der Zukunft versteckt und wo das Problem nicht in der Entscheidung, sondern in den Konsequenzen der Entscheidung liegt, ist ein Kern der Spieltheorie. Genau hinter diesen Fragen verstecken sich die Risiken der Netzwerkkoordination, egal, ob Managementnetzwerke, Derivatenetzwerke oder politisch-militärische Netzwerke zur Debatte stehen.

Die Spieltheorie ist eine Variante des Risikomanagements

Die Wege spieltheoretischen Risikomanagements führen letztendlich durch die Gebiete des ganzheitlichen Denkens, was die Spieltheorie direkt mit modernen prozeßorientierten Managementphilosophien verbindet. Spieltheoretisches Risikomanagement setzt dann auch an der systemischen Zwangsjacke der „Rückkopplung" an, die in den Netzwerken erst die Unschärfen bei der Netzwerkkoordination entstehen läßt. Hinter den Rückkopplungen versteckt sich die komplizierte Netzwerkpsychologie in Form

- verdeckter Spielregelsysteme aus Traditionen, Routinen und persönlichen Beziehungen
- spezifischer Eigenlogik („Korpsgeist"), die wie ein Immunsystem gegen gewollte und ungewollte Einflüsse wirkt
- des „organizational distress", der als Trägheitsmoment die Netzwerkdynamik bestimmt
- geheimer (Macht-)Spiele, in denen die „grauen Eminenzen" oder die „Herrscher über Abteilungs-Königreiche", selbst ohne formale Macht zu besitzen, die Spieler mit formaler Macht dominieren (können).

Da Rückkopplungen schwer prognostizierbar sind, droht somit ständig die Gefahr, daß an irgendwelchen Stellen des Netzwerkes plötzlich Kompetenz und Verantwortung auseinanderfallen. Ist die Angst vor Kompetenzverlust erst einmal allgegenwärtig, werden die „Köpfe" der Spieler, die durch Konsensfindung über die (über)lebenswichtige Qualität des Netzwerk-Outputs entscheiden, blockiert. Durch dieses „(un)sichtbare" Netz sich verändernder „geheimer" Reglements sind alle Spieler untereinander verbunden, wodurch das eigentliche Netzwerkleben in Grauzonen von Angst und Unsicherheit, abseits von Corporate Culture und Corporate Identity, „gelebt" wird. Durch Rückkopplung entsteht also eine „verdeckte" Parallelsteuerung, die das Erfolgspotential und die Lebensfähigkeit des Netzwerks signifikant beeinflußt. Dadurch entstehen, von den Netzwerkstrategen manchmal unbemerkt, nicht nur unkontrollierbare Grauzonen, sondern auch für Außenstehende kaum wahrnehmbare Grauzonen, in denen über Erfolg oder Mißerfolg von Strategien (mit)entschieden wird.

„Verdeckten" Spielregeln der Netzwerksteuerung kommt die Spieltheorie auf die Spur

In diesen Grauzonen verlieren Strategien, die den Netzwerkspielern nicht einen gewissen Spielraum zur „Selbstorganisation" lassen, schnell ihre Wirkung. Dieses Merkmal qualitätsgesicherten Strategie-Designs reflektieren spieltheoretische Strategien, die gerade darauf abzielen, daß in einer Mischung mit geeigneter Prognostik die „Köpfe" der Spieler genutzt und nicht benutzt werden. Für das komplizierte Schloß „Grauzone", dessen Schließmechanismus aus der Managementperspektive oft der Zufall beherrscht, liefern die systemische Zusammenhänge reflektierenden spieltheoretischen Strategien erst die passenden Schlüssel. Für spieltheoretische Strategien gilt Hamlets „More matter, with less art", wobei jedoch auch spieltheoretisches Szenarienmanagement nicht verhindern kann, daß Spieler, mit der sinnlichen Wahrnehmung als unsicherem Kantonisten zur Verhaltensorientierung, Schiffbruch erleiden. Es wird den Spielern jedoch klar, warum sie Schiffbruch erleiden.

Spieltheoretische Strategien sind qualitätsgesichert und nutzen die „Köpfe" der Spieler

Aus der systemischen Perspektive sind die Managementwelten leider nicht mehr so einfach strukturiert. In diesen Welten gibt es nicht immer das „tertium non datur" der klassischen Aussagenlogik, das ein Drittes ausschließt und somit festlegt, daß eine Aussage wahr oder falsch sein muß. Manche Phänomene sind in den vermaschten Netzwerkgeometrien einfach zu unscharf, als daß man sicher mit „ja" oder „nein" darüber entscheiden könnte. Das kann auf der Suche nach Orientierung schnell dazu verleiten, einen kleinen Ausflug in die Fuzzy Logic mit ihren unscharfen logischen Systemen zu unternehmen. In der Fuzzy-Welt, die allerdings ebenfalls auf den Säulen klassischer Geometrie und Algebra errichtet ist, gibt es nämlich glücklicherweise mehr als nur zwei Wahrheitswerte. Man verabschiedet sich, zumindest kurzfristig, erst einmal von der harten Logik des Aristoteles. Wenn man dann durch Analogiebildungen bessere Einsichten in systemische Zusammenhänge gewinnt, ist das wohl auch nicht weiter gefährlich. Kommt es aber zu unreflektierten Übertragungen, so kann man bei diesem Ausflug ziemlich schnell in eine Schlechtwetterfront geraten. Bei Regen und Sturm wird es aus der Perspektive der Fuzzy Logic, bei den dann unscharfen Begriffen von Sturm und Regen, interessant zu fragen, wann der Regen noch Regen ist und wann der Sturm wirklich zum Sturm wird. Auf einem Segelturn sollte man sich jedoch nicht zu intensiv mit dieser Fragestellung beschäftigen. Denn wenn der Sturm tatsächlich ein Sturm ist, hat man möglicherweise kaum noch die Chance, jemandem das Resultat seiner Erkenntnis durch Fuzzy Logic mitzuteilen. Man sollte bei Ausflügen in die Fuzzy-Welten daher nie vergessen, daß das englische „fuzzy" nicht nur „unklar", sondern auch „haarig" bedeutet.

Welche Spiele werden nach welchen Spielregeln wie gespielt?

Die Fuzzy Logic ist als Kontinuumslogik eine Logik der vielen Möglichkeiten. Sie wurde für die Steuerung technischer Systeme entwickelt und ist deshalb nicht ohne weiteres auf Managementsysteme anwendbar. Als technisch orientierte Logik wird die Fuzzy Logic vor allem in der japanischen Industrie zur Konstruktion von Maschinen eingesetzt. In unseren Breiten müssen wir uns wahrscheinlich erst verstärkt mit Fuzzy Logic befassen, wenn die japanische Wirtschaft möglicherweise als Sieger die Spielfelder des internationalen Wettbewerbs verläßt. Das Konstruktionsprinzip der Fuzzy Logic sollte dennoch schon jetzt Beachtung finden, da sie zwar nicht unreflektierte Steuerungsvariante für Netzwerke sein darf, aber Grundbaustein asiatischer (Denk-)Logiken ist, in denen unscharfe Wahrnehmungen als „indirekte" Strategien wichtige Strategiekomponenten sind, die jede (Spiel-)Art der Netzwerkkoordination beeinflussen (können).

Wie beeinflussen unscharfe Wahrnehmungen Spiele und Spielerverhalten?

Manchmal kann man sich nicht des Eindrucks erwehren, daß auch Managementphilosophen ihre Ausflüge in die „unscharfen" Fuzzy-Welten unternehmen. Dabei versteckt sich das „fuzzy" oft hinter einem kräftigen Schuß Rhetorik, wobei die Rhetorik an sich nichts Schlimmes ist. Sie muß nur auf mystische Ingredienzen verzichten und den (Spiel-)Regeln der antiken Rhetorik eines Cicero oder Quintilian folgen. Deren (Spiel-)Regeln bergen die Möglichkeit, den Beobachter vom Beobachteten zu trennen – so wie es auch die Spieltheorie tut. Sie trennt den Beobachter vom Beobachteten allerdings in einer speziellen (systemischen) Art und Weise. **Den Spielern wird im (Gedanken-)Rahmen von Spielen die Chance**

zum Perspektivenwechsel gegeben, wodurch sich Spieler in die Lage von anderen Spielern versetzen können, um besser zu verstehen, wie sich diese Spieler verhalten und wie sie auf das eigene Verhalten reagieren können.

Die Spieltheorie bedient sich dabei der Sprache der Mathematik im Sinne Wittgensteins („Die Mathematik ist eine Methode der Logik") und Kants („Die Mathematik ist eine Bedingung aller exakten Erkenntnis"). Um in den Bildern Wittgensteins und Kants zu bleiben, bietet die Spieltheorie einen (Ordnungs-)Rahmen, der, auf der Logik des Denkens basierend, dem jeweiligen situativen Umfeld angepaßt ist. Dabei darf allerdings die „exakte Erkenntnis" im Sinne Kants nicht mit der „Lösung" jeder Art von Netzwerkdissens durch mathematische Formelsammlungen verwechselt werden. Die Spieltheorie liefert daher auch kein Ensemble von mechanischen Gleichungen zur Komplexitätsreduktion. Die „exakte Erkenntnis" bedeutet im spieltheoretischen Sinn den Weg und die Orientierung in Richtung zielorientierter und qualitätsgesicherter Veränderung. Dabei können jedoch am Wegesrand schwere mathematische Geschütze mit großer Reichweite stehen, die auch benötigt werden, um die Konturen dieser Wege erst einmal zu erkennen. Durch die Suche nach Wegen zur Bewältigung des Wandels ist die Spieltheorie daher eine Spielart des Change Managements. Damit ist Szenarienmanagement mit einem durch die Spieltheorie aufgerüsteten Werkzeugkasten nicht die Suche nach dem Stein der Weisen der Alchemisten, sondern die Suche nach dem Besseren im Sinne von Xenophanes bzw. die Suche nach Einsteins Weg zum Ziel.

> **Die Spieltheorie liefert einen systemischen Rahmen, der in gedanklicher Disziplin die Beobachter von dem zu Beobachtenden durch Perspektivenwechsel trennt**

Das Leiden der kleinen Ptolemäer,
I. Akt: Ein Veränderungsszenario

Der „gesunde" Menschenverstand im Sinne der Intuition ist ein zentraler Erfolgsfaktor im Management. Auch Kant sah im Verstand nicht nur analytische, sondern auch ganzheitliche (systemische) Potentiale, wenn er meinte: „Der Verstand basiert auf der Allgemeinheit der Prinzipien." Oft ist es eben der „gesunde" Menschenverstand, der dabei hilft, einen klaren Kopf zu bewahren, um im richtigen Moment das Richtige zu tun. Dieser „common sense" ist allerdings nicht nur von Einstein bezüglich seiner Flexibilität und Lernfähigkeit stark strapaziert worden. Mit dem Namen Einstein ist nämlich nur eine der vielen kopernikanischen Wendungen verbunden, die das Denken der Menschen im Verlauf der Geschichte hinnehmen mußte. Nikolaus Kopernikus hat mit seinem Werk „De Revolutionibus Orbium Coelestium" jedoch zweifelsohne eine der grundlegendsten Kehrtwendungen eingeleitet, die das menschliche Denken jemals erfahren hat. Mit Kopernikus beginnen auch die „Leiden" der kleinen Ptolemäer.

Mitte des 16. Jahrhunderts nahm nämlich Kopernikus – sehr zum Schrecken, aber glücklicherweise außerhalb der Reichweite der katholischen Kirche – die Erde gedanklich einfach aus dem Mittelpunkt des Universums heraus. Er setzte die Sonne an ihre Stelle und schuf somit das heliozentrische Weltbild, das die Deutung der Planetenbewegungen sehr vereinfachte. Die damit einhergehende „schmerzhafte" Wendung im Denken führte natürlich dazu, daß das neue Weltbild auf viele Widerstände stieß. Ein bedeutendes Widerstandspotential resultierte aus dem Trägheitsmoment des „gesunden" Menschenverstandes, was man in der Terminologie moderner ganzheitlicher Managementphilosophien wohl auch als „thinking distress" bezeichnen dürfte.

Neue Spielregeln verändern plötzlich die Spielregeln vieler Spiele

Das Auftreten eines solchen Trägheitsmoments ist verständlich. Durch die heliozentrische Wende verlor das antike Weltbild des Ptolemäus, mit der Erde als dem Mittelpunkt der Welt, „plötzlich" an Bedeutung. Die gewohnte Orientierung im Weltendasein drohte verlorenzugehen. Durch Kopernikus wurden die Menschen auch ziemlich rigoros mit der Entscheidung „back to the basics" oder Akzeptanz und Aufbruch in ein neues Paradigma konfrontiert. Das (Denk-)Gleichgewicht des Ptolemäus war durch das Denk-(Un-)Gleichgewicht des Kopernikus bedroht. Selbst als sich die Wirklichkeit durch Kopernikus schließlich veränderte, blieb das geozentrische Weltbild als handlungsleitende (Denk-)Orientierung noch lange in den Köpfen der Menschen verankert. Auch hierfür gibt es eine einfache Erklärung. Die zentrale (Denk-)Spielregel des ptolemäischen Egozentrismus hatte die Menschen in wunderbarer Übereinstimmung mit der Realität von aller Unordnung in ihrem Weltendasein befreit. Der *erste* Blick zum Himmel zeigt nun einmal, daß sich alles um die Erde und damit auch um die Menschen dreht. Die Philosophie des Ptolemäus erklärte das, was man sah, und das war gut so. Es kam dem Sicherheits- und Orientierungsbedürfnis des Menschen, der doch immer auf der Suche nach einfachen Spielregeln für geordnete Abläufe ist, entgegen. Durch Ptolemäus hatten die Menschen bezüglich ihres Seins nicht nur die zentrale Spielregel, der Mittelpunkt der Welt zu sein. Diese Spielregel konnte auch noch jeder Mensch verstehen und deshalb akzeptieren. Kant beschrieb diesen Zustand mit den Worten: „Ordnung ist die Verbindung nach einer Regel."

Akzeptieren Spieler nur vorgegebene Spielregeln, verlieren sie die Fähigkeit, Spielregeln aktiv zu verändern und auf (Spielregel-)Veränderungen flexibel zu reagieren

Folgt man Kant noch etwas weiter und nimmt man zusätzlich eine kleine gedankliche Anleihe bei Hobbes auf, dann ist die Erfahrung der Menschen die „verstandene Wahrnehmung" oder ganz einfach „das Gedächtnis". Das Pendant der Erfahrung ist aber die Erwartung. In ihren Erwartungen bringen die Menschen in der Gegenwart ihre Vorstellungen über die Zukunft zum Ausdruck, die sie in der Vergangenheit „gelernt" haben. Damit trennte Kopernikus – wie kurz zuvor schon Kolumbus – die seit der Antike feste Verbindung von Erfahrung und Erwartung auf ziemlich brutale Art und Weise. Von dieser Trennung waren zu Zeiten des Kopernikus alle Menschen direkt betroffen, was der qualitative Unterschied zu der Trennung von Erfahrung und Erwartung durch Einstein ist. Durch Kopernikus verlor die Erfahrung zumindest ihren hohen Stellenwert als Hilfsmittel zur Verhaltensorientierung. Es mußten neue Erfahrungen mit neuen Werkzeugen gesammelt werden, und langsam zogen für unsere kleinen Ptolemäer die dunklen Wolken über dem für sie (noch) geordneten Horizont der Zukunft auf. Gönnen wir ihnen deshalb eine kleine Pause.

Neue Spielregeln haben große Wirkung, wenn neue Spiele alte Spielregeln entwerten

Die Suche nach Spielregeln des Wandels: Orakeluniversum der Derivate

Was ein Kopernikus, ein Kolumbus und viele andere angestoßen haben, bewegt sich mit wesentlich größerer Dramatik und Geschwindigkeit in der Gegenwart fort. Heute ist es der Verdrängungswettbewerb, der sich durch die zunehmende Dynamisierung und Globalisierung der Märkte direkten Ursache-/Wirkungsbeziehungen immer häufiger entzieht. Der Grund für die Inflationierung der Erfahrung liegt in der zunehmenden Vernetzung von Bereichen und Ereignissen, die nach der bisherigen Erfahrung keine Zusammenhänge aufwiesen. Zu allem Unglück müssen dabei selbst optimal arbeitende Teile des Ganzen nicht notwendigerweise ein funktionstüchtiges Ganzes ergeben. Wenn Entwicklungen und deren Auswirkungen völlig unerwartet Veränderungen hervorrufen, müssen Unternehmen permanent ihre Systemkonzepte verändern, um in dieser turbulenten und dynamischen

Umwelt existieren zu können. Vor diesem Szenario muß sich das Management als Netzwerkkoordinator wie ein Dirigent vorkommen, der vor der Aufführung nicht immer genau weiß, wie sein Orchester besetzt ist. Um mit Habermas zu sprechen, muß das Management damit fertig werden, daß „… vieles nicht mehr so ist, wie es einst war; denn neue Unsicherheiten treten an die Stelle vertrauter Sicherheiten".

In der Gegenwart trennen sich immer schneller Erfahrungen und Erwartungen

Ein kurzer Blick in das „Orakeluniversum" der Derivate offenbart die Steuerungsproblematik, die sich hinter dem Wechsel zwischen Sicherheit und Unsicherheit oder hinter dem Wechsel zwischen Gleichgewicht und Ungleichgewicht von Ordnungen verbirgt. Wie zu sehen sein wird, hat sich auch über 500 Jahre nach den Ptolemäern an den Problemen bei der Bewältigung des Wandels nicht viel verändert. Sehr wohl verändert haben sich jedoch Zeit, Dynamik und Zeitgeist.

Derivative Finanzinstrumente sind Anlagen, deren Wert vom Wert eines anderen Finanztitels („underlying") abhängt. Gemäß der lateinischen Wurzel des Wortes sind Derivate also von anderen Produkten wie Devisen, Wertpapieren, Zinsen und Waren abgeleitet. Da es keine verbindlichen Definitionen für Derivate gibt, kann man ein Derivat am ehesten als vertragliche Vereinbarung zwischen Parteien charakterisieren, aus der sich zukünftige Verpflichtungen (Zahlungen) ergeben, falls sich ein beim Vertragsabschluß vereinbarter Zustand realisiert. Dieser Zustand kann eine Preisänderung des „underlying" sein, wobei jedoch beim originären „underlying" Vertragsabschluß und Vertragserfüllung per Kassageschäft zusammenfallen; bei Derivaten treten hingegen diese Vertragskomponenten per Termingeschäft getrennt voneinander ein. Bekannte derivative Instrumente sind Financial Futures, Swaps, Optionen und Forwards. Damit verbergen sich hinter Derivategeschäften strategische Entscheidungssituationen (Spiele) unter Risiko.

Das „Neue" an den Derivaten ist, daß sie die Rechte und Pflichten an Finanzinstrumenten in einer Art und Weise kombinieren, wie sie gerade aus traditionellen Wertpapier-, Geldmarkt- und Devisengeschäften nicht entstehen können. So braucht man beim Einsatz von Derivaten an der Börse nicht nur auf die traditionellen Kursentwicklungen „hinzuspekulieren", da Derivate die Alternativenmenge erweitern. Sie bieten zudem die Möglichkeit, auf die Stärke von Kursentwicklungen innerhalb bestimmter Zeithorizonte zu „spekulieren". Durch diese Eigenschaft sind bei Derivaten auch Chancen und Risiken in (etwas) anderen Erscheinungsformen mit von der Partie. Schließlich wurden derivative Finanzinstrumente nicht zuletzt zur Absicherung von neuen Risiken aufgrund höherer Risikobereitschaft entwickelt, nachdem man alte Risiken durch Methoden des Risikomanagements besser in den Griff bekommen hatte. Da die Lebensdauer des „underlying" begrenzt ist, ist auch das Derivateleben nicht unbegrenzt, wobei Derivate während ihres möglicherweise kurzen Bestands jedoch einige „haarige" Eigenschaften entwickeln können. Da sich die Risiken des „underlying" und der daraus extrahierten Derivate nicht proportional entwickeln (müssen), können bei diesen hochkomplizierten Instrumenten schon kleine Pannen Katastrophen auslösen. Derivate sind mit einer Situation vergleichbar, in der man einer vitaminreichen Frucht ihre Vitamine entzieht, wobei der Extrakt je nach Marktlage hochspekulativ gehandelt werden kann, die „risikolose" Frucht aber in den Kühlschrank wandert und das Problem darin besteht, beides nicht aus den Augen zu verlieren. Diese „Trennung" ermöglicht die Steuerung der individuellen Risikoposition mit einem erheblich geringeren Kapitaleinsatz, da Kauf und Verkauf des „underlying" oft nicht notwendig sind. Daraus resultiert letztendlich auch die große Hebelwirkung („leverage") der Derivate.

Veränderungen der Spielregeln trennen, verbinden und schaffen neue Spiele

Egal, ob Frucht oder Extrakt, das Risikoprofil dieser Produkte wird auch (nur) von traditionellen Risiken bestimmt, wie sie die Banken mit den Markt- und Kreditrisiken schon seit langem kennen. Die Mystik in den Derivatewelten basiert daher auch eher auf Fehlinformationen und Mißverständnissen. Neben der zunehmenden Produktvielfalt ergeben sich aber gerade daraus oft erst die spektakulären Verluste, die Unternehmen beim Derivatehandel erleiden. Orange County und die Metallgesellschaft sind beredte Beispiele dafür. Für die Produktvielfalt zeichnet das moderne Financial Engineering verantwortlich, das komplizierte Finanzmarktprodukte und die damit verbundenen Risikokomponenten nach einem Baukastensystem zusammensetzen kann. Ist erst einmal ein solches Produkt zusammengesetzt, dann ist es manchmal schon eine kleine Kunst, die darin versteckten Risikokomponenten (wieder)zuerkennen. Dabei muß „unter Risiko handeln" nicht per se mit bedrohlichen Folgen verbunden sein, da Risiko „nur" bedeutet, daß sich etwas in unvorhersehbarer Art und Weise verändert. Das „Wie" der Veränderung durch Risikomanagement vorab in den Griff zu kriegen, ist jedoch (gedankliches) Menschenwerk. Und genau an dieser Stelle beginnen auch bei den Derivaten die Informationsnetzwerke zu ticken. Mehr noch, man hat strategische Entscheidungssituationen zu bewältigen, wenn man verschiedene Parteien (Spieler) mit unterschiedlichen Interessen identifiziert. Wird in diesem Szenario darauf „spekuliert", daß Trader kurzfristig reagieren, Vermögensverwalter sich gegen Kursverluste absichern wollen und Fondsmanager über lange Zeiträume gleichmäßige Erträge erzielen wollen, könnte man annehmen, daß Kursumschwünge dann am wahrscheinlichsten sind, wenn alle Spieler ihre Strategien konstant halten. Fahndet man nach diesen Strategien, wird im „Derivatespiel" aber nach der spieltheoretischen Gleichgewichtsstrategie gesucht.

Wie findet man im „richtigen" (Derivate-)Spiel die „richtigen" Spielregeln?

Futures und Optionen sind Derivate. Bei diesen Varianten von Termin- oder Zukunftsgeschäften *muß* bei den Futures das Geschäft vollzogen werden, wohingegen es bei Optionen vollzogen werden *kann*. Derivate sind damit Informationstransporteure, die zur Absicherung von Wertpapierportefeuilles gegen Währungs- und Kursschwankungen, Zinsänderungen, Ausfallgefahr (Delkredere) oder systemische Risiken eingesetzt werden (können). Hinter dem systemischen Risiko bzw. dem allgemeinen Geschäftsrisiko verbirgt sich jedoch eine besonders schwierig zu prognostizierende Risikokategorie. Hier fließt nämlich ein breites Spektrum an „Unwägbarkeiten" bei strategischen Festlegungen ein, die den Cash-flow von Banken und Unternehmen empfindlich beeinflussen können. Richtig eingesetzte Derivate haben somit eine Versicherungsfunktion, die das Risikomanagement bei Risikoumwälzungen auf den Finanzmärkten verfeinern können. Dabei bilden Derivate jedoch stets interaktive Netzwerke, denen der Transmissionsriemen der Renditen erst ihre Dynamik verleiht. Mit dem Handel von Derivaten suchen Unternehmen, die traditionellen Methoden der Finanzierung nicht überschreitend, nach Problemlösungen und signalisieren ihre Risikobereitschaft.

Werden Signale gesendet, werden (Signal-)Spiele gespielt. Wie fassen Spieler als Empfänger und Sender der Signale die Spiele auf? Wie beeinflussen Signale das Spielerverhalten?

Die zunehmende Liberalisierung und Deregulierung der internationalen Finanzmärkte sowie der Einsatz neuer Kommunikationstechnologien hat dazu beigetragen, daß wir in einem Jahrzehnt der Derivate zu leben scheinen, wobei Derivate allerdings nichts grundsätzlich Neues sind. Erstens ist so manches dieser „neuartigen" Produkte gar keine Neuentdeckung, sondern ein Produkt aus der Kombination oder Variation bekannter Finanzinstrumente. Zweitens zeigt der bewährte Blick in die Geschichte, daß auch Termingeschäfte keine „Quantensprünge" in der Finanzierung sind. Derlei Geschäfte firmierten in früheren Zeiten nur unter anderen

Namen. So wurden bereits im antiken Griechenland Olivenernten zu vorher aus-
gehandelten Preisen auf einen späteren Termin verkauft, und schon im 17. Jahrhundert gab es in den Niederlanden den organisierten Warenterminhandel.

Wann halten Spieler „vermeintlich" Neues für ein neues Spiel?

Etwas salopp formuliert, kreieren Finanzdesigner mit den Bausteinen von Finanz-
innovationen nach einem Baukastensystem ständig neue Finanzprodukte. Wenn
die Kreativitätsabteilung einer Bank ein Wertpapier in seine Bestandteile zerlegt
und aus diesen Mosaiksteinchen ein unscharfes Gebilde bastelt, das Bestandteile
von Anleihen, Aktien oder Wandelschuldverschreibungen enthält, dann kann es
durchaus vorkommen, daß Anlegern und Bankern die systemischen Wirkungen
dieser Bausteine in den Emissionsprospekten verborgen bleiben. Das ist ein kritischer Punkt, da Risikomanagement eine systemische Angelegenheit ist. Banken
und Unternehmen müssen zur Absicherung von Risiken (Hedging) nämlich zusätzlich Forwards, Futures und Swaps in ihre Portefeuilles aufnehmen, die in ihren
Wirkungen untereinander verbunden sind. Darüber hinaus wird beim Hedging
auch nicht für jedes Einzelrisiko (offene Position) per se das geeignete Derivat
spezifiziert. Durch Hedging ist (ganzheitlich) das Gesamtrisiko aller offenen Positionen auszugleichen, wobei das Risikomanagement die Strategie festlegen muß,
wie im Einzelfall zu verfahren ist. Zu diesem Zweck ist ein (Gedanken-)Rahmen
für systemische Zusammenhänge erforderlich, der den Blick auf möglichst alle
Einzelfaktoren (Risiken) für den Wert und den Erfolg von (Derivate-)Strategien
erweitert. Sonst ist nämlich nicht ohne weiteres klar, ob
- beim Hedging nicht (nur) alte Preisrisiken durch neue Preisrisiken substituiert
  werden, da die Kurse der Absicherungsinstrumente selbst Schwankungen unterliegen
- das typischerweise auftretende Fristigkeitsproblem zwischen den abzusichern-
  den offenen Positionen und den am Markt angebotenen Futures und Forwards
  nicht zusätzliche Risiken birgt
- der heute im Rahmen einer Hedging-Strategie festgelegte Kauf von Absiche-
  rungsinstrumenten zum Zeitpunkt des Bekanntwerdens der offenen Position zu
  den „angenommenen" Kursen (Risiken) überhaupt (noch) möglich ist.

Das heißt, man benötigt beim Risikomanagement eine möglichst breite Informationsbasis, um nicht „alte" durch „neue" Unsicherheit zu ersetzen. Da die Angebots-
palette von relativ harmlosen Floatern bis zu hochspekulativen Konstruktionen
reicht, werden die Finanzzentren in London, Frankfurt, New York oder Fernost

möglicherweise sogar zu neuen Gravitationszentren schwer kalkulierbarer Risiken und weltweiter Instabilität. Dort kann dann im wahrsten Sinne des Wortes vieles relativ sein, und es kommt entscheidend auf die Transparenz der Perspektive und die Professionalität der Spieler an, um die Performance eines Portefeuilles zu sichern.

Wann sind Spiele offen zu spielen, wann sind sie „verdeckt" zu spielen?

Interessierte es früher kaum jemanden, wenn sich etwa der Diskontsatz in Australien veränderte, reagieren heute die vernetzten Marktteilnehmer und Derivatenetzwerke weltweit fast in „real time". Da kann es für schnelle Marktreaktionen schon entscheidend sein, über welchem Finanzzentrum die Sonne gerade aufgegangen und über welchem sie gerade untergegangen ist. Werden die australischen Daten – um bei dem vorhin erwähnten Beispiel zu bleiben – zur richtigen Zeit abgerufen und analysiert, können in kürzester Zeit Milliardenbeträge um den Globus transferiert werden. Sind die jeweiligen nationalen Geldmengen nicht betroffen, bleibt der „lender of last resort" (Zentralbank) manchmal ein ziemlich ahnungsloser (Mit-)Spieler. Dabei kann die spekulative Struktur der Derivate im „worst case" zu einer Gefährdung des weltumspannenden Finanzsystems führen. Die Barings Bank mit dem Spieler Nigel Leeson mag da nur ein Ausnahmefall (gewesen) sein. Das Barings-Szenario zeigt aber, daß in einer Welt, wo sich Märkte immer schneller verändern sowie Wissen und Erfahrung immer schneller umschlagen, beim Ausfall großer Spieler durch Dominoeffekte vernetzte Krisenszenarien ständig mit von der Partie sind. Damit zeigt dieses kleine Beispiel aus der Derivatewelt, daß einfache Ursachen höchst komplizierte Wirkungen haben (können). Der Grund ist an sich einfach: Durch das Risikomanagement der Banken werden Risiken, die erst die Risikobereitschaft der Spieler bestimmen, meistens nichtsystemisch gesteuert. Treffen Risikobereitschaft und zukunftsorientierte Entscheidungen der Spieler dann zusammen, und nichts anderes sind Engagements in Derivaten, können falsch eingeschätzte Risiken schnell zu Katastrophen führen.

Spieler müssen nicht Teilrisiken, sondern Risiken des ganzen Spiels überwachen

Das Leiden der kleinen Ptolemäer,
II. Akt: Ein Umsetzungsszenario

Verlassen wir wieder die Derivatewelten, und kehren wir noch einmal zurück in die Zeit der kopernikanischen Wende. Damals waren die Menschen fast alle kleine Ptolemäer. Das war erstens (denk)komfortabel, und zweitens war das Selbstverständnis intakt, da man als Ptolemäer, mit seiner geordneten Welt, ja nicht die Perspektive zu wechseln brauchte. Außerdem war es ratsam, Ptolemäer zu sein, denn ein eingeschränktes Denken war immer noch besser als der Weg auf den Scheiterhaufen oder zum Henker, den (Quer-)Denker wie Giordano Bruno oder Savanarola noch gehen mußten. Auf Galileo Galilei fiel das Auge der katholischen Kirche dann schon etwas wohlwollender, obwohl er mehrfach ermahnt wurde, die Lehren des Kopernikus nicht weiter in Wort und Schrift zu vertreten. Es gelang ihm sogar, für einen kurzen Zeitraum die Druckerlaubnis der katholischen Zensur für seinen nach allen Spielregeln der Rhetorik meisterhaft strukturierten Dialog über den Vergleich der beiden Hauptweltsysteme zu erhalten. Galilei verhalf dem Weltbild des Kopernikus zum Durchbruch. Was hatten nun Kopernikus, Kepler und Galilei getan, was diese Unordnung in der Ordnung des christlichen Denkens erzeugte und was zu allem Überfluß auch noch die Autorität der katholischen Kirche angriff?

Spielregelveränderungen sind (oft) mit schwer zu kalkulierenden Risiken verbunden

Die Antwort auf diese Frage ist aus der zeitlichen Distanz zum damaligen Geschehen einfach: Die Denker hatten die Perspektive gewechselt. Genau diese Chance eröffnet aber auch die Spieltheorie in fast jeder Situation. Kopernikus, Kepler und Galilei schauten, bildlich gesprochen, nicht mehr von der Erde in den Himmel; sie schauten von einem „fernen" gedanklichen Himmel auf die Erde. Dadurch hatte sich aber die zentrale Spielregel der (Welten-)Ordnung des Ptolemäus geändert. Die neue Spielregel war nun die heliozentrische Spielregel. Diese war nicht nur neu; sie war auch noch unverständlich, da sie auf den ersten Blick dem „gesunden" Menschenverstand widersprach. Wie in jedem Spiel, kann man nun Spielregeln akzeptieren oder nicht. Akzeptiert man sie, dann spielt man „sein" Spiel unter diesem Spielregelsystem. Akzeptiert man die Spielregeln dagegen nicht, dann spielt man womöglich in demselben Spiel nur „seine anderen" Spiele. Für unsere kleinen Ptolemäer bedeutete der Auftritt des Kopernikus aber, daß auch sie die Perspektive wechseln mußten, um erstens das neue Denken zu verstehen und um zweitens an den Spielen im neuen Denken überhaupt teilnehmen zu können. Genau das war mit Schwierigkeiten verbunden, da den Menschen das Denken in solchen Kategorien durch Ptolemäus ja immer abgenommen worden war. Damit wirkte das Denken in der Tradition des Ptolemäus wie ein „Command and control"-System des Denkens. Kopernikanisches Denken erforderte damit die Konzeption ganz neuer Kommunikations- und Denkstrukturen, und mit der (Denk-)Fähigkeit hatten unsere kleinen Ptolemäer so ihre Schwierigkeiten.

> **Im (Gedanken-)Rahmen von Spielen können kompliziert erscheinende Regelveränderungen auf das Wesentliche reduziert werden. Spiele helfen, (Veränderungs-)Ängste zu überwinden**

Damit schuf Kopernikus in bezug auf das Denken des Ptolemäus schlicht und einfach eine „crisis of control", was die kleinen Ptolemäer in eine „crisis of flexibility in thinking" stürzte. Generell ist die (Denk-)Fähigkeit auch die Achillesverse der gesellschaftlichen Entwicklung, und die Geschichte ist eine Folge von (Denk-)Ungleichgewichten. Anders ausgedrückt, ist die Geschichte die Suche nach kurzfristigen (Denk-)Ordnungen im Strom der (Denk-)Unordnungen. Die Übergangszeiten, in denen die alte (Denk-)Ordnung nicht mehr und die neue (Denk-)Ordnung noch nicht in Kraft ist, bergen Veränderungspotentiale. Die Destabilisierung „alter" Spielregeln, Gewohnheiten und Auffassungen schafft erst die Chancen zur Veränderung. In diesen Zeiträumen treffen, in moderner Terminologie ausge-

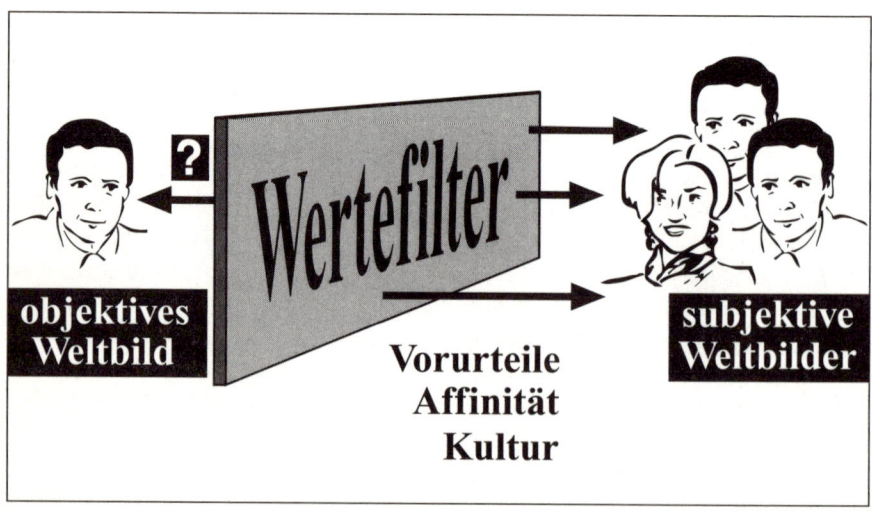

drückt, verschiedene Interessen aufeinander, und diese Interessengegensätze manifestieren sich in Widerständen. Es zeigen sich auch die unterschiedlichen Vorstellungen von Machtpromotoren, Betroffenen, Consultants und anderen Stakeholders des Wandels. Kurzum, in Vergangenheit und Gegenwart ziehen Dynamik und Risiken dieses Wandels ihre Kraft aus dem Informationstransfer, der im Zeitalter neuer Technologien jedoch immer schneller wird. Das ist eine der Ursachen für die Zunahme der Komplexität des Wandels.

Wandel bedeutet das Hinterfragen von Regelwerken. Wie kann ein Perspektivenwechsel durchgesetzt werden? Wann wird er akzeptiert?

Die kleinen Ptolemäer, die durch den Flaschenhals der Erkenntnis der kopernikanischen Wende schlüpfen mußten, waren damit auch als bekehrte Heliozentriker keineswegs vor dem Zwang zur Veränderung des Denkens sicher. Zwar etwas flexibler im Denken und sich möglicherweise gerade in einer neuen Ordnung zurechtfindend, lauerte dennoch am Ende des Flaschenhalses schon Charles Darwin, der sie wieder in Unordnung und Chaos im Denken stieß. Hatten sich die kleinen Ptolemäer mit der verlorenen Sonderstellung im Universum vielleicht gerade noch abfinden können, raubte ihnen Darwin dann noch zusätzlich ihre Sonderstellung in der Evolution.

Spielregeln sind Machtquellen im Spiel. In ihrer Beeinflussung zeigt sich (Spieler-)Macht

Hatte Kopernikus die kleinen Ptolemäer aus der starren (Denk-)Ordnung der Scholastik befreit, so bestand nun die Gefahr, daß Darwin sie gnadenlos den Gesetzen des Zufalls auslieferte. Denn genau das ist ja der Kern von Darwins Botschaft, nach der der Mensch „nur" ein Zufallsprodukt der biologischen Entwicklungsgeschichte ist. Wenn der Mensch das Resultat der Anpassung an seine Umwelt ist, kann er natürlich nicht mehr das Resultat der Anpassung der Umwelt an den Menschen sein. Das ist ein schweres (Denk-)Geschütz gegen unsere kleinen Ptolemäer. Dazu ist Darwins Erkenntnis auch noch so hochgradig anti-intuitiv, daß spätestens jetzt auch dem „letzten" kleinen Ptolemäer das gallische „Vae victis" (Wehe dem Besiegten), das seit dem antiken Rom den Untergang einer jeden Ordnung begleiten kann, in den Sinn kommen muß. Waren die kleinen Ptolemäer nun durch Darwin die Sklaven einer neuen Religion, in der purer Zufall die Gesetze diktierte? Unabhängig vom Seelenzustand unserer kleinen Ptolemäer, kann diese

Erkenntnis Darwins stark am Selbstverständnis des Menschen rütteln. Durch Kopernikus wurden sie einfach aus dem Mittelpunkt der Welt herausgenommen; durch Darwin wurden sie zusätzlich zu einem relativ unbedeutenden Beobachter am Rande des kosmischen Geschehens degradiert. Haben die kleinen Ptolemäer dann nur versteinerte (Denk-)Strukturen im Gepäck, um die Wandlungspfade zu beschreiten, besteht tatsächlich die Gefahr, daß sie wie Vagabunden orientierungslos durch den (Denk-)Kosmos irren müssen.

Wenn Perspektiven (Spiele) wechseln, müssen sich auch Denkstrukturen verändern

Vor diesem Szenario zunehmender Unordnung im Denken sollte aber nicht übereilt und vor allem nicht unreflektiert vor systemischen Zusammenhängen der Ruf nach der Autorität eines Aristoteles erklingen. Kopernikus, Darwin, Einstein und viele andere haben das Denken der Menschen nämlich erst befreit und beweglicher gemacht. Dieses Mehr an gedanklicher Freiheit basiert aber gerade auf ständigen Perspektivenwechseln, deren „Techniken" zu erlernen sind. Dahinter verbirgt sich das Problem, daß die resultierenden Freiheiten nicht nur erschlossen, sondern auch genutzt werden (müssen). Das ist sicherlich nicht konfliktfrei möglich; Fragen im Umfeld des Macht- und Interessenausgleiches kommen ins Spiel. Daher sind gedankliche und gestalterische Spielräume mit einer Silikonkugel vergleichbar. Ihre Form bestimmt das (Wechsel-)Spiel der „Kräfte" aus Krisen und Konflikten, die von innen und von außen auf die Kugel einwirken. Im Idealfall des Gleichgewichtes dieser „Kräfte" hätte man die endgültige Form der Silikonkugel, und man wüßte, wo die Dellen liegen.

In der gedanklichen Disziplin der Spiele sind Chancen, Risiken und Neues erkennbar

Die Dynamik im Denken ist daher mit der logischen Struktur und Organisation des Denkens eines Aristoteles zu kombinieren. Damit wirkt die aristotelische Schwarzweißlogik nicht mehr wie eine Zwangsjacke gegen Veränderungen, wie es noch in der mittelalterlichen Scholastik eines Thomas von Aquin der Fall war. Dabei hatte die Scholastik aber gerade die rationale Begründung der christlich-kirchlichen Dogmen zum Ziel. Die „summa theologica" des Thomas von Aquin wirkte jedoch wie eine Kampfansage an die Flexibilität des Denkens. Sie war systematisierend und nicht innovativ; sie war ein Dogma gegen das eigenständige Denken. Erst das flexiblere (Quer-)Denken eines Ulrich von Hutten beendete diese Stagnation durch die Dogmatik, wobei Feuerbach die Gefahren des Dogmas sogar durch „Das Dogma ist nichts anderes als das ausdrückliche Verbot zu denken" umschrieb.

(Denk-)Rationalität kann nicht alle Veränderungsursachen erfassen

Es zeigt sich bis in die Gegenwart, daß die Logik des Aristoteles durchaus auch wie eine flexible Orientierungshilfe des Denkens wirken kann. Voraussetzung dafür ist allerdings, daß sie, der Situation systemisch angepaßt, auch „richtig" angewendet wird. Der Ruf nach solchen organisierten (ganzheitlichen) (Denk-)Ordnungen ist gegenwärtig nicht zu überhören, da sich in ihnen die Strategien zur erfolgreichen Bewältigung des Wandels verbergen. Bei der Netzwerkkoordination in Unternehmen sind sie als organisierte Strategien der Potential- und Prozeßgestaltung, die zusätzlich auch aus Kundenwünschen abgeleitete Qualitätsziele erfüllen (müssen), jedoch immer schneller zu entwickeln. Deshalb können aus Kopernikus und Einstein schnell die Hamel/Prahalads und Hammer/Champys der modernen Managementszenarien werden, und die kopernikanischen Wenden werden zu den „Quantensprüngen" des Managements. Doch was geschieht dann mit unseren kleinen Ptolemäern? Sie stecken in der Rolle der Manager, die durch die engen Flaschenhälse des Wandels schlüpfen müssen, an deren Enden schon wieder ein Stephen Hawking oder ein neuer Charles Darwin wartet.

Spiele weisen durch
- **Identifikation von Widerständen**
- **„richtiges" Kommunikationsverhalten**
- **Einbeziehung von Machtpromotoren**
- **Einsicht zur Notwendigkeit des Wandels und**
- **Strukturierung des Veränderungswissens**
Wege durch die Flaschenhälse des Wandels

Die Bühnenbilder der Zukunft

Hegel meinte einmal: „Das Denken ist überhaupt das Auffassen und Zusammenfassen der Mannigfaltigkeiten in der Einheit", womit er darauf hinwies, daß Denken nicht spontan passiert. Denken braucht Zeit, da es ein strukturierter Ablauf von Aktivitäten ist, die einen Anfang und ein Ende haben. Damit ist das Denken ein Prozeß, und in der Prozeßstruktur liegen auch die Chancen, den Marsch durch den Flaschenhals des Wandels „heil" zu überstehen.

Schlüpfen wir noch einmal kurz in die Rolle der kleinen Ptolemäer, dann könnte etwas Benchmarking beim Militär ein Königsweg sein, um das eigene Denken zur Bewältigung des Wandels aufzurüsten. Da Benchmarking eine Managementpraktik ist, um Erfahrungen vergleichbarer anderer zu nutzen, lohnt es sich bei schnellem Umweltwandel, das Spielgeschehen abseits der eigenen Spielfelder zu beobachten. Seit seinen Anfängen beobachtet denn auch das Militär die verschiedensten Spielfelder, und die Früh- und Fernaufklärung gehören zur militärischen Tagesroutine, um den Umfeldwandel schnell zu erfassen und für sich zu nutzen. In der Gegenwart sind das amerikanische AWACS (Airborne Warning and Control System) und das britische NIMROD („gewaltiger Jäger") fester Bestandteil militärischer Equipments, um einen Blick auf andere Spielfelder zu werfen. Durch solch ein Monitoring könnten auch unsere kleinen Ptolemäer zumindest versuchen, ein aktives Risikomanagement gegen den Wandel zu betreiben, um daraus resultierende Chancen und Risiken im zeitlichen Vorfeld besser zu erfassen.

Szenarien wirken wie Frühwarnsysteme

Schon in der Antike spielten Zahlen bei der Beobachtung des Wandels durch Pythagoras' These „Alles entspricht der Zahl" eine wichtige Rolle. Die Welt war durch den Glauben, daß alles Seiende durch absolute Zahlen oder Verhältniszahlen darstellbar ist, auf eine mathematisch darstellbare Erscheinung reduziert. Auch im 20. Jahrhundert, das Attribute wie Quantifizierbarkeit und Ursache-/Wirkungsbezogenheit kennzeichnen, spielt die Mathematik als Königsdisziplin eine große Rolle. Wie schon zu Zeiten der kleinen Ptolemäer, muß auch in der Gegenwart alles greifbar, erklärbar und in nachvollziehbaren Zusammenhängen darstellbar sein. Daher orientieren sich auch im 20. Jahrhundert die Menschen an reduzierten (Welt-)Bildern, die jedoch weder die gesamte Fülle der Wirklichkeit noch das Verhalten der Menschen in dieser Wirklichkeit in all seinem Facettenreichtum erfassen (können). Bei dieser Art des Denkens lauert ständig die Gefahr, in die Falle des Analyse-Paralyse-Syndroms zu tappen: Bei der Planung ist man im Zustand der Ruhe; das zu Planende ist jedoch ständig in Bewegung.

In den Spielen des Wandels ist sinkende Planbarkeit eine (strategische) Herausforderung

Wie die militärische Aufklärung, die sich an durch Koordinatensysteme erfaßten Zielen orientiert, sind es im Unternehmen (Kenn-)Zahlensysteme, die dessen Entwicklung bestimmen (sollen). Sei es im Controlling, bei den Portefeuilletechniken, bei dynamischen Investitionsrechnungen, Marktfeldstrategien, Zero-Base-Budgeting oder anderen ausgeklügelten Instrumentarien, die Zahlen sind immer dabei. Nach den Vorstellungen von (Unternehmens-)Strategen soll(te) die Unternehmensentwicklung entlang von Bahnen verlaufen, deren Markierungen diese Zahlen-Meilen-Steine sind, wobei das „Kurshalten" an den verschiedensten Zahlen-Checkpoints durch Abweichungsanalysen ständig kontrolliert wird. Der Nutzen dieser Werkzeuge ist wohl unbestritten; ihr isolierter Einsatz ist jedoch ohne systemischen Reflex kontraproduktiv. Spätestens seit Einstein ist schließlich nichts mehr durch sich selbst erklärbar.

Wege zum „Bau" von Szenarien sind auch Wege der Mathematik

Wenn wir hier einmal Goethe durch „Alles Gescheite ist schon gedacht worden, man muß nur versuchen, es noch einmal zu denken" zu Wort kommen lassen, sind also „spezielle" Rahmen (Szenarien) für gesammeltes Wissen zu finden. Das klingt jedoch einfacher, als es ist. Erstens kann das Wissen niemals vollständig sein, weil sich viele Dimensionen des Wandels nicht durch Kennzahlen erfassen lassen. Zweitens ist der Rahmen so zu gestalten, daß er auch zum aktiven, kreativen und konstruktiven (Mit-)Denken und Handeln anregt. Drittens spielt die „richtige" Mathematik beim Rahmendesign wieder eine wichtige Rolle, da sie quasi die Funktion der Souffleuse in der Bühnenwelt der Szenarien innehat.

In Szenarien verbinden sich (Denk-)Logiken und „richtige" Mathematik

Im Verlauf der Evolution ist der Mensch zu einem „Regelwesen" geworden. Die Regeln funktionieren wie ein Betriebssystem, welches das angehäufte Wissen der Gesellschaft einschließlich der Vorurteile verwaltet. Als wirksamste Regelwerke gelten dabei jene, die als akzeptierte Handlungsleitsysteme verinnerlicht werden. Ein Regelwerk, das der moderne Mensch verinnerlichen muß, ist das der Mathematik, das auch das Basisregelwerk zur Bewältigung des Wandels ist. Die Mathematik kennt grundsätzlich vier Wege, um einen Blick in die Zukunft zu riskieren, wobei man sich jedoch erstens vor der Illusion „hüten" muß, daß Nichtquantifizierbares plötzlich mechanisch quantifizierbar wird, und zweitens die Beherrschung vorhandener Risiken nicht mit der Übernahme zusätzlicher Risiken verwechselt werden darf. Ein Weg heißt, es kann etwas mit Sicherheit vorausgesagt werden (**Erster Weg**).

Die Mathematik kennt vier Wege, um Fragen über die Zukunft zu beantworten. Sie kennt jedoch keinen Weg, um „selbst" Fragen an die Zukunft zu stellen

Um im Bild der Astronomie zu bleiben, kann in unseren Breiten mit Sicherheit vorausgesagt werden, daß nachts die Zirkumpolarsterne sichtbar sind. Ist es nachts jedoch bewölkt oder regnet es, wird es mit der Sicherheit der Prognose (griech.: „prognosis" = Vorherwissen) über die Sichtbarkeit der Zirkumpolarsterne schon schwieriger. Ein Kapitän, der sich zur Orientierung und zur Überprüfung seines Kurses nur auf die Sichtbarkeit der Sterne verlassen würde, könnte daher leicht in Schwierigkeiten geraten. Er wird bei seinem „Risikogeschäft" Kursbestimmung jedoch nicht allein gelassen, da die Mathematik weitere Wege kennt, um die Abhängigkeit von Wetterlagen bei der Kursbestimmung (etwas) zu reduzieren. Wie so oft, hilft ein kurzer Blick in die Geschichte, um den Nebel um die Ungewißheit etwas zu lichten.

Der Philosoph Blaise Pascal war im 17. Jahrhundert, dem Zeitgeist der damaligen Zeit entsprechend, dem (Glücks-)Spiel nicht abgeneigt. Er wurde deshalb mit dem „problème des parties" konfrontiert. Dahinter verbirgt sich ein „Teilungsproblem", das die (Glücks-)Spieler zur damaligen Zeit stark verunsicherte. Die Frage war, wie die in einem Spiel eingesetzten Beträge unter den Spielern „gerecht" aufzuteilen sind, wenn die Spielerrunde schnell aufgelöst werden muß. Pascal löste das Problem, indem er die Gewinnchancen eines jeden Spielers zum Zeitpunkt des Spielabbruchs mit ins Kalkül einbezog. Pascal befreite die (Glücks-) Spieler aus einer für sie mißlichen Lage, da sie so das Spiel, ohne das Mißtrauen der Übervorteilung zu hinterlassen, später wieder aufnehmen konnten. Mit der „Lösung" von Pascal fiel gleichzeitig ein „kleines" Nebenprodukt ab. Dieses Nebenprodukt war eine der Wurzeln der modernen Wahrscheinlichkeitstheorie. Pascal hinterließ mit seiner „Lösung" somit schwer zu entsorgendes geistiges Dynamit, da er den mathematischen Kern des Risikobegriffs geschaffen hatte. Seit Pascal sind die Menschen natürlich nicht rationaler als ihre Vorfahren geworden; sie können jedoch durch den Risikobegriff nun auf rationalem Weg Entscheidungen für die Zukunft treffen, was jedoch nicht heißt, daß sie die Zukunft beherrschen.

Rationale Vorstellungen über die Zukunft geben bestenfalls Vorstellungen davon, wie sich der Wandel bewältigen lassen kann. Bewältigung und Beherrschung sind jedoch nicht dasselbe

Erst durch Pascal entstand die (bewußte) Bereitschaft zur Risikoübernahme, die letztendlich zum Katalysator des Fortschritts wurde. Ohne Pascal gäbe es keine durch das Weltall schwebenden Raumschiffe, keine Risiken diversifizierenden Kapitalmärkte und keine nur Risiken umverteilenden Versicherungen. Mit Pascal wurde die freie Wahl der Entscheidung zu einer Eigenart des Risikos, da es plötzlich Zahlen gab, an denen man sich bei Entscheidungen über „Dinge", die noch gar nicht stattgefunden hatten, orientieren konnte. In moderne Terminologie gefaßt, hatte man plötzlich ein Instrument für systematisches Informationsmanagement zur Hand, wobei man jedoch dem Verhalten des Risikos auch wieder etwas unterstellen muß. Durch das Unterstellen von Wahrscheinlichkeitsverteilungen über das Risiko kann dann aber der Umgang mit Risiko wieder zum Risiko werden, wenn man dem Verhalten des Risikos (der Zukunft) etwas „Falsches" unterstellt. Dahinter versteckt sich der Unterschied zwischen „im vorhinein" und „im nachhinein", denn wenn vorher ein bestimmtes Risiko unterstellt wird und die Realität nachher anders aussieht, hat man so seine Last mit dem Risiko.

Später lieferte Leibniz die Begründung dafür, warum es Risiko überhaupt gibt. Erst da schloß sich der Kreis, aus dem letzten Endes das moderne mathematische Risikomangement hervorging. Die Sprengkraft des geistigen Dynamits von Pascal und Einstein für das menschliche Denken und Handeln ist durchaus vergleichbar, und Leibniz wird uns immer begegnen, wenn es um die Grenzen des Risikomanagements und damit auch um die Grenzen der Spieltheorie geht. Hätten die kleinen Ptolemäer Pascal bereits gekannt, wäre ihr (Denk-)Schmerz sicherlich geringer gewesen, da sie erstens per Risikokalkül die Zukunft in den Dienst der Gegenwart hätten stellen können. Zweitens hätten sie sich eine (Denk-)Pause verschaffen können, um aus der Distanz in Ruhe die Chancen und Risiken der kopernikanischen Revolution abzuwägen.

Hinter dem Wandel verstecken sich Risiken in Form von Wahrscheinlichkeiten

Auf einer logischen Axiomatik basierend, sind Wahrscheinlichkeiten Aussagen über den Eintritt oder auch den Nicht-Eintritt bestimmer Ereignisse (Systemzustände). In der objektiven Variante können Wahrscheinlichkeiten entweder das

Resultat der Limiten relativer Häufigkeiten sein, oder aber die relativen Häufigkeiten sind das Resultat der Wahrscheinlichkeiten (Propensity Theory). In der subjektiven Variante sind Wahrscheinlichkeiten dann das Resultat von Glaubensakten, wo sich ein Spieler seine Welt nach der ihm zur Verfügung stehenden Information baut. Der Informationsaspekt bei der Bewältigung des Wandels begegnet uns wieder, wenn das spieltheoretische Szenarienmanagement ins Spiel kommt. Die Wahrscheinlichkeiten sind nun aber das Tor, durch das die drei anderen Wege beim Blick in die Zukunft führen. Der Schlüssel zu diesem Tor steckt immer in der Frage, in welchem „Maß" sich Zukünftiges durch Vergangenes definieren läßt. Genau an diesem Punkt werden sich aber die „Geister" immer scheiden.

Über Wahrscheinlichkeiten führen Wege in die Zukunft

Diese drei Wege sind:
- Zukünftige Ereignisse haben keine Eintrittswahrscheinlichkeiten. Diesen Zustand bezeichnete Frank Knight am Ende der 20er Jahre als wirkliche Ungewißheit (**Zweiter Weg**).
- Zukünftige Ereignisse haben subjektive Eintrittswahrscheinlichkeiten. In diesem Fall wird der Umgang mit subjektiver Information bedeutend (**Dritter Weg**).
- Zukünftige Ereignisse haben objektive Eintrittswahrscheinlichkeiten. In diesem Fall helfen die Wahrscheinlichkeitsverteilungen, die alle Spieler verbinden (können), möglicherweise den Blick für die Zukunft schärfen (**Vierter Weg**).

Haben Spieler unterschiedliche Vorstellungen über die Zukunft, orientieren sie sich an unterschiedlichen Wahrscheinlichkeitsverteilungen. Haben Spieler gleiche Vorstellungen über die Zukunft, orientieren sie sich an für jeden Spieler gleichen oder sogar gemeinsamen Wahrscheinlichkeitsverteilungen. Durch das spielervernetzende spieltheoretische Szenarienmanagement können die Spieler mittels strukturierter Interaktion gemeinsame Vorstellungen (Wahrscheinlichkeitsverteilungen) über die Zukunft finden. Im (Gedanken-)Rahmen des Spiels entstehen erst durch das die Zukunft gestaltende Spielerverhalten die Potentiale, um auch Fragen an die Zukunft zu stellen

In diesen Wegalternativen spiegeln sich die Zukunftsphilosophien der Spieler wider – sei es in Form von Vorhersagen und Utopien als der unschärfsten Form der wünschenswerten Zukunftsgestaltung oder als Visionen, die im Vergleich zur Utopie die wünschenswerte Zukunft schärfer erfassen. John F. Kennedys Aufruf zum Mondfahrtprogramm nach dem Sputnik-Schock Ende der 50er Jahre war wohl eine Vision, während Martin Luther Kings „I have a dream" aufgrund des damaligen Zeitgeistes wohl eher an der Grenzlinie zwischen Vision und Utopie lag; vorausgesetzt, es gibt überhaupt eine solche Grenzlinie.

Diese im Kern schon auf Pascal zurückgehenden Wegalternativen zur Bewältigung der Zukunft sind dann auch mit von der Partie, wenn sich unter dem Schlagwort Visionäres Management die Geschichte zu wiederholen scheint. Schon Anfang des 16. Jahrhunderts verfaßte Thomas Morus ein Werk über die „Insel Utopia" und etwas später Bacon sein „Nova Atlantis". Sie entwarfen für den damaligen Zeitgeist schwer zu verkraftende (Denk-)Szenarien visionärer oder utopischer Organisationsformen der Gesellschaft. Zumindest der „wertschöpfenden" Zerstörung von alten Ordnungen durch Thomas Morus wurde im England Heinrichs VIII. durch seine Enthauptung im Tower ein ziemlich abruptes Ende gesetzt. Dieses Verhalten der „Ordnung" ist ein abschreckendes Zeitdokument dafür, wie sich der „Zeitgeist einer Ordnung" einer aufkommenden Unordnung widersetzen kann, bevor diese gefährlich für die Stabilität gesellschaftlicher Kräfte werden kann. Genauso wie heute fehlte auch damals ein strukturierter (Gedanken-)Rahmen, um erst einmal zu erkennen, daß (Denk-)Ungleichgewichte im Regelfall sogar wünschenswerte Störungen sind, aus denen zusätzliche Wertschöpfung entstehen kann. In diesem (Gedanken-)Rahmen müssen die positiven und negativen „Überraschungen" von Wagnissen vorab erkennbar werden. Per Reduktion des Irrtumsrisikos ist dann nicht nur die Legitimation für „unpopuläre" Maßnahmen zu finden, sondern auch das Solidaritätspotential der Beteiligten zu erschließen.

Szenarien verbinden die Wege der Zukunftsgestaltung

Die Zukunft ist damit nicht mehr notwendigerweise mit der Mystik einer bedrohlichen „black box" verbunden, als die sie noch zu Zeiten der kopernikanischen Wende empfunden wurde. Durch Pascal wurde die Gesellschaft allerdings auch nicht der göttlichen Vorsehung entzogen, um sie den Gesetzen des Zufalls auszuliefern. Dennoch ergibt sich durch den Pascalschen „Zufall" erst das zu beeinflussende Gestaltungspotential für die Zukunft. Dessen Nutzung ist aber nicht einfach, da sich die Erwartungen immer schneller von den Erfahrungen trennen und sich gleichzeitig ständig erhöhen. Dadurch steigt die Unordnung, womit sich Ordnungen flexibilisieren und dynamisieren (müssen). Wird diese Ursache des Wandels

nicht von allen Beteiligten erkannt und akzeptiert, sind die Menschen in einer Situation, die Konfuzius mit den Worten „Wenn man über das Grundsätzliche keine Einigung erzielt, lohnt es sich nicht, Pläne zu schmieden" beschrieb. Hinter dieser Erkenntnis des Konfuzius verbirgt sich auch der wesentliche Sinngehalt von Szenarien.

Szenarien sind ein Rahmen zum Konsens über Grundsätzliches

Die etymologischen Wurzeln des Wortes Szenario liegen, wie bei fast allen bedeutenden Begriffen der Gegenwart, in der Antike. Das griechische „skene" war ein schmales Gebäude in den Theatern Griechenlands. Das lateinische „scaena" bezeichnete den Ort, wo eine Bühne stand. Im Laufe der Zeit verschmolzen diese beiden Worte zu dem Begriff Szenario im Sinne von Bühnenbildern über mögliche Wege der Zukunft. Verweilen wir noch einen Moment bei den im Management nicht ganz unbekannten Theatermetaphern im Sinne der (Schau-)Spielerei, so ist ein Szenario mit dem Drehbuch eines Films vergleichbar, und die Umsetzungsvarianten (Szenarien) sind die Alternativen der Filmrealisierung. Diese Vorstellung hatte wohl auch Robert Jungk, der einmal über Szenarien gesagt haben soll, „daß sie Filme über die nächsten Jahrzehnte in spannenden Variationen sind". Wenn auch diese Zeitspanne im Zeitalter der Technologieschübe zu lang gewählt erscheint, verbergen sich doch hinter der Drehbuchmetapher zwei wichtige Merkmale, die über Erfolg oder Mißerfolg eines Films (Szenarios) entscheiden (können). Die (Schau-)Spieler werden in gewissen Grenzen durch den Regisseur angeleitet und geführt. Was ihnen aber möglicherweise erst den Goldenen Löwen von Venedig oder den Oscar Hollywoods einbringt, ist das persönliche Engagement und das Ausfüllen ihrer Rolle. Letzteres ist das Resultat aus eigener Kreativität plus (Schau-)Spielkunst, kombiniert mit der Zusammenarbeit des Filmteams. In die Szenarienwelten übertragen bedeutet das die Überwindung einer zentralen Schwäche cartesischer Denktradition, da nicht Denkgewohnheiten und Denkvorgänge, sondern Denkinhalte im Fokus stehen. Etwas salopp formuliert, wird nur durch vernetztes kreatives Denken und Handeln aus einem guten Drehbuch ein guter Film. Die erfolgreiche Beschreitung des Weges müssen aber die (Schau-) Spieler, der Regisseur und der Produzent, also das (Film-)Team, durch geschicktes Agieren in Systemumwelten sowie durch gemeinsames und nicht isoliertes Handeln sicherstellen.

Szenarien sind flexibel vernetzte (Denk-)Rahmen, die Prognosen absichern und bisher unbekannte Optionen erschließen (können)

Das Denk-Know-how der Betroffenen vor Ort, die Vernetzung zu Umwelten und das vernetzte Denken zwischen Netzwerk-Insidern und Netzwerk-Outsidern sind demnach zentrale Bausteine für Szenarien. Das ist quasi die Szenarien-Software. Die Methoden der Problem-, Umfeld- und Störereignisanalysen sind als Szenario-techniken die Szenario-Hardware.

Die Szenario-Hardware (Technik) muß sicherstellen, daß Szenarien auf einer „richtigen" Analyse der Wirklichkeit basieren

Hinter den Szenarien verbirgt sich somit ein Instrumentarium, mit dem sich der Netzwerkwandel zu „stimmigen" Mosaiken zusammensetzen und simulieren läßt. Die Chance zur Simulation eröffnet Wege in die Zukunft, wobei die verschiedensten Störeinflüsse erfaßt und die verschiedensten Alternativen zwischen Extremszenarien durchgespielt werden können. Aus dieser Perspektive resultiert die bekannte Darstellung der Szenarien als (Denk-)Modell. Lautet das Ziel nun, eine Wirklichkeit oberhalb eines Trendszenarios zu realisieren, und droht ein Störereignis diesen Weg zu gefährden, so zeigen sich im Szenario die Alternativen, um wieder die Wege in die ursprüngliche Richtung einzuschlagen.

Die Szenarien-Software ist das vernetzte Denken in Alternativen. Es ist das Ziel, kurzfristig Problemfelder zu erkennen. Die Alternativen sind die gedanklichen Auseinandersetzungen mit möglichen Situationen und Entwicklungen

Szenariendenken verfolgt somit das Ziel, die Ungewißheit durch Erkennen möglichst weniger konsistenter Alternativen zu strukturieren. Szenarien sind daher keine schwer zu entsorgenden Ansammlungen von Variablen und Formeln, sondern erfassen, situativ angepaßt, die verschiedensten Konsequenzen. Voraussetzung dafür ist jedoch, daß die Szenario-Hardware „richtig" funktioniert. Hier kommt die Spieltheorie ins Spiel, die mit der Mathematik per se eine funktionierende und auch „richtige" Hardware liefert. Das Erfassen systemischer Reflexe durch spieltheoretisches Denken bietet jedoch zusätzliche Chancen, die Wert-

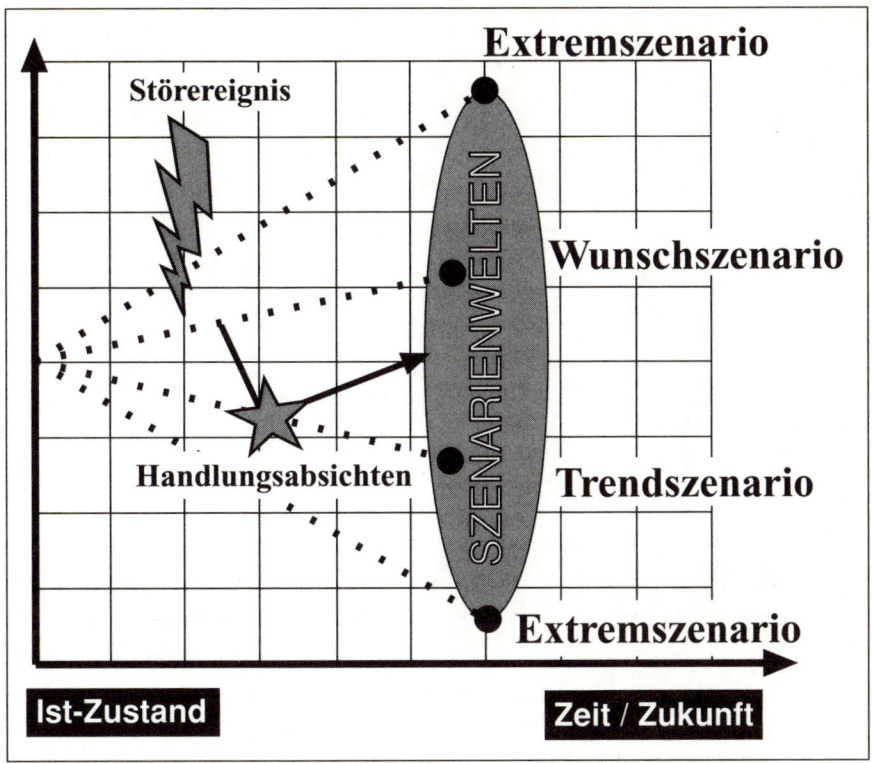

schöpfung der Szenariendenk-Software (ganzheitlich) zu erhöhen. Szenarien unter den Spielregeln der Spieltheorie sind nämlich ein Angebot, die „Köpfe" der Spieler durch erkennbare Anreize für die Spieler zu nutzen.

Das Szenarienmanagement verbindet Szenario-Hardware und Szenario-Software zur vernetzten Perspektive des Umweltwandels

Bei spieltheoretischem Szenarienmanagement werden, für die Spieler vor allem auch wechselseitig wahrnehmbar, deren „Köpfe" genutzt und nicht benutzt, wodurch erst der „richtige" Geist entstehen kann und egozentrische Sichtweisen dem Allozentrismus weichen (können). So können auch schwache Signale („weak signals") erkannt werden, die als im Augenblick des Auftretens noch nicht sicher klassifizierbare Informationen oder vage Einschätzungen die Wandlungsschübe schon im Vorfeld anzeigen (können). Egal, ob Chancen und Risiken in Personen, im Umfeld oder im Change Management selbst liegen, bei Nutzung dieser Wahrnehmungen werden Szenarien zur (Wissens-)Basis, die Wettbewerbsvorteile sichert. Durch Verdichtung der Basisinformationen aus den Teilszenarien (Abteilungsszenarien) zu einem Gesamtszenario übernimmt das Szenarienmanagement unter der Leitidee „Chancen verstärken und Risiken mindern" durch „Chancenwitterung" die Rolle eines Monitoring-Systems und Sensoriums. Einem „Risikoradar" vergleichbar, werden Netzwerkinnenwelten und -umgebungen „gescannt", und das Szenarienmanagement sorgt als Informationssystem dafür, daß man frühzeitig neue Informationen erkennt, um sie zur eigenen Richtungsfindung zu nutzen. So weicht die komparativ-statische Perspektive einer dynamischen Perspektive, wobei die Betroffenen eine deutlich erkennbare wichtige Rolle bei den kreativen (Denk-)Prozessen zum Finden von Zukunftchancen innehaben. Dadurch schlägt man zwei Fliegen mit einer Klappe: Erstens werden die „Köpfe" der Spieler, die per se die besten Informations- und Wissensverarbeiter sind, genutzt. Zweitens wird der Identifikationsgrad mit dem Netzwerk erhöht.

Spieltheoretisches Szenarienmanagement ist Teammanagement; Betroffene werden zu Beteiligten

Gerade der Betroffenheits-/Beteiligtenaspekt zeigt, daß durch spieltheoretisches Szenarienmanagement verbundene Netzwerkspieler quasi dem selbstverordneten „Zwang" unterliegen, sich in gedanklicher Disziplin mit den aufgezeigten Chancen und Risiken auseinanderzusetzen. Damit dieser Integrationseffekt in Wertschöpfung umgemünzt wird, ist eine zielorientierte Interaktion der Spieler erforderlich, wobei jeder Spieler seine persönliche motivations- und engagementsteuernde Wertschöpfung erkennen muß. Die Spieltheorie leistet dieses durch die „signalling games", wodurch sie zu einer Spielart des Weak Signal Management bzw. des Strategic Issue Management Ansoffscher Provenienz wird. Das Kontraktdesign, das die persönliche Wertschöpfung von Spielern erfaßt, reflektiert die Spieltheorie über die „principal agent games".

Die Spieltheorie liefert die systemischen Bausteine für Szenarienmanagement

Militärisches und nichtmilitärisches Szenarien-management: Nicht Widerspruch, sondern Ergänzung

Das moderne Szenariendenken ist – wie in vielen Situationen im Alltag, bei denen man öfter in Szenarien denkt, als man wahrnimmt – auch Ergebnis eines Entwicklungsprozesses. Diesmal liegt der Ursprung aber nicht in der Geschichte der Antike, sondern im militärischen Denken der Gegenwart. Nach dem Ende des Zweiten Weltkrieges erkannte man, daß die traditionellen militärischen Planungsverfahren, die auf der Informations- und Kommunikationstechnologie des Zweiten Weltkrieges basierten, nicht mehr schnell genug waren. Im Koreakrieg wurde deutlich, daß Prognosen nicht zutreffen, weil sich die Welt schlicht und einfach nicht so verändert, wie es die Prognose prognostiziert. Die Folge war eine Wende im militärischen Denken. Es wurde akzeptiert, daß Ungewißheiten in die eigenen Überlegungen auch als Ungewißheiten und nicht nur als Prognosen einzubeziehen sind. Mit der Ungewißheit als einem Merkmal des militärischen Umfeldes entwarf der amerikanische Militärberater Herman Kahn bei der Rand Corporation die nach ihm benannte Eskalationsspirale des Nuklearzeitalters. Als spieltheoretische Strategiepraktik steht die Eskalationsspirale für die Geburtsstunde des Szenarienmanagements.

Bei der Eskalationsspirale handelt es sich um eine Konfliktintensitätsskala, die vom Kalten Krieg über befristete Grenzkonflikte und regionale Kriege mit taktischen A-Waffen bis hin zum interkontinentalen Raketeneinsatz als höchster Eskalationsstufe reicht(e). Kahn skalierte die aufeinanderfolgenden Stufen von eskalationsfähigen Konflikten. Das Ziel bestand darin, möglichst genau jene Schritte zu analysieren, die bei einer gegebenen Konfliktsituation in die nächste, wahrscheinlich verstärkte Konfliktsituation führen. Ein Beispiel für dieses Denken ist der Status quo zwischen China und der ehemaligen UdSSR während der Ussuri-Grenzkonflikte in den 70er Jahren. Dabei war die Frage zu klären, wie wahrscheinlich der Übergang von temporären lokalen Grenzkonflikten in einer Region zu gelegentlichen lokalen Grenzkonflikten in auseinanderliegenden Regionen war. Kahn ging davon aus, daß die Konfliktparteien sich einer gemeinsamen Eskalationsskala bewußt waren. Eskalierte eine Konfliktpartei auf der Skala um einen Punkt, hatte der Gegner die Möglichkeit, nicht zu eskalieren oder um mehr als einen Punkt zu eskalieren. Die Sprunghöhen sind dabei Resultate politischer Entscheidungsprozesse, wobei nach Kahnscher Vorstellung die jeweils andere Seite als Reaktion auch wieder eskalieren könnte usw. In dieser Folge ungleichgewichtiger Systemzustände wird irgendwann der Punkt erreicht, an dem Deeskalationsverhandlungen beginnen (müssen), wenn keine Selbstvernichtung angestrebt wird.

Bei der Eskalationsspirale bestimmen Wahrscheinlichkeiten militärpolitisches Handeln

Hinter diesem Kahnschen Eskalationsmanagement versteckt sich das Prinzip von wohldosierten Drohgebärden und Gewaltanwendungen, was sich als Verhaltensmuster über lange Zeiträume in den jährlichen Militärparaden anläßlich des Tages der Oktoberrevolution in Moskau spiegelte. Ob in der Parade die mobilen Abschußrampen für taktische Atomraketen mitgeführt wurden oder nicht, war dann wieder ein „schwaches" Signal. Im gedanklichen Rahmen dieses Eskalationsmodells (Spiels) wurde der Kalte Krieg quasi kontrolliert geführt, wobei mögliche „Verluste" und „Gewinne" in kalkulierbaren Grenzen gehalten wurden. Das jeweilige Gegenüber hatte die Signale nur richtig zu verstehen.

Das Kahnsche Modell (Spiel) war militärisches Dogma in den USA und somit auch in der NATO. So paradox das vielleicht klingen mag, ermöglichte es nicht nur erst ein vernetztes Denken zwischen der UdSSR und den USA, sondern es sicherte auch die militärische Stabilität zwischen den Paktsystemen. Daß sich durch die Eskalationsspirale Chancen zum vernetzten Denken ergaben, besorgten KGB und CIA, die den Informationsaustauch quasi informell sicherten. Das Kahnsche Eskalationsmodell war zwar nur ein lineares Konfliktablaufmodell, da es lediglich Aufwärts- und Abwärtsbewegungen auf der Eskalationsskala kannte. Es war aber eine Basis für ein gedankliches Battle Management durch Szenarien. In den (Sandkasten-)Spielen der Generalstäbe konnten (mathematisch) Konfliktabläufe, Konfliktalternativen und komplizierte Ablaufplanungen mit situativ zutreffenden Alternativentscheidungen durchgespielt werden. Über die Rand Corporation gelangte das vernetzte Denken dann auch in die Denkfabriken des nichtmilitärischen Bereiches, wobei viele Unternehmen ihre Szenarien per Outsourcing bei ursprünglich militärisch orientierten „think tanks" entwickeln lassen. Die ersten Szenarien der Shell Company, die das auf Prognosen in einer vertrauten und vorhersehbaren Umwelt ausgerichtete „Unified Planning Machinery"-System Anfang der 70er ersetzten, sind ein Zeitzeugnis für den Weg der (militärischen) Szenarien in die Managementpraxis. Ein anderes Beispiel sind die Bausteine des US-Gesundheitswesens, die zu einem großen Teil per Szenarienmanagement am MIT (Massachusetts Institute of Technology) konzipiert wurden.

Szenarienmanagement hat seine Wurzeln im militärischen Krisenmanagement

Bei der Geburt des Szenariendenkens mit Hilfe des Militärs fühlt man sich fast in die Zeiten Ciceros zurückversetzt und könnte glauben, daß auch er schon vor nahezu 2000 Jahren Szenariengedanken hatte. Cicero meinte nämlich: „Es ist am Anfang der Welt bestimmt worden, daß gewissen Ereignissen gewisse Zeichen vorausgehen." Tatsächlich ist es so, daß in stabilen Zeiten das „geistige" Weltbild mit der relevanten Realität weitgehend übereinstimmt und in Zeiten kleinerer Differenzen eine Feinabstimmung durch die Prognostik (noch) ihren Zweck als Orientierungshilfe erfüllt. Bei schnellem Wandel dagegen erhöht manchmal allein schon die immer kürzere Vorwarnzeit die Komplexität des Weltbildes, das sich nicht zeitgleich wandelt. Das kann bei der bekannten selektiven Wahrnehmung des Menschen schnell zu trügerischen handlungsleitenden Projektionen führen. Eine isolierte traditionelle Prognostik ist hier wohl kaum noch in der Lage, gewohnte Lösungsmuster zu erweitern. Prognostik ohne systemischen Reflex bedeutet dann nicht nur Reduktionismus, sondern auch das „Heraushalten" der (Denk-)Potentiale Menschen. Gerade die Flexibilisierung der Denkmuster unter Nutzung systemischen Denkens ist aber eine Voraussetzung dafür, die Welt aus anderen Perspektiven wahrnehmen zu können. Prognostik und das Denken in Szenarien sind daher über das Szenarienmanagement zu verbinden, was mit der spieltheoretischen (Denk-)Logik die Chance bietet, einseitige Sichtweisen zu durchbrechen.

> **Isolierte Prognostik bedeutet Reduktionismus und Verzicht auf (Denk-)Potentiale**

Change Management spieltheoretischer Provenienz erleichtert als kalkuliertes „Handling" von Chancen und Risiken den Balanceakt des Managements zwischen der Ordnung des Bestehenden und der Unordnung des Wandels. Dabei determinieren Dynamik, Diskontinuität und Vielfalt jedoch nur ein Spannungsfeld der Unordnung. Ein weiteres Spannungsfeld mit den Polen Kosten- und Zeitminimierung begrenzt zusätzlich die Alternativen für den Aufbau neuer Ordnungen. In diesem turbulenten Umfeld sind spieltheoretische Szenarien ein Instrumentarium, um das Bessere im Sinne von Xenophanes zu finden.

Quintessenz

- Ein stabiles Umfeld wird durch Prognostik transparenter
- Ein dynamisches Umfeld wird durch Prognostik plus flexiblem Denken transparenter

- Durch schnelle Kommunikation, Verfügbarkeit von technischem Know-how und der Verfügbarkeit finanzieller Ressourcen für viele werden Wissen und Können zentral
- Die Szenario-Hardware ist die Prognostik; die Szenario-Software ist flexibles Denken
- Szenario-Management verbindet Szenario-Hardware und Szenario-Software
- Szenario-Management verbindet das Wissen einzelner zum Systemwissen
- Szenarienmanagement ist eine Variante militärischen Krisenmanagements
- Die Spieltheorie liefert die Bausteine für ganzheitliches Szenarienmanagement

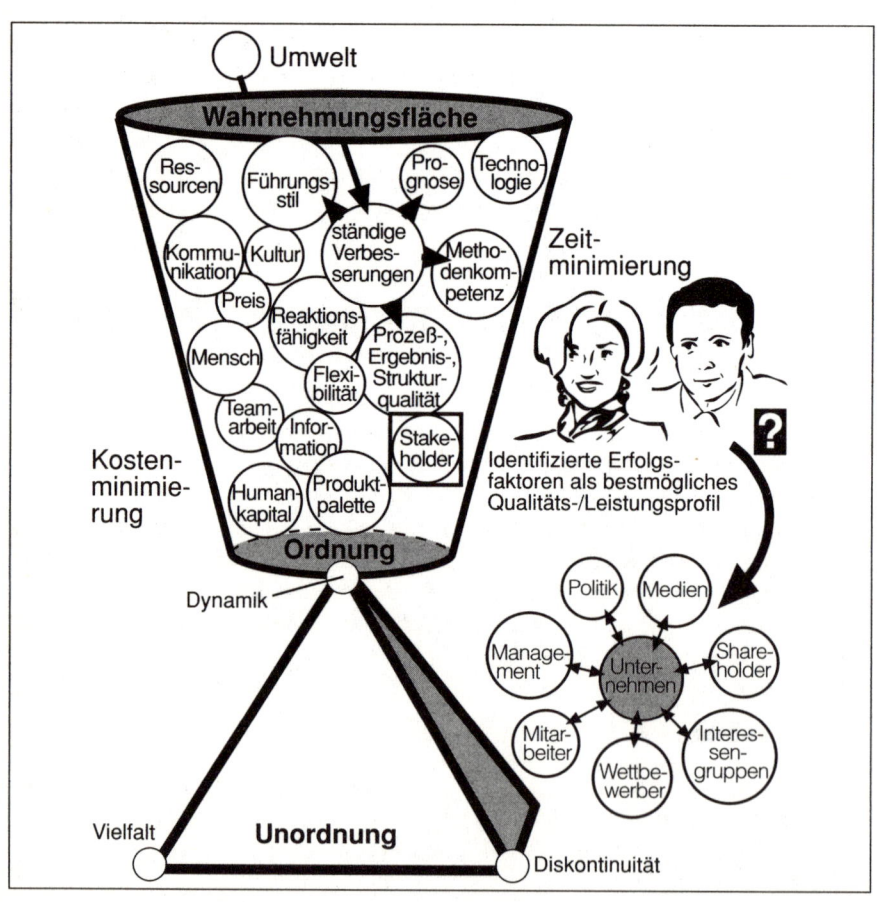

„Eine Organisation muß ihren Kurs nach dem Licht der Sterne und nicht nach den Kursen vorbeifahrender Schiffe bestimmen."

General Omar S. Bradley

II. Unschärfe durch Umweltwandel

Zentralthemen

- Komplexitätsfalle bedeutet Gefälle zwischen der Komplexität der Situation und der oft unterstellten Einfachheit der Lösung (Konflikt zwischen Dynamik und Statik bzw. Konflikt zwischen Multikausalität und Linearität)

- Wahrnehmungsfalle bedeutet Auswahl von Ausschnitten in komplexen Problemlagen. Auf diese Ausschnitte erfolgt die Konzentration; selektive Wahrnehmung führt zu selektiven Handlungen (Konflikt von eindimensionaler Sicht und multidimensionaler Struktur).

- Sprach- und Kommunikationsfalle bedeutet Vielfalt der Zeichenrepertoires. Diese bestimmen Informationsprozesse (Konflikt von Informationsgehalt und Sinngehalt)

- Spiele reflektieren die Wirkungen dieser Fallen und zeigen Wege aus den Fallen

Wandel: Schwelle des Übergangs ins Unbekannte und Riskante

Täglich zeigen Szenarien aus Militär, Politik und Wirtschaft, daß Veränderungsprozesse zu Umbrüchen oder Verwerfungen in Netzwerken führen (können). Dadurch wird der Wandel der Netzwerkgeometrien zur logischen Konsequenz. Diese Umbrüche sind reich an Multikausalität und Diskontinuität, die wie Bretter von „black boxes", schwarzen Löchern vergleichbar, alles Etablierte aufzusaugen drohen.

Schlüpft man in die Netzwerkperspektive, sind jedoch viele „black boxes" erkennbar. Da gibt es die große „black box" der Netzwerkumwelt, in die jede

Netzwerkaktivität eingebettet ist. Daneben gibt es die vielen kleinen „black boxes" der Netzwerkinnenwelt, die durch ihr zufälliges (Zusammen-)Spiel die Netzwerkarchitektur ständig verändern. Die Rückkopplungen zwischen den kleinen „black boxes" sind dafür verantwortlich, daß das Netzwerkleben nicht in regelmäßigen Bahnen verläuft, da sie die voneinander abhängigen Systemstörungen erzeugen. Durch diese Rückkopplungen besteht ständig die Gefahr, daß Verstärkungseffekte in die eine oder andere Richtung auftreten. Kurzum, die Störungen können die bisher von den Netzwerkspielern gewohnte Ordnung gefährden. Wird eine Netzwerkordnung unkontrolliert instabil, ist die (Über-)Lebensfähigkeit des Netzwerkes gefährdet. Einem Chamäleon vergleichbar, kann deshalb schon eine kleine Störung ein ganzes Farbspektrum interner Netzwerkstörungen erzeugen. Dabei ist im Vorfeld dieser Störung im Regelfall nicht bekannt, welche Farbe das Chamäleon annehmen wird. Liegen in der Störung Chancen oder Risiken? Da die Wege dieser Störungen im Netzwerk den „Gesetzen" des Zufalls unterliegen, sind nicht nur Pascal und seine Nachfolger, sondern auch Unberechenbarkeit und Unvorhersagbarkeit beim (Zusammen-)Spiel der Netzwerkteile immer mit von der Partie.

Störungen respektieren im Netzwerk keine Grenzen von Handlungssystemen (Spielen)

Letztendlich ist es der innere Wandel, der das Netzwerkmanagement zu einem Balanceakt zwischen Verändern und Bewahren macht. Umbrüche sind die Komplexitätsschübe, die im günstigsten Fall „nur" Eingriffe in gewohnte Handlungsbedingungen bedeuten. Im ungünstigsten Fall verbergen sich dahinter die revolutionären Veränderungen. Heraklits „Panta rhei" (Alles fließt) läßt grüßen; die Orientierung wird schwierig. Egal, ob dieser Wandel als Wind oder als Sturm die Netzwerke erfaßt: Störungen des routinemäßigen Betriebsablaufes sind vorprogrammiert. Im Sinn der Fuzzy Logic ist daher nicht lange darüber zu diskutieren, wann aus dem Wind ein Sturm wird, wenn die (Wechsel-)Spiele von Netzwerkteilen aus dem Takt kommen. Gerät das ganze Orchester der Netzwerkspieler aus dem Takt, steht die Netzwerkgeometrie zur Debatte, und möglicherweise muß die Netzwerkarchitektur verändert werden. Damit lauert aber in jeder Netzwerknische die Angst vor noch mehr Veränderung, wobei schon der Ökonom Josef Schumpeter Anfang des Jahrhunderts erkannte, daß Veränderungen nicht zwingend bedrohlich sind. Er sah in der Zerstörung des „Alten" die Chance, „neue" Innovationspotentiale für die Zukunftsbewältigung freizusetzen. Getreu Schillers Devise „Das Alte stürzt, es ändert sich die Zeit, Und neues Leben blüht aus den Ruinen", muß daher in Wandlungsszenarien erfolgreich agiert und nicht nur reagiert werden. In einem ersten Schritt auf diesem Weg sind zumindest zwei Fragen zu beantworten.

1. Wie sind Beobachterperspektiven zur Einschätzung des Wandels einzunehmen? 2. Welche Teile müssen erhalten und welche müssen „zerstört" werden?

Die Beantwortung dieser Fragen ist schwierig, wenn die Grenzen *in* Netzwerken und die Grenzen *von* Netzwerken nicht an den Firmentoren enden oder durch das Abzählen von Tochterunternehmen bestimmbar sind. Hinter diesen Fragen steckt die Suche nach einer Reflexionsfläche, die es erlaubt, das (noch) zu Bewahrende von dem zu Zerstörenden in einer von allen Beteiligten akzeptierten Art und Weise zu trennen. Hier hilft der Werkzeugkasten der Spieltheorie weiter. Die Spieltheorie hat die Bausteine für solche Reflexionsflächen im Angebot, wobei es jedoch auch mit der Spieltheorie nicht möglich ist, alle „blinden" Flecke zu entfernen. Daß dabei nicht nur die Reaktionsfähigkeit, sondern auch die Anpassungsfähigkeit der Netzwerkspieler wichtige Bausteine sind, zeigt ein kurzer Blick ins Gesundheitswesen.

Was sind die Reflexionsflächen (Spiele) zur Bewältigung des Wandels?

Mit dem am 1. 1. 1993 in Deutschland bundes- und landesweit eingeführten Gesundheitsstrukturgesetz (GSG) veränderten sich die ökonomischen Rahmenbedingungen für die Akteure im Gesundheitswesen. Durch die Einführung prozeßorientierter Entgeltformen hielt die Marktwirtschaft in einem der letzten Refugien der Nicht-Marktkräfte ihren Einzug. Damit durch dieses neue Spielregelsystem, das die Handlungsmaximen des Krankenhausmanagements entscheidend verändert, traditionelle Welten nicht unkontrolliert aus den Fugen geraten, sind ein neues Denken, neue Instrumente und neue Perspektiven erforderlich. Ein erster Schritt in die richtige Richtung ist, daß sich Krankenhäuser als Unternehmen mit einem sozialpolitischen Geschäftsauftrag begreifen. Vom normenvollziehenden Verwaltungshandeln vor dem GSG wurde der Managementfokus vom GSG in Richtung eines ganzheitlichen, systemische Zusammenhänge erfassenden Krankheits-(Fall-)Managements (Disease Management) gelenkt. Es stellt sich im Organisationsmonolith Krankenhaus die Frage: *Wer lenkt* und *wer denkt?* Nach dem GSG steht plötzlich der Krankheitsfall in der gesamten Spannweite des damit verbundenen medizinischen Leistungsspektrums im Blickpunkt. Die Folge davon ist, daß sich

der Mehrwert („Gewinn") aus dem Krankheitsfall erst durch den Koordinations-
erfolg der mit den Behandlungen befaßten Abteilungen und Stationen ergibt. Der
Krankheitsfall ist durch das GSG somit zum institutionalisierten Prozeß mit ko-
sten- und erfolgswirksamem Anfang und Ende geworden. Behandlungsfälle
durchlaufen das Krankenhaus (nun) horizontal, womit das Krankenhausnetzwerk
per Gesetz zu einem „sample" von Prozessen wird. Das war es selbstverständlich
auch schon vor dem GSG; es wurde nur nicht als solches wahrgenommen, und das
(Verwaltungs-)Denken war kein prozeßorientiertes (Management-)Denken.

Durch das GSG zieht der Behandlungsfall per Fallmanagement im Krankenhausnetzwerk, der Spur eines Neutrons in der Rutherfordschen Blasenkammer
vergleichbar, nun als Wertschöpfungskette eine sichtbare Kosten-/Erlösspur. Entlang der Wertschöpfungskette des Falls wird der Kuchen des „Mehrwerts" nicht
nur gebacken, sondern im Rahmen der Budgets auch verteilt. Die Stabilität der
Wertschöpfungskette bestimmt allerdings deren schwächstes Glied. Unternehme-
rische Chancen und Risiken gehorchen nun der Dynamik von Prozessen und nicht
nur Verwaltungsrichtlinien. Das Spielregelsystem der gewohnten Verfahren kam-
meralistisch-planwirtschaftlich orientierter Krankenhausbuchführung ist beim
Fallmanagement durch ein Prozeßkostenmanagement zu ersetzen, das auf der
ganzheitlichen Perspektive der Prozeßabläufe basiert. Anders ausgedrückt ist der
Blick für die Abläufe des kostenverursachenden Falls im systemischen Zusammenhang zu schärfen. Aus der Perspektive des Gesetzgebers braucht das Krankenhausmanagement „nur" noch die Netzwerkkoordination zu sichern, und der
Gesetzgeber, der ja die Spielregeln geliefert hat, könnte eigentlich den Reformer-
folg erwarten. In der Eigendynamik der Krankenhausnetzwerke liegt allerdings
ein entscheidender Grund dafür, daß die Wünsche des Gesetzgebers nicht in Erfüllung gingen. Der Gesetzgeber kann nämlich aufgrund seiner Regulierungsmacht den Wandel quasi wie einen Verwaltungsakt per Richtlinienerlaß kurzfristig
anordnen. Eine Erfolgsgarantie durch „command and control" besteht im Syste-
mumfeld des Krankenhausmanagements dagegen nicht. Hier tritt nun das
Chamäleon des Wandels in Aktion, sei es in der Farbe der Macht-(Spiele) im
Krankenhaus durch die berufsständisch-hierarchische Struktur oder durch die sich
plötzlich ergebenden und zu nutzenden Gestaltungs(spiel-)räume für (noch) in der
Verwaltungstradition denkende Netzwerkspieler.

Wie sind sich ergebende Gestaltungs(spiel-)räume gemein-sam zu nutzen?

In der Netzwerkdynamik offenbart sich der qualitative Unterschied zwischen Ge-
sundheitsmanagement auf der Makroebene des Gesetzgebers und Gesundheits-

management auf der Mikroebene des Krankenhauses. Auf der Makroebene des Gesetzgebers gibt es keine direkt meßbare Ergebnisverantwortung und somit keine Notwendigkeit zur Beachtung systemischer Reflexe. Auf der Mikroebene des Krankenhauses gibt es dagegen bei jährlicher Rechnungslegung eine direkte und vor allem auch meßbare Ergebnisverantwortung, wobei sich die Ergebnisse gerade erst durch systemische Reflexe realisieren. Das Krankenhausmanagement hat zwar auch die Chance, den durch das GSG „verordneten" Wandel quasi per Verwaltungsakt anzuordnen. Das Ziel könnte jedoch verfehlt werden. Die Netzwerkspieler würden im besten Fall als Rädchen in der Maschinerie funktionieren, ohne jedoch von den Anordnungen überzeugt zu sein. An genau dieser Stelle lauert nun das Chamäleon; es wird sich später als ein durch „third order control" mehr oder weniger beeinflußbares verdecktes Spielregelsystem der Netzwerke demaskieren.

Wandel funktioniert nicht per Anordnung; er muß in den „Köpfen" implementiert werden

Die Akzeptanz des Wandels ist ein entscheidender Punkt, da die für Wettbewerbspositionen entscheidende Qualität der Leistungen letztendlich durch die „Köpfe" der Mitarbeiter (mit) bestimmt wird. Die Vernachlässigung systemischer Reflexe, die Menschen erst mit ihrer Umwelt verzahnen, ist auch einer der Hintergründe für die problematische Umsetzung des GSG, was die ständigen Reformen an der Reform dokumentieren. Das GSG wurde unter der politischen Perspektive der kurzfristigen Kostenreduktion gesetzt und nicht unter Beachtung systemischer Rückkopplungseffekte implementiert. Das Spielregelsystem des GSG ist daher bis heute (noch) nicht mit den Spielregelsystemen in den Krankenhäusern zu einem beide Ordnungen verzahnenden System verschmolzen.

Die Potentiale zur Beherrschung des Wandels sind die „Köpfe" der Netzwerkspieler

Der ständige Balanceakt des Managements zwischen Ordnung und Unordnung zeigt sich auch im Bankenbereich. Das Bankmanagement muß in zunehmend kürzeren Zeitabständen in einem Spannungsfeld wechselnder Konjunkturen für Lean-Management-Philosophien ständig nach einer neuen Orientierung zwischen „Altem" und „Neuem" zur Sicherung ihrer Wettbewerbsposition suchen. Dabei reicht es nicht aus, nur die Effizienzpotentiale zu erschließen, die in einer Vereinfachung der oftmals historisch gewachsenen Abläufe liegen.

Ein hörbares Knirschen, wenn Wandlungsphänomene ineinandergreifen, charakterisiert auch den sicherheitspolitischen Bereich. Dort sprechen die Politiker verstärkt von „unsichtbaren" und flexiblen Sicherheitsarchitekturen und deren tragenden Prozessen, wenn die säuberliche Aufteilung der Aufgabenfelder zwischen NATO, EU und OSZE nach Ende des Kalten Krieges einem Mehr an zu bewältigenden politischen Unschärfen und Instabilitäten weichen muß. Daher muß auch das Militär „alte", auf traditionellen militärischen Doktrinen und Institutionen basierende Denkansätze um prozeßorientierte (Denk-)Komponenten ergänzen. Generell muß die Sicherheitspolitik überhaupt neue Rahmen finden, um die Prozesse der atlantischen Partnerschaft, der europäischen Integration und der euro-atlantischen Zusammenarbeit transparenter zu erfassen.

> **Die Dynamik des Wandels widerspricht der Statik im Denken und Handeln. Neue Herausforderungen sind nicht mit alten Denkansätzen bisher erfolgreicher Managementpraktiken der Vergangenheit zu meistern**

Zur Bewältigung des Wandels ist reaktives Verbesserungs- oder Verfeinerungslernen, das nicht auf neuen Denkansätzen basiert, keine Alternative. Die latente Gefahr eines Dilemmas schwebt wie ein Damoklesschwert über dem Zeithorizont. Die Ursache dafür ist eine geistige Paralyse der Entscheidungsträger durch unflexible Denk-Software aufgrund statischer Denkstrukturen und starrer Mustererkennungsprozesse („recognition pattern"). Dem Dilemma kann auch nicht durch ein bloßes „Mehr" an Analysetechniken entronnen werden. Der verstärkte Einsatz komplizierter werdender methodischer Tools ist, wenn es um die Denk-Software geht, nicht mehr das alleinige Markenzeichen eines Gerüstetseins zur Bewältigung des Wandels. Es gilt zwar immer die Platitüde: „No management without measurement", aber ohne die Beachtung systemischer Zusammenhänge würde durch eine Flut neuer Techniken einfach nur mit dem Trend „High-tech is beautiful" Schritt gehalten.

> **Verbesserungs- oder Verfeinerungslernen verfeinert alte Fehler. Die Perfektion des Irrtums wird gesteigert, wenn nicht die Basis der alten Denkfehler verändert wird**

Die Nichtveränderung der Basis für alte Fehler ist oft sogar erst die Ursache dafür, daß die Denk- und Handlungsmuster der Erfolge von gestern zu den Denk- und Handlungsmustern des Mißerfolges von heute und morgen werden (können). Dieses auch in vielen Managementphilosophien schlummernde Risikopotential ist jedoch nicht neu, da schon in Schillers Lied von der Glocke bekanntlich „das Werk den Meister loben" soll.

Wie kann die Basis alter Fehler erkannt und wie können alte Fehler beseitigt werden?

Um diese Fragen zu beantworten, ist selbst die Reichweite der elegantesten mathematischen Prognosetechniken nicht ausreichend. Deren mangelnde Trennschärfe hat ihre Ursache darin, daß sie auf Datenkränzen der Vergangenheit basieren. Transportiert aber schon die Vergangenheit nicht erkannte, „alte" Fehler, ist die Prognostik zur Bewältigung von Gegenwart und Zukunft ebenfalls fehlerbehaftet. Verknüpft sich rückwärtsorientierte Prognostik noch zusätzlich mit einem an vergangenen Erfolgen orientierten (Management-)Denken, verstärkt sich das Denk-Flexibilitäts-Dilemma. Das Management sitzt in einer handlungsleitenden Komplexitätsfalle.

Komplexe Situationen zu erfassen und komplexe Systeme zu lenken heißt, Komplexität gedanklich zu verarbeiten. Es sind Regeln für den Umgang mit Komplexität zu finden. Etwas salopp formuliert, ist unter Komplexität (ital. „Zusammenflechten") die Vielschichtigkeit und Folgelosigkeit eines Zustandes zu verstehen, der beim Umgang mit Menschen oder beim Einfluß von Umwelteinflüssen entsteht. Der Begriff Komplexität ist somit ein schwer faßbares, aber allgegenwärtiges Chamäleon. Aus diesem Grund wird die Komplexität ohne geeignete Regelsysteme für deren Umgang auch schnell als eine Bedrohung für die Sicherheit von Ordnungen empfunden. Wird die Komplexität sogar negiert oder wird ihr durch mechanischen Reduktionismus „nur" die Veränderungsspitze genommen, entsteht ein regelrechter Teufelskreis. Man gerät in eine nach unten drehende Spirale, die immer tiefer in die (gedankliche) Komplexität führt. Durch das „Handling" von Komplexität in dieser Art und Weise wird Komplexität erst zum bedrohenden Risiko. Denkt man an die etymologische Wurzel des Wortes Risiko (ital.: risicare = wagen), steckt in der Komplexität jedoch auch Kreativitätspotential für Chancen zur Veränderung, wodurch der Umgang mit Komplexität wieder zum Balanceakt wird.

> **Die Bewältigung der Komplexität ist ein Balanceakt zwischen Chancen und Risiken. Die Komplexitätsfalle resultiert aus dem Gefälle zwischen der Komplexität des Wandels und der unterstellten Einfachheit der Lösungen aufgrund rückwärts orientierter Prognostik und an Vergangenem orientierten Denken**

Die Komplexitätsfalle

Sitzt das Management in einer Komplexitätsfalle, hat Ciceros Spruchweisheit „Gut gehauene Steine schließen sich ohne Mörtel aneinander" ihre Gültigkeit verloren. Um aus der Passung geratene Steine wieder neu auszurichten, müssen erst einmal die Konstruktionsmerkmale der Falle erkannt werden. Geschieht das frühzeitig, ist der Eintritt in die Komplexitätsfalle zu vermeiden. Dabei ist das Hilfsmittel der mathematisch-statistischen Prognostik nicht unwichtig; man muß sich jedoch immer dessen Vergangenheitsbezug ins Gedächtnis rufen.

Letzteres ist auch von Bedeutung, wenn man den Blick auf die im Moment von Consultants verstärkt entdeckte Chaostheorie richtet. Dabei bedeutet Chaos (griech. „gähnende Leere") jedoch nicht per se etwas Bedrohliches. Der Gott Chaos wirkte schon in der griechischen Mythologie als Urmasse der Welt, und einem bloßen Wirrwarr ist als „reiner" Unordnung nur schwer viel Bedrohliches abzugewinnen. In der Mathematik ist das Chaos allerdings eine Unordnung, die bestimmten Mustern folgt. Hinter dem „mathematischen" Chaos verbirgt sich somit keine scheinbare Willkür, und das ist doch etwas Gutes, oder?

> **Hinter dem „Chaos" von Spielregeln können sich, aus anderen Perspektiven betrachtet, Ordnungen verbergen**

Die moderne Chaostheorie ist keine grundsätzlich neue mathematische Disziplin. Sie ist eine Theorie der nichtlinearen-deterministischen Systeme, deren Fundamente schon um die Jahrhundertwende gegossen wurden. Dabei bedeutet Nichtlinearität ganz einfach nur, daß Resultate nicht proportional zu ihren Ursachen sind. Auf den alten logischen Fundamenten dieser „schlichten" Tatsache stehend, bietet die Chaostheorie neben ihren mathematischen Erkenntnisobjekten zusätzlich die Chance, das Wirken von unsichtbaren Ordnungsmechanismen in Analogien zu erfassen. Diese Eigenschaft macht sie interessant für Einblicke in die komplexe

Realität der Lenkung von (Management-)Systemen. Unter dem für das Management des Wandels wichtigen dialektischen Aspekt von Ordnung und Unordnung werden nämlich Analogien zu physikalischen Systemen herstellbar. Im physikalischen Bild steht dann der lokal ordnenden Funktion des Managements die tendenziell steigende Unordnung der Gesamtsysteme gegenüber. Die Chaostheorie ist damit das Angebot einer Erklärungshilfe für systemische Zusammenhänge. Über ihren Prognosewert für Managementprobleme sollte man sich jedoch erst einmal vornehm in Schweigen hüllen. Das Chaos ist eine genau erfaßte mathematische Struktur, die aufgrund ihrer „Spielregeln" allerdings weit davon entfernt ist, auf die semantischen Wortspiele um das Chaos in Managementsystemen zu passen. Daß diese „Kleinigkeit" oft übersehen wird, ist möglicherweise eine Erklärung für die Renaissance der Chaostheorie im Consulting. Wird dort allerdings trotzdem prognostisch versucht, das Chaos des Systemwandels durch Chaos über die Vorstellungen von Chaos zu erfassen, kann das nur wieder im Chaos enden.

Unordnungen folgen „verdeckten", oft nicht erkannten Ordnungen

Wenn man sich dieser Tatsache bewußt ist, liefert die Chaostheorie oft hilfreiche Bilder, um den Systemwandel zu illustrieren. Markenzeichen der Chaostheorie sind dann auch der niesende Kapitän und der Flügelschlag des Schmetterlings, wodurch irgendwo auf der Welt Wirbelstürme ausgelöst werden können. Wichtig dabei ist, daran zu denken, daß die Ursachen dieser Störungen, die sich durch (selbst)verstärkende Rückkopplung möglicherweise erst zu Katastrophen entwickeln können, immer in der Vergangenheit liegen. Nur die Wirkung der anfänglich kleinen Störungen liegt in der Gegenwart oder vielleicht erst in der Zukunft.

Die Metaphern von Schmetterling und Kapitän weisen aber einen Ausweg aus der Komplexitätsfalle des Managements. Sie zeigen nämlich, daß Systeme empfindlich auf Störungen reagieren. Da aber die „Startbedingungen" von Systemen im Regelfall unbekannt sind, ist das Systemverhalten über bestimmte Zeiträume nicht sicher vorhersagbar. Die Chaostheorie macht nun deutlich, daß Systeme ihr Verhalten aus ihren inneren Eigenschaften bestimmen. Um im Bild zu bleiben, könnten somit Kapitäne und Schmetterlinge sehr wohl Wirbelstürme auslösen; sie müssen es aber nicht. Im Zeitalter des schnellen Informationstransfers ist ein Managementsystem mit einem Kommunikations- und Informationssystem vergleichbar. Ständig verändert der Informationstransfer als Störung den Systemzustand. Damit wird durch diese kleine Anleihe bei der Chaostheorie erkennbar, daß komplexe Phänomene gerade nicht mit erfolgreichen Managementmethoden bewältigt werden können, die für einfachere Problemlagen ohne Systembezug

durch schnelleren Informationstransfer entwickelt wurden. Wird aus dem flügelschlagenden Schmetterling der Präsident der amerikanischen Federal Reserve
Bank, der sich über Regulierungen im Optionshandel äußert, oder aus einem niesenden Kapitän der russische Präsident, der medienwirksam über eine mögliche
engere militärische Kooperation mit China philosophiert, sind das lokale Einflüsse (Störungen). Aus den Reaktionen von Börsen und politischen Netzwerken wird
aber erkennbar, daß diese lokalen Veränderungen in den Systemumwelten schwer
prognostizierbare Veränderungen erzeugen.

Systemwelten verändern sich durch eine Vielzahl verknüpfter, teils unbekannter Variablen. Die Variablen verändern sich aber nicht immer gleichgerichtet. Die Diskontinuität oder Multikausalität des Wandels resultiert aus der Schnelligkeit und der zeitlichen Unvorhersagbarkeit dieser (Variablen-)Spiele im Netzwerk

Daher muß sich das Managementdenken verändern, um einen Ausweg aus der
Komplexitätsfalle zu finden. Das ist nicht einfach. Ein an vergangenen Erfolgen
orientiertes Managementdenken basiert neben einmal als richtig erkannten Ursa-
che-/Wirkungsbeziehungen auch auf der Eigenlogik des Glaubens an die Vorhersagbarkeit und somit auf dem Glauben an die Planbarkeit von zukünftigen Veränderungen. Dieser Glaube verfestigt sich in den „Köpfen" und formt die handlungsleitenden Denkstrukturen und Mustererkennungsprozesse. Besitzt jeder
Spieler seine persönliche (Denk-)Schablone, wirkt die Bewahrung des Vergangenen oft wie eine Predigt vom Olymp, und gegen göttliche Spruchweisheiten gab es
schon im antiken Griechenland keine Berufungsinstanzen. Gibt es aber keine Berufungsinstanzen, gibt es auch keine Veränderung der Spruchweisheit der Götter.
Niemand muß sich auf die Suche nach dem Schwert des „Geistes" begeben, das
den Schild des „Glaubens" durchstoßen kann.

Die „Welt" ist nicht nur mit anderen Augen, sondern auch mit den Augen der anderen zu sehen

Hinter dem Bewahren als einem „verdeckten" Managementprinzip verbirgt sich
der bekannte „organizational distress" in Form eines Trägheitsmoments der Anpassungsfähigkeit von Netzwerken an sich verändernde Umwelten. Das kann die
entscheidenden Meter im Rennen um gute Plazierungen in den Spielen des Wett-

bewerbs kosten. Die Metapher des niesenden Kapitäns oder des flügelschlagenden Schmetterlings zerstört allerdings den Glauben an die prinzipielle Beherrschbarkeit sich verändernder Systemumwelten durch traditionelle Managementmethoden. Dem Bewahren kann nicht die zeitlose Gültigkeit von Naturgesetzen unterstellt werden. Damit entfällt aber ein Problemlösungsmechanismus auf Knopfdruck, womit sich **nicht das Verständnis von Management, sondern auch die Rolle des Managements verändern muß.** Diese auf Systemtheorie und Kybernetik basierende Erkenntnis scheint auch eine der identifizierbaren Botschaften moderner Managementphilosophien zu sein.

Dieser „süße Zaubertrank" der ganzheitlichen Perspektive, der die Kraft zur Bändigung der Kräfte des Wandels geben soll, enthält aber einige Wermutstropfen. Erstens: Die Erkenntnis der Ganzheitlichkeit ist nicht neu. Schon zu biblischen Zeiten war das „Prüfet alles und behaltet das Beste" eine zumindest bekannte, handlungsleitende Maxime. Zweitens: *Wie* sollen sich die Rolle des Managements und das Verständnis von Management wandeln? Bei dieser Frage öffnet sich die Büchse der Pandora, da sich viele Begriffe moderner Managementphilosophien in der aktuellen Diskussion vor Ort oft als Schlagworte ohne inhaltliche Präzision erweisen. Erstens bilden sie kein festes Programm oder Konzept und sind eher eine Ansammlung von Definitionen, die ein schillerndes Spektrum simultan anzustrebender Zielgrößen darbieten. Zweitens sind Change-Konzepte wie Reengineering, Lean oder TQM aufgrund ihrer teilweise „kunstvoll" arrangierten Bedingungskonstellationen (Spielregeln) nicht widerstandsfähig gegenüber Störungen und abweichenden Rahmenbedingungen. Eine unsichere Kartenlage zur Navigation ist aber gefährlich, wenn der Kapitän auf den Informationsozeanen sein (Unternehmens-)Schiff sicher an Riffen und Untiefen der Komplexität vorbeiführen muß.

> **Management, das auf einer nach „rückwärts" gerichteten Prognostik basiert, muß sich zum Management des nicht sicher „Prognostizierbaren" wandeln. Es muß das Ziel sein, der Situation angemessene Lösungsalternativen anzubieten**

Zwangsläufig stellt sich daher die Frage nach den Leuchttürmen oder, im Sinne Bradleys, die Frage nach den Sternen, die helfen können, den Kurs für Netzwerkschiffe auf dem Ozean der Komplexität abzustecken. Unabhängig davon, ob die See rauh oder glatt, der Himmel klar oder bedeckt und die Seetüchtigkeit des Schiffes gut oder schlecht ist, basiert seemännische Navigation auf von der Umwelt unabhängigen, mathematisch-physikalischen Gesetzmäßigkeiten. Das unterscheidet die nautische Prognostik von einer auf den Datenkränzen der Vergangenheit basierenden Netzwerkprognostik. Dieser sehr wichtige qualitative Unterschied wird oft ignoriert oder schlicht und einfach übersehen. Nautische Gesetzmäßigkeiten legen erst im Wirkungsverbund mit der Wetterlage (dem Systemzustand) den tatsächlich fahrbaren Kurs eines Schiffes fest. Eine Abdrift des Schiffes aufgrund starker Winde oder Unterwasserströmungen läßt sich allerdings auch bei aller nautischen Kunst nicht immer vermeiden. Stimmt die Navigation, läßt sich durch Koppeln des Kurses und seemännische Erfahrung der Standort des Schiffes hinreichend genau bestimmen. Ist das Schiff ein Segler, kann im unterstellten Szenario Fahrt aufgenommen werden, um den nächsten Hafen zu erreichen. Dabei wußte aber schon Seneca, daß „kein Wind der richtige ist, wenn man nicht weiß, wohin man segeln will".

Nur die „Mischung" aus Prognostik und Erfahrung sichert die Orientierung

Somit erhöhen die nautischen Gesetzmäßigkeiten als gesicherte und verifizierbare Bestandteile einer situationsangepaßten Problemlösung zumindest das Vertrauen von Passagieren und Besatzung in die Kursbestimmung der Schiffsführung. Unabdingbare Voraussetzung dafür ist, daß die Schiffsführung ihr Instrumentarium und die (mathematischen) Spielregeln der Navigation beherrscht. Sollte es ohne lange Vorwarnzeiten zu Krisensituationen kommen, ist dieses Methodeninstrumentarium durch Methodenkompetenz schnell und sicher zur Anwendung zu bringen.

Die Gesetzmäßigkeiten der Navigation sind jedoch in jeder Situation immer gleich und kalkulierbar. Ein Netzwerk befindet sich dagegen in einer „permanenten" Krisensituation, da ständig Informationen (Unordnung) wie Wasser in ein leckgeschlagenes Schiff eindringen. Durch „Spielregeln", wie sie in der See-Mannschaft gelten, würde auch in der Netzwerkkrise die Komplexität auf wenige, in jeder Situation noch beherrschbare und handhabbare Merkmalsgrößen reduziert. Die Gefahren des Aktionismus, der bei einer „Überdosierung" nicht die Handlungsbereitschaft des Managements signalisiert, sondern zur Abschottung der (Mit-)Spieler gegen die Wellen „unkoordinierter Veränderungsoffensiven" führt, wären gebannt. Ein solcher Kern an handlungsleitenden Parametern verkörpert genau jenes Reduktionsziel, nach dem die zu Interessengemeinschaften vernetzten Akteure bei schnell zunehmender Komplexität und Unübersichtlichkeit immer streben. Die (Überlebens-)Szenarien in Netzwerken sind aufgrund der strategischen Interaktion der Netzwerkspieler spieltheoretische Szenarien, und aus den Spielregeln der See-Mannschaft werden die „Spielregeln" der Spieltheorie. Werden aus den Szenarien dann Spiele, wird erstens die Situation auf den strategisch relevanten Kern reduziert. Zweitens erfordern die die Spieler koordinierenden, flexiblen Spielregelsysteme das Engagement der Spieler. Drittens bestimmt erst die Art und Weise des (Zusammen-)Spiels der Netzwerkspieler über den dann „steuerbaren" Netzwerkkurs den Erfolg oder Mißerfolg des Gesamtnetzwerkes. Kurzum, die Spieltheorie folgt nicht dem Motto „Ah, die alten Fragen, die alten Antworten, da geht nichts darüber" aus Becketts Endspiel. Dabei ist es bei spieltheoretischem Szenarienmanagement als strukturiertem Organisationsprinzip des Denkens und Handelns egal, ob Probleme aus dem Netzwerkinneren oder aus der Netzwerkperipherie zu meistern sind.

Spiele liefern der Situation angepaßte Koordinaten zur Orientierung

Die Wahrnehmungsfalle

Die Komplexitätsfalle läßt sich vermeiden bzw. überwinden, wenn sich das (Management-)Denken durch Spielanalogien in Richtung eines flexibleren Denkens verändert. Die Spieltheorie hat hier einige Angebote im Sortiment. Flexibles Denken und Spieltheorie verbinden sich dann in der Transformation komplizierter Sachverhalte in einfachere gedankliche Strukturen. Gelingt das, werden im Sinne Ciceros erstens die Steine (Netzwerkkomponenten) besser gehauen. Zweitens wird der Mörtel in Form der Systemkomplexität durch Spiele als funktionsfähige Netzwerkkommunikation zur unsichtbaren Masse, die aus den Steinen erst eine

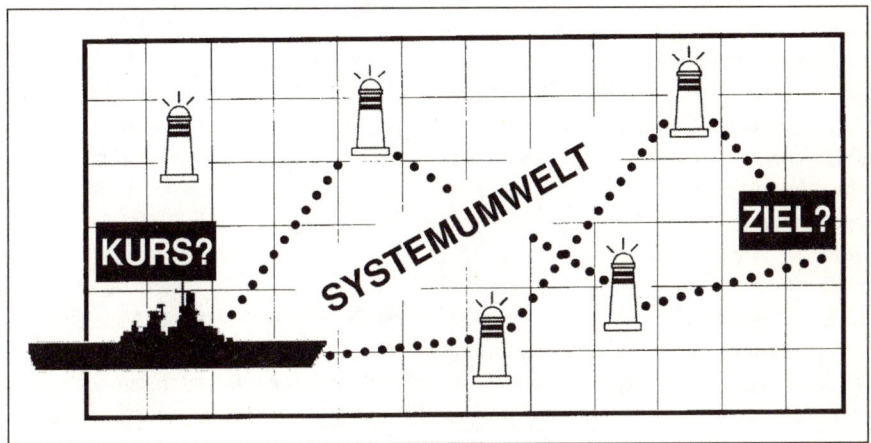

Beherrscht der Kapitän die Spielregeln der Navigation?

leistungsfähige Netzwerkarchitektur formt. Das sich ständig verändernde „große" Netzwerkspiel wird so in eine Vielzahl sich ebenfalls ständig verändernder Netzwerkteilspiele zerlegt. Das ist mit einer „Strategie" der Teilung des Netzwerkrisikos vergleichbar, wobei jeder Spieler in seinen (Teil-)Spielen durch sein Spielverhalten für seine „Versicherungen" gegen Risiken (selbst)verantwortlich ist. Bei diesem „risk sharing", wo die Verteilung des Netzwerkrisikos auf den Schultern der Solidargemeinschaft der Spieler lastet und der Wandel jedermanns Sache ist, können Spieler erst erkennen, daß sie mit simplem „Durchwursteln" nicht mehr erfolgreich sind. Erfolgreiche Netzwerkspiele sichern dann die mit der Spieltheorie zu findenden Spielstrategien, die Spieler wechselseitig zu einem Erfolgs- und Risikoverbund verzahnen.

Was sind die Bausteine von Strategien?

Bevor man sich auf die Suche nach Strategien begeben kann, müssen die Komplexitätsfallen, die wie Riffe oder Untiefen in den Ozeanen der Systemumwelt liegen, erst einmal wahrgenommen werden. Das wird zunehmend schwieriger, da sich die Wirtschaftsszenarien, in denen das weltweite wirtschaftliche Überlebensthema nun Geo-Economics heißt, schneller wandeln. Im Zeitalter des Wechsels von der Geopolitik zur Geoökonomie, wo an die Stelle vertrauter politisch-militärischer Szenarien nun Szenarien der Kämpfe auf globalen Hochtechnologiemärkten treten, werden die Netzwerke bei steigender Halbwertzeit der Informationswerte von immer mehr „unberechenbaren" Informationsströmen durchzogen. Die Kommunikation zwischen den Netzwerkkomponenten sichern dann diese Informationsströme überspannende Brücken, die allerdings nicht für die Ewigkeit gebaut sind. Brückenbau in der Gegenwart bedeutet aber Risikomanagement, da Netzwerke ihre inneren (Abteilungs-)Grenzen und ihre äußeren Grenzen zu Konkurrenten, Zulieferern und Kunden ständig verändern. Die Brückenbauer (Manager) wissen daher nie genau, wo und wie die Brückenpfeiler aufzustellen sind. Da sich darüber hinaus die Informationsströme im Netzwerk ständig neue Wege suchen, liefert das in der Vergangenheit erfolgreiche Constraint Management zur Netzwerkkoordination innerhalb bestimmter Grenzen die falschen Werkzeuge zum Brückenbau. In Gegenwart und Zukunft erzwingen systemische Reflexe und ganzheitliche Perspektiven ein Management, das als Change Management die Wandlungsprozesse beherrscht und als Chance Management die Synergien des Wandels in positive Wertschöpfung transformiert. Hinter den Synergien verbergen sich dann die in der Ökonomie häufig strapazierten Begriffe „economies of scale" oder „economies of scope". Das verkompliziert den Brückenbau, denn neben die Komplexitätsfalle tritt noch eine Wahrnehmungsfalle.

Beim Wandel tritt neben die Komplexitätsfalle eine Wahrnehmungsfalle

Wie die Komplexitätsfalle hat auch die Wahrnehmungsfalle ihre Konstruktionselemente, wobei die Komplexitätsfalle im Regelfall jedoch ein externer, von der Systemumwelt in die Netzwerke getragener Unsicherheitsfaktor ist. Die Wahrnehmungsfalle ist dagegen ein interner Unsicherheitsfaktor, der durch die Denkstrukturen der Netzwerkspieler in Systeme hineingetragen wird.

Wahrnehmungsprobleme liegen in der einfachen Tatsache begründet, daß Menschen in konkreten (Entscheidungs-)Situationen unterschiedliche Vorstellungen über Prämissen, Erkenntnisobjekte und Schlußfolgerungen besitzen. Daneben sind es die Unschärfen in den Begrifflichkeiten, die das Erfassen von Wahrnehmungsprozessen erschweren. Zugrundeliegende Prämissen und Problemstellungen führen dann zu den bekannten unterschiedlichen Schlußfolgerungen und damit zum unterschiedlichen Verständnis der Situation. Eine erste Gefahr liegt darin, daß Erkenntnisobjekte und Problemstellungen den Menschen oft als selbstverständlich erscheinen. Wenn sie zusätzlich (noch) als Trivialitäten wahrgenommen werden, besteht eine zweite Gefahr darin, daß bestimmte Dinge ganz einfach unreflektiert hingenommen oder gar nicht erst wahrgenommen werden. Sind bestimmte handlungsleitende Prämissen nicht bekannt oder werden sie einfach nur akzeptiert, werden sie auch nicht artikuliert. Basieren solche Prämissen nun auf Fehleinschätzungen und individuell verschiedenen Wahrnehmungen, so werden „Fehler" quasi fortgeschrieben oder nur verfeinert. Damit schließt sich wieder der Kreis zur Komplexitätsfalle. Wie die Komplexität unterliegt auch die Wahrnehmung bestimmten Gesetz- und Regelmäßigkeiten, die sich allerdings der strengen Prognostik der Mathematik entziehen. Verzerrte „unberechenbare" Wahrnehmungen lauern überall in den Netzwerken; langsam werden die Konturen, aber keinesfalls all die möglichen Farben vom Chamäleon des Wandels sichtbarer.

Was sind in Entscheidungssituationen Erkenntnisobjekt, Problemstellungen sowie Schlußfolgerungen, und was ist das Verständnis der Situation?

Die Unschärfen und Grauzonen der Wahrnehmung beginnen schon beim abendlichen Blick in den Sternenhimmel. Objektiv sieht der Beobachter Galaxien, Sternenbilder, Planeten und die Milchstraße. Ist das aber bereits alles; sieht vor allem jeder Beobachter dasselbe? Die Antwort lautet nein. Der „Romantiker" sieht im Firmament das Himmelszelt, das für ihn die Projektionsfläche verschiedenster Erwartungen sein kann. Astrophysiker, Kosmologen und Astronomen interessieren unter demselben Himmel, wie ihn der Romantiker sieht, möglicherweise die Lokalitäten schwarzer Löcher oder der Natriumschweif des Kometen Hale-Bopp. Ein Kapitän auf See nutzt dagegen den Sternenhimmel, der nun schon aus zwei verschiedenen Perspektiven verschieden betrachtet wird, wie eine nautische Karte. Mit diesen verschiedenen Perspektiven sind verschiedene Begriffswelten verbunden, in denen die Kommunikation *in* den Beobachtergruppen stattfindet. Das mag nicht weiter schwierig sein, da man sich in bekannten Sprachroutinen verständigen kann. Die Angelegenheit wird jedoch problematisch und gewinnt an Komplexität, wenn eine Kommunikation *zwischen* den Beobachtergruppen notwendig wird. Betrachtet man Kapitän, Astronom und Romantiker als Sender, wird der (subjektiv) wahrgenommene Sternenhimmel zuerst in den eigenen Begrifflichkeiten codiert, wobei unklar ist, ob die Decodierung bei den Empfängern von Signalen gelingt. Man fühlt sich hier an Wittgensteins „Ich glaube eher, die Grenzen der Sprache sind die Grenzen meiner Welt" erinnert.

Diese Situation wäre nicht weiter schlimm, wenn in den Sprach- und Kommunikationsbarrieren nicht auch ein Hauch von Ungewißheit läge. Klappt die Kommunikation nicht, kann die Atmosphäre zwischen den Gesprächspartnern belastet sein. Treten solche Probleme auf und kann klargestellt werden, daß die Mißverständnisse in Verständigungsschwierigkeiten lagen, können Probleme (noch) aus der Welt geräumt werden. Die Situation wird jedoch brisant, wenn unter dem Deckmantel der Sprache das Ziel verfolgt wird, bewußt Ungewißheiten zu erzeugen; wenn also die Sprache in einer gewissen Art und Weise „strategisch" eingesetzt wird. Die Frage, ob der Grund der Ungewißheit in der Absicht eines Gesprächspartners liegen könnte, beantwortet die Spieltheorie.

Die Wahrnehmung reflektiert über die Sprache subjektive Wirklichkeiten

Somit machen die jeweiligen Codes der Beobachter aus dem gleichen nächtlichen Sternenhimmel in unserem Beispiel schon drei verschiedene Sternenhimmel. Die Codes schaffen aber nicht nur eigene, sondern auch verschiedene Welten, und je nach Perspektive denken und handeln die Beobachter dann in ihren Welten. Damit schaffen die Codes aber nicht nur die Welten für die Beobachter; sie schaffen auch deren Realitäten.

Wird der nächtliche Sternenhimmel zum strahlenden Firmament der Finanzderivate mit Futures, Swaps, Double Barrier Options und Convex Options als Fixsternen, haben uns die Wahrnehmungsprobleme auf den Spielfeldern der Finanzrealitäten eingeholt. Hier bestimmen jedoch nicht mehr die eindeutigen und

„Leute haben Sterne, aber es sind nicht die gleichen. Für die einen, die reisen,
sind die Sterne Führer. Für andere sind sie nichts als kleine Lichter."
(Antoine de Saint-Exupéry)

zeitlosen Keplerschen Gesetze, Newtons klassische Mechanik oder die Gesetze
von Quantenmechanik und Relativitätstheorie das (Zusammen-)Spiel dieser „derivativen" Himmelskörper. Den Aufstieg und Abstieg von Derivaten am Derivatefirmament bestimmt das Risikomanagement der Banken, die mit Futures und Optionen ihre Portefeuilles wirkungsvoll gegen Kursverluste schützen (wollen). Daneben sind es Marktgesetze und Volatilitäten, die als annualisierte Standardabwei-
chungen von Erträgen über das Bewegungsverhalten der „derivativen" Himmelskörper deren Bahnen festlegen. Den im voraus erwarteten oder geschätzten Stand
eines Derivats über dem Zeithorizont der Zukunft bestimmt im Derivateuniversum das „asset pricing", etwa in Form der Mathematik von Black und Scholes zur
Optionspreisbewertung. Stochastische Prozesse sollen den Zufall zähmen und den
Preisverlauf der „underlyings" vorhersagbar festlegen. Bei dem Facettenreichtum
der Derivate soll(t)en dann Aktienkurse den sogenannten Wiener-Prozessen und
Zinssätze den Mean-Reverting-Prozessen folgen, wohingegen Poisson-Prozesse
die Preissprünge bei Rohstoffen erklären soll(t)en. In einem Derivateuniversum
verbindet also der Zufall über eine nach rückwärts orientierte Prognostik die Vergangenheit mit der Gegenwart und die Gegenwart mit der Zukunft. Nach Herder
ist „der Zufall neben der Zeit einer der beiden größten Tyrannen der Erde", wobei
für Jaspers „die Zukunft als Raum der Möglichkeiten erst die Räume unserer Freiheiten erschließt". Schon aus der philosophischen Perspektive ist die Orientierung

am bunt schillernden Derivatefirmament daher ein Balanceakt zwischen Chancen und Risiken. Die Wahrnehmung von Chancen und Risiken ist somit eine Angelegenheit der Gedankenwelt jedes einzelnen Beobachters, da jeder Beobachter sieht, was er am Derivatehimmel sehen will.

Welche Bedeutung haben Zufall und Zeit für den Wandel und die Zukunft?

Im (Wechsel-)Spiel von Zufall und Zeit ist im Derivateuniversum der Bankkunde oft in der Rolle des Romantikers. Der Banker spielt die Rolle des Kapitäns, und der mathematische Finanzingenieur, der die Derivate nicht nur am Reißbrett für die Bank kreiert, sondern sie in bezug auf An- oder Verkauf auch bewertet, hat die Rolle des Kosmologen. Da erfolgreiche Derivategeschäfte auf dem gelungenen (Zusammen-)Spiel aller drei Akteure beruhen, ist bei dem babylonischen Sprachengewirr, das sich wie ein mystischer Schleier über die Derivate legt, der Aufbau eines konsistenten und kommunizierbaren Derivateweltbildes schwierig. Die Schwierigkeit der Kommunikation zeigt sich schon, wenn es bei der Bewertung von Derivaten um die Kapitalkosten von Unternehmen geht. Unterstellen wir einmal, daß die Eigenkapitalkosten einer Unternehmung lediglich von einem Parameter, nämlich dem Beta-Wert der Unternehmung abhängen, dann müssen die Eigenkapitalkosten auch proportional mit dem Beta-Wert ansteigen. Ein „fairer" Akteur, der auf dieser Basis argumentiert, muß mit dem Capital Asset Pricing Model (CAPM) auch den Code für seine Argumentation verraten. Nur dann hat der Romantiker in einem Dialog mit ihm wenigstens die (theoretische) Chance, sich etwas besser am durch Sprachnebel verschleierten Derivatefirmament zu orientieren.

Sprache bestimmt nicht nur die Wahrnehmung von Realität. Sprache strukturiert auch die Art und Weise, in der gedacht wird und in der die Umwelt begriffen und bewältigt wird

In der Wahrnehmungsfalle steckt somit zusätzlich eine semantische Falle, da Akteure glauben, daß mit identischen Bezeichnungen auch identische Gegenstände gemeint sind. Im Wirkungsverbund mit den (Spiel-)Regeln der zwischenmenschlichen Kommunikation kann diese einfache Tatsache schon zum Aufbau von Scheinwelten führen, die aber nicht mehr als solche erkannt werden.

Die sprachliche Kommunikationsfalle

Die Schwierigkeit, die Realität der Umwelt zu erkennen, liegt in der Fähigkeit des Menschen begründet, sich verschiedene Realitäten (Spiele) zu konstruieren. Diese konstruierten Realitäten können für den in dieser Scheinwelt lebenden Betrachter durchaus konsistent sein. Treffen dann verschiedene Realitäten aufeinander, ist die Entscheidung, welche Realität sich durchsetzt, entscheidend für die Bewältigung der Komplexität des Wandels. Die „Kleinen Tiger"-Staaten, die als aufstrebende asiatische Wirtschafts- und Finanzzentren zunehmend für Komplexität sorgen, illustrieren die Problematik, die sich hinter verschieden wahrgenommenen und konstruierten Realitäten versteckt. Aus der europäischen Perspektive betrachtet, kann man den Eindruck gewinnen, daß manche Politiker und Industriekapitäne Malaysia, Singapur oder Taiwan noch gar nicht als Störfaktoren, die ihre Systemwelt verändern, wahrgenommen haben. Für andere Beobachter bereiten sich die „Kleinen Tiger" zum Sprung auf die Weltmärkte vor. Analysten gehen dagegen davon aus, daß die „Kleinen Tiger" bereits im Sprung begriffen sind. Die wenigsten scheinen realisiert zu haben, daß die „Kleinen Tiger" sogar schon gelandet sind und sich mit steigender Begeisterung die schmackhaftesten Brocken an der Tafel der Weltwirtschaft schmecken lassen. Man fühlt sich fast an Kants „Irrtümer entspringen nicht allein dadurch, weil man gewisse Dinge nicht weiß, sondern weil man sich zu urteilen unternimmt, obgleich man noch nicht alles weiß, was dazu erfordert wird" erinnert .

Was ist die (Spiel-)Realität; wie kann man sie erkennen?

Besitzt man kein Bild von der Realität, muß man lernen, die Realität wahrzunehmen. Gerade die Wirtschaft ist eine facettenreich gestaltete Realität, wobei nach Gorbatschow das Wirtschaftsleben den bestraft, der die Spielregeln der Spiele des Wettbewerbs nicht beherrscht. Vor dem Szenario, daß für Menschen das die Realität ist, was sie für real halten, wird allerdings nicht nur die Beantwortung der Frage, welche Prämissen zu welchen Realitätskonstruktionen führen, in Gegenwart und Zukunft zentral. Vielmehr ist auch die Frage zu beantworten, *wie* Scheinwelten als solche zu erkennen sind. Diese Fragen sind leicht formuliert, deren Beantwortung kann aber manchmal im wahrsten Sinn der Worte in den Sternen stehen.

In diesen Scheinweltszenarien verstecken sich auch die Kausalketten, die regelrechte Abwärtsspiralen in Gang setzen können, wenn Menschen das als Realität akzeptieren, was sie für real halten, und sich auch dementsprechend verhalten. Die Dynamik dieser Abwärtsspiralen kann sich verstärken, wenn sich Menschen aufgrund von Erwartungen und Meinungen über andere Mitmenschen noch zusätzlich entsprechend der Meinung der Mitmenschen verhalten. Gehen diese Mitmenschen einen Weg, auf dem sich in der Vergangenheit die wahren und scheinbaren Welten trennten, und wurde die Richtung der scheinbaren Welten eingeschlagen, wird die von Scheinweltrealitäten ausgehende Gefahr auch für den letzten „Romantiker" zur Realität.

Spieler nehmen zuerst „ihre" Realität als Spiele wahr und halten jene Spiele für verbunden, die sie in „ihren" Realitäten für verbunden halten

Daß diese Scheinweltrealitäten nur schwer entlarvt werden können, hat eine Ursache darin, daß Sensorien für die Umwelt nicht trennscharf sind. Ganz im Sinne der Heisenbergschen Unschärferelation ist die Natur der „Erkenntnis" auch wieder „nur" eine Funktion der Natur der Erkenntnisinstrumente, wodurch das Sensorium der Prognostik oft auf Scheinwelt-Zielkoordinaten ausgerichtet ist. Es ist ja bekannt, daß die Treffsicherheit eines Marschflugkörpers oder der Erfolg von Aufklärungssatelliten nicht nur von der Waffentechnik und der Auflösungsfähigkeit der mitgeführten Optiken abhängig sind. Vielmehr ist für den Erfolg oder Mißerfolg von Missionen vor allem die „richtige" Eingabe der Zielkoordinaten entscheidend. Erst der „richtige" Bezugsrahmen („universe of discourse") in Form der einzugebenden Koordinaten entscheidet darüber, welche Objekte erfaßt und zerstört werden (können).

Der Bezugsrahmen zur Netzwerkkoordination ist daher auch mit einem Koordinatensystem vergleichbar. Es bestimmt erstens, was als relevant angesehen wird, und legt zweitens als allerdings nicht notwendigerweise konsistentes Bild der Realität fest, wie Beobachtungen, Aussagen und Behauptungen zu interpretieren sind. Mehr noch, der Bezugsrahmen bestimmt, welche „Fragen" gestellt werden (können) und „was" überhaupt zulässig ist. In diesem Rahmen entscheidet sich dann,

- auf welche Art und Weise Probleme erst zu Problemen werden
- ob Ansatzpunkte für Problemlösungen erkannt werden (können)
- mit welchen Instrumentarien die Wandlungsprozesse bewältigt werden (können) und
- ob gefundene Problemlösungen überhaupt realisierbar sind. Im Bezugsrahmen werden somit die Bausteine des Wandels verbunden, womit der Kommunikation (Sprache) die Schlüsselrolle zufällt.

Kommunikation in Bezugsrahmen bestimmt, ob Probleme als solche erkannt werden, ob Ansatzpunkte zur Lösung von Problemen identifiziert werden, ob die „richtigen" Problemlösungen ausgewählt werden und ob Problemlösungen realisierbar sind. Bei spieltheoretischem Szenarienmanagement sind die Spiele der Bezugsrahmen, und die Kommunikation folgt den Regeln der Spieltheorie

Die enge Verbindung zwischen Kommunikation und Sprache birgt eine Falle, die dazu führen kann, daß die Kommunikation nicht zur Problemlösung transformiert wird. Daß Kommunikationsfallen in Form unklarer Verständigung zu ernsthaften Konflikten führen (können), zeigte der Fall der USS Mayaguez, die Mitte 1975 vor der thailändischen Küste durch Kanonenboote der Roten Khmer aufgebracht wurde. Zu diesem Zeitpunkt war die geopolitische Lage durch Machtwechsel in Südvietnam und Kambodscha brisant. Die Khmer behaupteten, das US-Schiff wäre in einer Spionagemission für die USA unterwegs und habe sich in kambodschanischen Gewässern aufgehalten. Für die USA war die Aktion ein Akt der Piraterie auf hoher See. US-Präsident Ford drohte mit schwerwiegenden Konsequenzen, falls Schiff und Besatzung nicht sofort freigegeben würden; die Eskalationsschraube wurde fester gedreht. Die Kambodschaner beriefen sich auf ähnliche Vorfälle in ihren Gewässern, deuteten jedoch die Freigabe der Mayaguez an. Für die USA war der kritische Punkt, daß von den Kambodschanern in ihren Mitteilungen nicht über die Besatzung verhandelt wurde. Daraufhin wurde ein militärisches Eingreifen beschlossen. US-Marineeinheiten gingen an Land, stießen auf Widerstand und hatten hohe Verluste. Das Schiff wurde lokalisiert und gesichert; doch die Besatzung war verschwunden. Vor Ort stellte sich heraus, daß die Crew kurz vor Anlauf der Militäraktion freigelassen worden war, auf eigenen Wunsch jedoch in kambodschanischem Gewahrsam blieb, um nicht nachts auslaufen zu müssen. Mangelhaft ausgestattete Kommunikationskanäle hatten damit nicht nur Konfliktpotentiale erhöht, sondern auch unnötig Menschenleben gefordert.

Wie lassen sich geeignete Bezugsrahmen finden?

In der Sprache liegen somit Chancen und Risiken dicht beieinander, wobei die Sprache sowohl Eintritts- als auch Austrittsbarrieren zur Bewältigung des Wandels schafft. Durch Kants „Alle Sprache ist die Bezeichnung der Gedanken" und Hegels „Die Sprache ist der Leib des Denkens" verbindet sich Sprache mit Gedankenprozessen. Nach Humboldt ist „die Sprache gleichsam die äußere Erscheinung des Geistes der Völker", was Sprache und Kommunikation mit dem Zeitgeist verbindet. Marcuses „Sprache ist nicht nur immer Kommunikation, sondern auch Expression" trennt den Sach- und Beziehungsaspekt von Sprache. Nach Saint-Exupéry ist die Sprache „ein unvollkommenes Werkzeug, da das Leben alle Formulierungen sprengt"; auch Talleyrands „Die Sprache ist dem Menschen gegeben worden, um seine Gedanken zu verbergen" sowie Kierkegaards „Die Menschen haben die Sprache nicht empfangen, um die Gedanken zu verbergen, sondern um zu verbergen, daß sie keine Gedanken haben" weisen letztendlich in Richtung der Auffassung von Köstler über Sprache. Artur Köstler meinte schlicht und einfach: „Die tödlichste Waffe des Menschen ist die Sprache. Der Mensch ist für die hypothetische Wirkung von Schlagworten ebenso anfällig wie für ansteckende Krankheiten."

In diesem „tödlichen" Sprachuniversum wirken denn auch die verschiedensten Kräfte. Machen wir deshalb erneut eine kleine Anleihe in der Physik. Im Raum-Zeit-Kontinuum von Einstein und Hawking sind Singularitäten die Stellen, an denen etwas Einzigartiges passiert. Singularitäten markieren abrupte Änderungen. Die sogenannten Bifurkationen beschreiben diese Sprünge als kritische Stellen für die Entwicklung dynamischer Systeme, womit der Urknall, falls es ihn gab, eine gigantische Singularität wäre. Mit dem lateinischen bi (= zwei) plus furca (Gabel) verdeutlicht vielleicht diese Analogie zur Physik, daß Begriffe nach Sprüngen in ihren Sinn- und Begriffsinhalten den verschiedensten Wegen in der begrifflichen Wahrnehmung folgen können. In den Begriffswelten moderner Managementphilosophien, die als „Kommando"-Systeme den Netzwerkkurs eigentlich bestimmen (müssen), kann es daher schon schwierig werden, im babylonischen Sprachengewirr den Kurs zu erkennen.

Welche Sprachroutinen reduzieren die sprachliche Vielschichtigkeit logisch konsistent und kommunizierbar? Gibt es Rahmen für Kommunikation?

Durch Sprache werden Informationen nicht nur verarbeitet, sondern auch kommuniziert, womit aus dem Sprachuniversum ein Informationsuniversum wird. Vor dem Hintergrund der Sprachenvielfalt und dem Bewußtsein, daß Unvollkommenheit den Kern menschlichen Denkens und Handelns bestimmt, fühlt man sich mit einer titanischen Aufgabe belastet, wenn das Ziel von Bradley, einen Kurs nicht aus den Augen zu verlieren, zu realisieren ist. Man fühlt sich in die Situation des rasenden Herkules versetzt, dem Seneca im gleichnamigen Drama die Warnung

„Non est ad astera mollis e terris via" (Nicht glatt ist der Weg von der Erde zu den Sternen) erteilt. Daß der Weg von der Erde zu den Sternen nicht glatt ist, hat nicht nur ein Herkules erfahren; es ist eine schlichte Alltagserkenntnis eines jeden Menschen. Eine weitere Sprosse auf der Leiter zu den Orientierung liefernden Sternen ist daher das Erkennen der Konstruktionselemente der Kommunikationsfalle. Gerade diese Sprosse stabilisiert die Spieltheorie.

Erste Konturen zeigte diese Sprosse schon in der nachrichtentechnischen Kommunikation im Zweiten Weltkrieg, der als einer der ersten Kriege auf einem „Nebenkriegsschauplatz" (mit) entschieden wurde. Nur durch geeignete nachrichtentechnische Logistik war es möglich, daß Panzerverbände „blitzkriegartig" agieren konnten oder Bombergeschwader auf UKW-Leitstrahlsystemen im Blindflug über Zielgebiete geführt wurden. Von kriegsentscheidender Bedeutung war zusätzlich, daß es britischen Kryptologen gelang, den Chiffriercode der deutschen Chiffriermaschine „Enigma" zu entschlüsseln, mit dem die militärischen Kommandostrukturen der Wehrmacht kommunizierten. Aus diesen Anstrengungen auf dem Gebiet der Nachrichtentechnik resultierte das Kommunikationsmodell von Shannon und Weaver. Dadurch erhielt die Unordnung durch Information eine erste Ordnung, die auf Bausteinen wie Kanal, Medium, Sender und Empfänger basierte.

Die wechselseitige Übermittlung von Zeichen und Signalen war bei Shannon und Weaver allerdings eine nachrichtentechnische Kommunikation und keine „Face-to-face"-Kommunikation. Die das Netzwerkleben lenkende „Face-to-

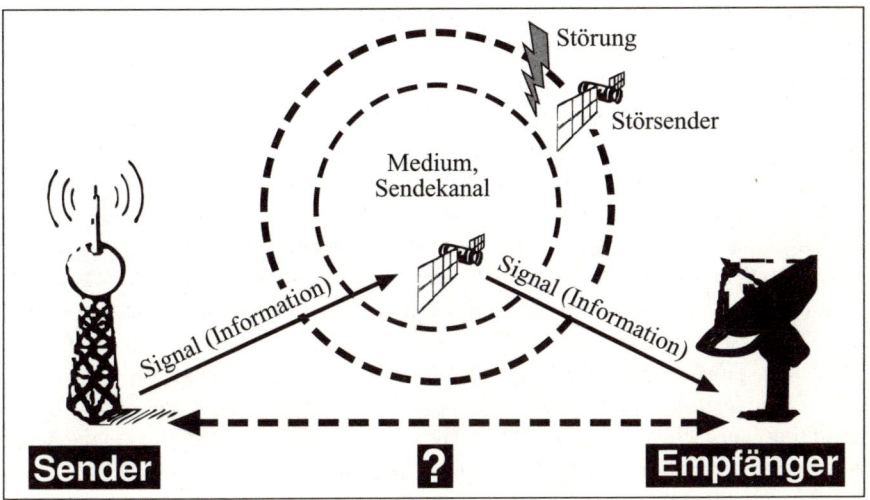

Informationstransfer mit ungewissem Resultat

face"-Kommunikation ist komplizierter, da nicht wie bei nachrichtentechnischer Kommunikation bereits formulierte Nachrichten per Code übertragen werden. Gibt dort ein Sender etwa im Morsealphabet Nachrichten ein, dann erhält der Empfänger die Nachricht auch im Morsealphabet. Der Übertragungsweg kann zwar durch Störsender beeinträchtigt werden, doch wird das Morsealphabet und damit der Code nicht verändert. Falsche Informationen bleiben falsch, und wahre Informationen bleiben wahr. Das Entstehen und Verstehen von Informationen (mehrdeutige Codes) spielen bei nachrichtentechnischer Kommunikation keine Rolle. Zusätzlich wird dort auch ohne nonverbale Informationen gesendet. Haben Sender und Empfänger dagegen Blickkontakt, eröffnen allein schon Mimik und Gestik die verschiedensten zusätzlichen Informationskanäle, wodurch erst die vielfältigen Zeichenrepertoires beim Informationstransfer entstehen (können). Dieser Art der Kommunikation kann sich kein Netzwerkspieler entziehen.

Man kann nicht nichtkommunizieren (Watzlawik)

Selbst wenn die verwendeten Codes sowohl dem Sender als auch dem Empfänger bekannt sind, ergeben sich bei „unklarem" Informationstransfer Rückfragen. Mißverständnisse entstehen, wenn ein Empfänger sich aufgrund der Mimik des Senders erst einmal Klarheit darüber verschaffen muß, ob er richtig verstanden hat, was der Sender gesagt hat oder sagen wollte. Zusätzlich dürfen in militärischen Informationsszenarien die Übertragungskanäle auch nicht gestört werden. Das wird mittels Erhöhung der Informationen durch überschüssige Information erreicht, die nur dazu dient, daß sich im Störfall aus dem empfangenen Teil der Nachricht noch der Kern der Botschaft rekonstruieren läßt. Daher benutzen Marschflugkörper ein stochastisches Modell ihres Trägheitsnavigationssystems, um ein Abdriften von der Flugbahn zu verhindern. Die Vorhersagen des Modells über die Position des Flugkörpers mittels sogenannter Kalman-Filter werden deshalb ständig mit Radarmessungen des überflogenen Gebietes verglichen. Auftretende Differenzen werden dann zu einer Korrektur der Flugbahn verwendet, womit viele redundante Zwischenorientierungen die Flugbahn sichern. Dieses Sicherheitsbedürfnis des „Mehr" an Information ist in militärischen Szenarien sicherlich gerechtfertigt; doch hat es einen entscheidenden Nachteil. Es besteht nämlich die Gefahr, daß dadurch bestimmte Dinge einfach nicht schnell genug auf den Punkt gebracht werden (können). Hier liegt ganz offensichtlich eine der Wurzeln für „organizational distress" in Managementsystemen.

Wann sind Informationen redundant, und was unterscheidet wahre von falscher Information?

Da nicht jeder Mensch jeden anderen kennen kann und sich der Mensch möglicherweise nicht einmal selbst kennt, ist er in seiner Rolle als Kommunikator (fast) mit einer „black box" vergleichbar. Über die Sprache als Austausch von Zeichenrepertoires erfolgt die Kommunikation jedoch keineswegs in einem vollständig ordnungsfreien Raum, da Menschen über Rückkopplungskreise miteinander vernetzt sind. So wie die Regeln in einem Spiel müssen die Spieler auch hier die entsprechenden Regeln zumindest kennen, um erfolgreich (mit)spielen zu können.

Ein kurzer Blick in die Geschichte zeigt, daß die Kunst des Redens als strukturierte (strategische) Kommunikation schon in der griechisch-römischen Antike einen hohen Stellenwert besaß. Bereits 500 v. Chr. erschienen die ersten Lehrbücher zur Rhetorik. Zu damaligen Zeiten war es auch angebracht, mit der Gerichtsrede, der politischen Rede und der Festrede die Hauptredearten zu beherrschen; schließlich wurden oft schon leichte Fehler in der Rhetorik durch die meistens hungrigen Löwen des Circus maximus endgültig und unwiderruflich bestraft. Die erhalten gebliebenen Reden von Cicero und Quintilian basieren dabei auf logischen (Denk-)Prinzipien. Quintilian verfaßte mit dem „Institutio oratoria" das berühmteste Lehrbuch der Rhetorik, das bis in die Gegenwart nichts von seiner Aktualität für strategisches Verhalten eingebüßt hat. Die darin formulierten (Denk-)Prinzipien bestimmen bis in die Gegenwart die Fähigkeit zur Bewältigung des Wandels.

In moderner Terminologie ausgedrückt, sind die (Spiel-)Regeln der antiken Rhetorik durchaus mit den Checklisten modernen Projektmanagements vergleichbar. Die Redestrategien basieren nämlich auf der Kenntnis
- des Adressatenkreises (wer sind die Zuhörer?)
- der Situation vor dem Redezeitpunkt
- der Redesituation (zu welcher Zeit an welchem Ort?)
- des Redeziels (soll die Rede zu Entscheidungen führen?) sowie
- der zur Verfügung stehenden Hilfsmittel.

Kurz gesagt: Redner (Spieler) mußten den systemischen Reflex erkennen, in dem eine Rede zu halten war. Diese schon in der Antike bekannten Konstruktionselemente zur Reduktion von Komplexität reduzierten aber nicht nur die Komplexität aus der Perspektive des Redners. Die Redner der Antike verfolgten vielmehr das Ziel, durch (Denk-)Logik die Denk- und Handlungsmuster der Adressaten zu beeinflussen.

„Si tacuisses, philosophus mansisses"(Hättest du geschwiegen, wärest du ein Philosoph geblieben)

Die antike (Denk-)Logik war ein verhaltensbeeinflussendes und systemisches Regelwerk

Ein Beispiel dafür sind die berühmten Reden Hannibals an seine karthagischen Truppen im Zweiten Punischen Krieg (218–201 v. Chr.). Mit nur wenigen Elefanten erreichte Hannibal unter großen Verlusten und nach einer unter unsäglichen Mühen erzwungenen Alpenüberquerung Oberitalien. Hannibal hatte weder die Chance zum Rückzug noch die Hoffnung auf Nachschub, da die karthagische Logistik zusammengebrochen war. In seinen dokumentierten Reden an seine Truppen zeigte Hannibal, daß die Grenzen der Persönlichkeit die Grenzen der Führungs- und Motivationsfähigkeit determinieren. Seine Persönlichkeit in die Waagschale werfend und den skizzierten (Spiel-)Regeln antiker Rhetorik folgend, beeinflußte er, sehr zum Schrecken Roms, die Denk- und Handlungsmuster seiner zahlenmäßig weit unterlegenen und demotivierten Soldaten. Der Erfolg von Hannibals Motivationsstrategie ist Geschichte. Beim Reitertreffen am Ticinus wurde kein Geringerer als Scipio geschlagen. Die Schlachten am Trasimenischen See und bei Cannae waren für die Römer schlicht und einfach militärische Katastrophen, die sie mehrere Legionen kosteten. Erst die Defensivtaktik des Fabius, der als Ultima ratio sogar Sklavenheere rekrutieren mußte, brachte eine Wende des Krieges zugunsten Roms. Hannibal war zwar nicht besiegt, aber sein Untergang war eingeleitet. Hannibals strategischer Fehler „der verpaßten Chance", den sein Reiterführer Maharbal durch „Vincere scis, Hannibal, victoria uti nescis" (Zu siegen verstehst du, Hannibal, den Sieg zu nutzen, verstehst du nicht) der Geschichte hinterließ, zieht sich wie ein roter Faden durch viele Interessenkonflikte bis in die Gegenwart. Trotzdem erschütterte das „Hannibal ante portas" noch jahrhundertelang die Säulen des Imperium Romanum.

Hannibals Reden und modernes Szenarienmanagement verbindet aber noch ein weiterer wichtiger Punkt: Die Kommunikationstechnologien verändern die Wahrnehmungs- und Handlungsmuster von Sendern und Empfängern. Der kanadische Kulturphilosoph McLuhan illustrierte dieses Phänomen kurz und knapp mit den Worten „Das Medium ist die Botschaft." Wie so oft hilft auch hier die Geschichte weiter; diesmal durch die Kriegsführung Napoleons zu Beginn des 19. Jahrhunderts.

Das Denken wird durch die Organisation des Denkens (Spiele) beeinflußt

Die Kriegsführung Napoleons ist ein Paradebeispiel dafür, wie die optische Telegraphie als Kommunikationstechnologie die Denk- und Handlungsmuster und damit die Kriegsführung veränderte. Das gleiche Phänomen wird uns in der zentralen militärischen Spielregel des Atomzeitalters erneut begegnen. Zu seiner Zeit war Napoleon ein Heerführer und Stratege, der seine militärischen Planungen auf Kalkül, Berechnungen und Geschwindigkeit gründete. Er folgte nach der Devise „Der liebe Gott ist mit den großen Bataillonen" einer Vernichtungsstrategie, um zur richtigen Zeit am richtigen Ort durch große Heeresverbände und über eine Konzentration der Kräfte den Gegner zu vernichten. Ein wichtiges Glied in der Organisation und Koordination seiner militärischen Kommandostrukturen war die Nachrichtentechnik. Er selbst war zeitweise Chef einer Nachrichtenzentrale, in der rund um die Uhr durch Kuriere, optische Telegraphen und Spione der Informationstransfer gesteuert wurde. Die Auswertung der Berichte versetzte ihn in die Lage, sich kurzfristig ein Bild über die Spiele an irgendeinem Ort des Geschehens zu machen, die sein Spiel beeinflussen konnten. Es war Napoleons Ziel, die Lenkung der Armee schachbrettartig zu organisieren. Dabei waren die Grenzen des Schachbrettfeldes durch Informationen bestimmt. Die Schachfiguren waren die einzelnen Armeen, die durch unsichtbare Fäden des Nachrichtenflusses organisiert und koordiniert wurden.

Die Vorteile von Napoleons optischer Telegraphie und seinem Informationsmanagement zeigten sich im Österreichisch-Französischen Krieg von 1809. Unter dem Eindruck eines sicheren Sieges erklärte Österreich Frankreich den Krieg und begann blitzartig mit den Kampfhandlungen. Die Österreicher hatten den Zeitpunkt mit Bedacht gewählt. Große Kontingente der französischen Armee waren in einem Guerillakrieg in Spanien gebunden, und die in Süddeutschland stationierten Kontingente waren weit im Raum verstreut. Unter diesen für Napoleon ungünstigen Spielregeln sah Erzherzog Karl von Österreich die Chancen ganz auf seiner Seite.

Napoleon erfuhr jedoch über die Telegraphenlinie Straßburg–Paris innerhalb kürzester Zeit vom Aufmarsch der Österreicher. Er reagierte im fernen Spanien schnell auf die neue geostrategische Situation und nutzte die Telegraphenlinie zur Koordination und Organisation seiner Truppen, obwohl er selbst sich weitab vom Ort des Kampfgeschehens befand. Diese schnelle Kommunikation verkürzte die Zeit zur Einsatzbereitschaft der französischen Truppen, die von Erzherzog Karl in seinem militärischen Kalkül wesentlich länger angesetzt war, ent-

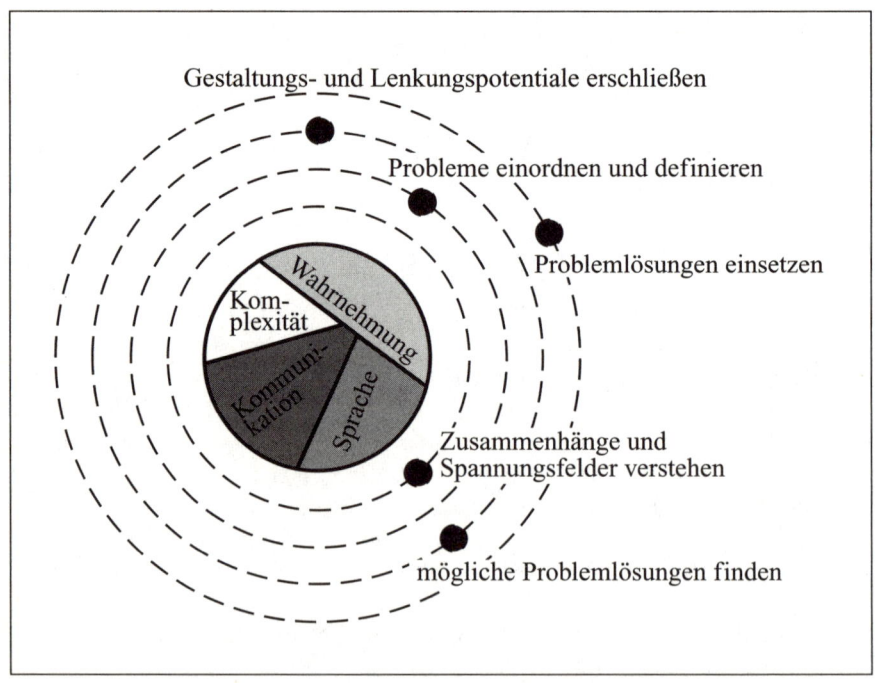

scheidend. Napoleon hatte also die Spielregeln drastisch verändert. Die militärischen Denk- und Handlungsmuster der Österreicher, deren Koordination und Organisation der Kommando- und Militärstrukturen auf einem zeitaufwendigen postalischen Reglement basierten, trafen auf eine ungewohnte Logistik zur Organisation und Koordination von Armeen. Die österreichischen Denk- und Handlungsmuster setzten nämlich voraus, daß auch die Fähigkeit der Bewegung der französischen Armee einem postalischen Reglement folgte – was sich als falsch erwies. Das Kalkül Österreichs basierte daher auf falschen Zeitplanungen, deren Erfüllung aber die eigene Planung entscheidend bestimmt hatte. Dadurch spielte Österreich plötzlich unter den Spielregeln Napoleons „sein" Spiel und konnte die Niederlage nicht mehr verhindern.

Sprach- und Kommunikationsspielregeln erhöhen die Chancen zur Bewältigung des Wandels

Quintessenz

- Der Umfeldwandel ist kein isoliertes Phänomen
- Viele Variablen verursachen den Wandel gleichzeitig, aber nicht gleichgerichtet
- Gesetze des Wandels zu verstehen, heißt Gesetze von Komplexität, Wahrnehmung, Sprache und Kommunikation zu verstehen
- Diese Gesetze formen innere Bilder des Wandels; Projektionsflächen sind zu finden
- Diese Gesetze erschweren vernetzte Problemlösungen. Erstens ist es schwierig zu erkennen, wann ein Problem zu einem Problem wird und wann aus Störungen Chancen oder Risiken folgen. Zweitens ist es schwierig, Ansatzpunkte für zielorientierte Problemlösungen zu erkennen. Drittens ist bei unklarer Problemlage schwer zu entscheiden, welches geeignete Lösungsansätze sind und wie diese in der Tagesroutine umzusetzen sind

„Wie fruchtbar ist der kleinste Kreis, wenn man ihn wohl zu pflegen weiß."

Johann Wolfgang von Goethe

III. Kontinuität statt Trendsurfen? Fragen von Strategie und Taktik!

Zentralthemen

- Denken wird durch griechisch-römische und asiatische (Denk-)Logiken bestimmt. Denken ist Informationstransfer; Informationen sind die Basis der Strategien
- Krieg ist ein Synonym für Ungleichgewicht. Die militärische Variante ist „nur" eine Form von Krieg. Die Geschichte ist eine Folge von Kriegen
- Strategien sind Wege zu Gleichgewichten. Sie sind Schmelztiegel der (Denk-)Logiken von der Antike bis zur Gegenwart. Strategien gelten nur in „ihrer" Zeit
- Strategien sind keine Allzweckwaffen gegen den Wandel. Es gibt „nur" einen schmalen Grad zwischen strategischem und nichtstrategischem Denken

---

Denken und Handeln: Reflex der Kulturen

Riskiert man einen kurzen Blick in den asiatischen Wirtschaftsraum und setzt man sich dazu den „Denkhut" bzw. die „Perspektivenkappe" der aristotelischen Logik auf, wird man mit einer Grauzone scheinbar sonderbarer Dinge konfrontiert. Wenn man die für abendländische (Wirtschafts-/Denk-)Ordnungen bedrohlichen „Kleinen Tiger"-Staaten einmal kurz außer acht läßt, so spielt sich auf dem chinesischen Festland ein ziemlich dramatisches (Ordnungs-)Szenario ab.

Zeigt sich in China die Relativität von Ordnung und Chaos?

In China existieren und prosperieren schon lange die bekannten Wirtschaftssonderzonen mit ihren kapitalistischen Wirtschaftsstrukturen ziemlich unbehelligt in einer Systemumwelt (Restchina) kommunistischer Strukturen (Ordnungen).

Durch diese seltsame Symbiose entsteht aus abendländischer Perspektive ein Bild, das den Chinesen, an kommunistische Ordnung bzw. kommunistische (Spiel-)Regeln gewöhnt, wie das blanke Chaos erscheinen muß. Die Wirtschaftssonderzonen müßten doch mit ihrer kapitalistischen Ordnung in chinesischen Augen die Unordnung in Reinkultur gegenüber der Ordnung Chinas verkörpern. Andererseits muß den Menschen in den Wirtschaftssonderzonen die Ordnung in Restchina ebenfalls als Chaos erscheinen. Damit wäre die zukünftige Entwicklung in Gesamtchina möglicherweise mit einer Gratwanderung zwischen Ordnung und Chaos oder zwischen Planbarem und Unplanbarem zu vergleichen.

Die Tatsache, daß Hongkong mit seinen Schaltzentralen für die weltweiten Handels- und Finanzmarkttransaktionen seit Mitte 1997 fester Bestandteil Chinas ist und 1999 die Rückgabe von Macau erfolgt, wird zusätzliche Unordnung in das chinesische Staatswesen bringen. Bedenkt man weiter, daß das chinesische Militär stark mit der chinesischen Wirtschaft vernetzt ist, so haben Veränderungen in der Netzwerkgeometrie Chinas eine sicherheitspolitische Komponente, wobei sich hinter diesem Szenario mehr an geostrategischer Systemveränderung verbirgt, als der Flügelschlag des Schmetterlings am Amazonas möglicherweise an Systemveränderung über Florida verursacht.

Schon mit der Statusveränderung Hongkongs, dessen Einwohner als langjährige Untertanen des britischen Empire durch ihren Sonderstatus als Kronkolonisten bestens an die Ordnung im Empire gewöhnt waren, müßte es einem besorgten westlichen Beobachter angst und bange werden. Nicht nur das Schicksal von Hongkong, sondern auch die Stabilität Chinas steht auf dem Spiel. Die „think tanks" von Regierungen und Unternehmen müßten eigentlich seit langem auf Hochtouren laufen, und ein Brainstorming müßte das andere jagen. Im „Worst case"-Szenario könnte ein instabiles China als geopolitisches und geostrategisches Ungleichgewicht die Balance des ohnehin instabilen Rußland gefährden. Dadurch würde nicht nur die EU, sondern auch die NATO auf den Plan gerufen, die ihre Planungen in bezug auf die NATO-Ost-Erweiterung gefährdet sehen könnte. Wenn dann noch die Auslandschinesen ihre Finanznetzwerkkontakte spielen lassen, ticken plötzlich an vielen Stellen die global interaktiven Netzwerkstrukturen.

Veränderungen der Spielregeln in einem Spiel können offen oder „verdeckt" die Spielregeln in damit verbundenen Spielen verändern

Erstaunlicherweise scheint eine zukünftige Gratwanderung zwischen Ordnung und Chaos den Chinesen als direkt Betroffene vor Ort kaum schlaflose Nächte zu bereiten. In den asiatischen (Denk-)Traditionen, die auf den (Denk-)Philosophien eines Laotse, Konfuzius oder Buddha basieren, scheint der Umgang mit Grauzonen des „Sowohl-Als-auch" weniger Probleme zu bereiten als den abendländischen Planern und Strategen. Ein kurzer Blick in die chinesische Philosophie hilft hier vielleicht weiter.

Spielregeln und Spielerverhalten sind Reflexe der (Denk-)Kulturen

Asiatische (Denk-)Philosophien: Mysterien der Ordnung?

Die chinesische (Denk-)Philosophie basiert auf den (Denk-)Säulen des Konfuzianismus und des Taoismus des Laotse. Beide (Denk-)Philosophien sind mit der buddhistischen (Denk-)Tradition verflochten. Das persönliche Zusammentreffen dieser großen Denker ist eine bekannte chinesische Legende. Laotse soll der Verfasser des berühmten Tao sein, wobei Laotse kein Name ist, sondern als Ehrentitel „Der Meister" bedeutet. Schon im 4. Jahrhundert v. Chr. empfiehlt Laotse, daß kluge Regierungen nicht eine aktive Politik, sondern eine Politik des Nichthandelns befolgen soll(t)en, da der Weise durch Nichttun wirkt. Dabei ist das Nichttun des Laotse nicht mit dem Nichtstun im Sinne von Passivität zu verwechseln: Das Nichttun bezieht sich nur auf das Unterlassen aller unnötigen Eingriffe in das laufende Geschehen. Hektische Aktivitäten sind nach Laotse auch gar nicht notwendig: „Je weniger der Mensch versucht ist, von sich aus zu planen, um so besser laufen die Dinge." Das Tao ist demnach als die Idee des Wandels ohnehin das einzige, was Bestand hat. Konfuzius, für den „Menschenkenntnis das Wesen der Weisheit ist", verfaßte im 6. Jahrhundert v. Chr. ein System ethischer Prinzipien, wobei eine seiner Regeln lautet: „Was du selbst nicht wünschest, tu nicht den anderen." Da er auch gesagt haben soll: „In allem paßt sich die Erde dem Weg der Mitte an", könnte in dieser Aussage eine Wurzel der „Sowohl-Als-auch"-Mentalität verborgen liegen. Der Konfuzianismus war in Kombination mit Laotses Denken nicht nur die offizielle Staatsphilosophie Chinas; die postulierten Ideale wurden auch von der Mehrheit der chinesischen Bevölkerung geteilt und getragen, womit sie seit über 2000 Jahren das Handeln und Denken im gesamten asiatischen Raum beeinflussen.

Diese auf ein harmonisches Zusammenspiel zwischen Mensch und Natur bedachten, traditionellen (Denk-)Philosophien räumten militärischen Auseinandersetzungen konsequenterweise wenig Raum ein. Für eine militärische Ingredienz in der asiatischen (Denk-)Tradition sorgte im 5. Jahrhundert v. Chr. der chinesische Militärphilosoph Sunzi. Er ist der „Altmeister" der „indirekten" Strategie, die auf List, Täuschung und Abwarten basiert. Sein „Zauberlehrling" Machiavelli

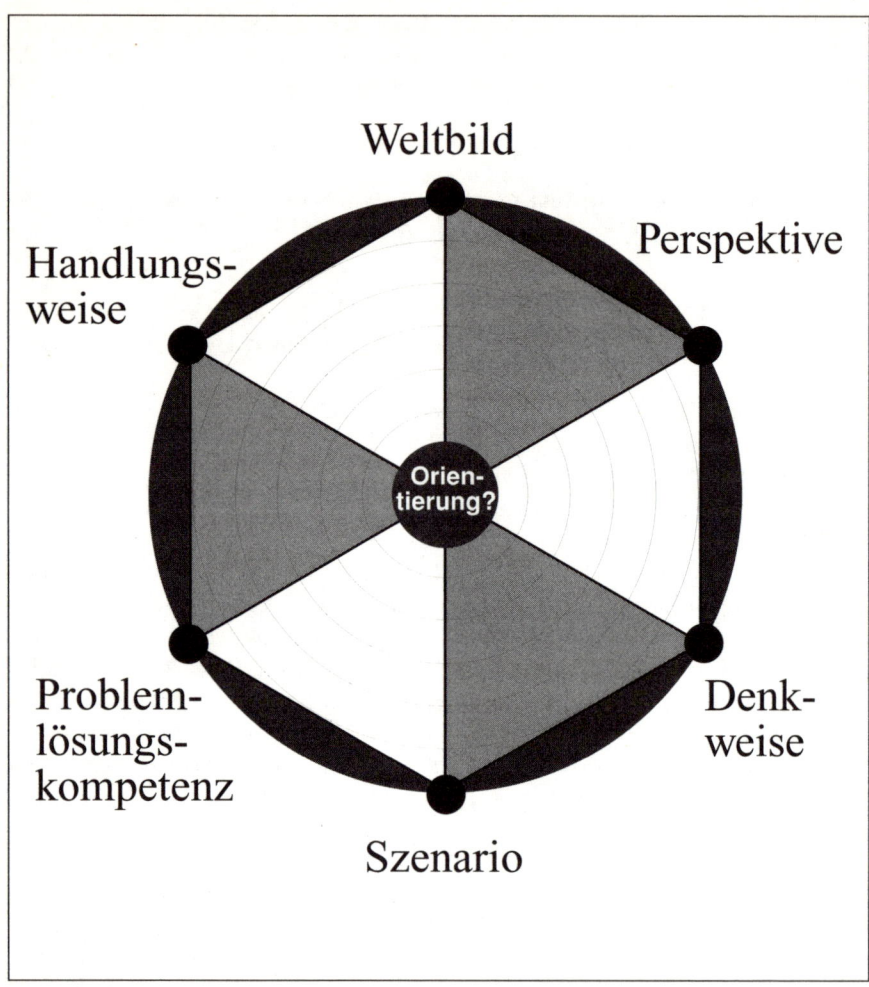

Bausteine zur Orientierung

hat die „indirekte" Strategie fast 2000 Jahre später zum politischen (Macht-)Instrument verfeinert. Eine Regel in Sunzis Werk „Die Kunst des Krieges" lautet denn auch: „Den Gegner ohne Kampf zu bezwingen, das ist die größte Kunst." Dabei sind Sunzis Betrachtungen aber keinesfalls auf den militärischen Konflikt beschränkt, sein Buch ist ganz allgemein eine Anleitung zur Bewältigung strategischer Herausforderungen.

Ein Kernstück asiatischer (Denk-)Logik ist die „indirekte" Strategie

Damit ist die auf drei Säulen errichtete asiatische (Denk-)Tradition eine hochprozentige Mixtur, deren ungefilterter (unreflektierter) Genuß ziemlich viel Kopfzerbrechen bereiten kann. Das wird sich nicht nur bei den zukünftig verstärkt abzuwickelnden Joint-venture-Verhandlungen zwischen dem abendländischen und dem chinesischen Kulturkreis zeigen. Es ist auch schon seit längerem bei der Implementation asiatischer Managementphilosophien in abendländischen Kulturkreisen zu beobachten, da systemische Reflexe asiatischen Denkens oft zu wenig beachtet werden. Dabei sind auch Japan, dessen (Denk-)Philosophie von Sunzi und dem japanischen Strategielehrer Musashi beeinflußt ist, und die „Tiger-Staaten" als wichtige Exporteure asiatischer Managementphilosophien stark von chinesischen (Denk-)Traditionen beeinflußt. Das Gewicht des Sunzi in der Triade chinesischer (Denk-)Philosophien mußten die Franzosen und Amerikaner in Korea und Vietnam durch einen seiner „späten" Enkel erfahren. Militärisch hoffnungslos unterlegen, agierte General Giap strategisch so erfolgreich, daß er den

In der Ruhe liegt die Kraft

Franzosen und Amerikanern schwerste Verluste zufügen konnte. Die schwere französische Niederlage bei Dien Bien Phu, die trotz des Einsatzes modernster Militär- und Führungstechnologie sowie von Elitetruppen Mitte der 50er Jahre nicht zu verhindern war, besiegelte das Ende des militärischen französischen Engagements in Indochina. Wichtiger Baustein in der Strategie Giaps war Sunzis „indirekte" Strategie.

Damit liegt in der Gedankenlogik der asiatischen (Denk-)Philosophien zumindest ein Ansatz zum besseren Umgang mit Paradoxien und Gegensätzen. Die auf Linearität und Eindeutigkeit basierende Schwarzweiß-(Denk-)Logik eines Aristoteles oder Plato der abendländischen Kultur ist hier im Nachteil. Liegt in dem asiatischen „Sowohl-Als-auch" aber nicht gerade das bereichsübergreifende und vernetzende Moment verborgen, das auch die Botschaft asiatischer Managementphilosophien ist? Etwas pointiert ausgedrückt: Verarbeiten asiatische (Denk-)Philosophien mit dieser Perspektive des Wandels „chaotische" Zustände möglicherweise nicht nur etwas besser, sondern auch schneller, als es die (Denk-)Logik abendländischer Kulturen zu tun vermag. Vielleicht findet sich hier auch die Erklärung dafür, warum die Fuzzy Logic, die ja im Vergleich zur Schwarzweißlogik des Aristoteles eine Logik der „Grauzonen" ist, im asiatischen Raum ihre Wertschöpfung in Produktionsprozessen schneller entwickeln konnte als im Abendland. Wie so oft ist diese Entwicklung aus westlicher Perspektive bedauerlich, da die Fuzzy Logic ursprünglich in den USA konzipiert wurde.

Im „Sowohl-Als-auch" asiatischer (Denk-)Logik liegen die Ganzheitlichkeitsaspekte

Die Wortzwillinge „Entweder-Oder" und „Sowohl-Als-auch" sind mit den Wortzwillingen „Individuum" und „Kollektiv", „Sicherheit" und „Ungewißheit" sowie „Ordnung" und „Chaos" verwandt. Es waren und sind die Reflexionen der Menschen über diese Wortzwillinge, die erst die Seiten der Geschichtsbücher füllen. Etwas salopp formuliert, wird dabei eine „Chaosbilanz" gesucht, auf deren Passivseite jedoch der Nachteil liegt, daß nur wiederkehrende und ähnliche Prozesse bewältigt werden können. Gerade in der Ordnung liegt aber wieder die Sicherheit für die Spieler durch „alte Bräuche". Dahinter verstecken sich in den Netzwerken die spezifischen Eigenlogiken, die über Routinen, Gewohnheiten, Traditionen und persönliche Beziehungen durch „organizational distress" oder „verdeckte" Spielregelsysteme wie ein Immunsystem gegen äußere Einflüsse wirken. Man fühlt sich an die Situation des Fuchses in Saint-Exupérys „Der Kleine Prinz" erinnert. Dort nutzt der schlaue Fuchs nämlich genau die regelmäßigen Pausen von Jagdgesellschaften zu einem Spaziergang im Weinberg aus, was er süffisant durch „Es sind die alten Bräuche" kommentiert. Der schlaue Fuchs wird uns nun auf dem Rest des Weges begleiten.

Die Spieltheorie verbindet das „Sowohl-Als-auch" und das „Entweder-Oder". Damit verbindet sich in Spielen ganzheitlich-systemisches Denken mit linear-funktionalem Denken

Denken: Spiele(n) mit Information

Werfen wir noch einmal einen Blick in die Physik, wo wir den Wortzwilling „Komplexität" und „Varietät" finden. Angelehnt an die Theatermetapher der Szenarien, erfreuen sich die Menschen nicht nur an „guten" Filmen, sondern in einem Varieté auch über artistische Programme und Illusionen. Dabei besteht die Kunst der Artistik darin, daß die Artisten die natürlichen Bewegungsabläufe der Menschen variieren, während die Illusionisten das Trägheitsmoment des Auges nutzen. Die physikalische Varietät ist auch eine Art der Abweichung vom „Normalen" in dem Sinn, daß die Veränderung eines Systems aus dem „Normalzustand" Komplexität erzeugt. Kurzum: Die Varietät ist ein „Maß" für den Komplexitätsgrad. Sie erfaßt die Anzahl möglicher Zustände, die ein System aufgrund seiner Vernetzung und der Struktur seiner Komponenten einnehmen kann. Die Varietät spiegelt damit die Komplexität, die mit einem Zustandswandel des Systems verbunden sein kann, wider.

Veränderung der Komplexität bedeutet Veränderung der Spielregeln

So gelangt man über die „Varietéwelten" schnell in die Welt der Kybernetik. Das griechische Wort „kybernetes" bedeutet Steuermann, womit der heute in Managementphilosophien modische Begriff „Cyber" auch keine Wortschöpfung intergalaktischer Raumschiffkommandanten ist. Der etwas weniger populäre Begriff Kybernetik wurde nämlich schon Ende der 40er Jahre durch Norbert Wiener geprägt, der sich damals in der amerikanischen Denkfabrik MIT (Massachusetts Institute of Technology) hauptsächlich mit der Steuerung automatischer Waffensysteme befaßte.

Wiener richtete seine Aufmerksamkeit auch auf die Rückkopplung in kybernetischen Systemen. Kybernetische Systeme sind sich selbst regulierende Systeme, wobei für Wiener Rückkopplung immer Informationstransfer war und Information wie eine Ordnung in der Unordnung durch Informationstransfer wirkte. Konsequenterweise war für ihn der Informationsgehalt einer Botschaft um so höher, je strukturierter die Botschaft war. Wiener drückte diese Kausalität gern durch das Wortspiel „Klischees sind weniger erhellend als große Gedichte" aus. Der enge Wirkungszusammenhang zwischen Informationstransfer und Managementkomplexität ist offensichtlich; systemorientierte Managementphilosophien nehmen daher – mit Impulsen in der Rolle von Information – auch gern Anleihen in der Kybernetik auf. Wird die Kybernetik mit der Funktionsweise biologischer Systeme verbunden, bestimmt in den Bildern biokybernetischer Managementphilosophien (plötzlich) die genetische Architektur eines Unternehmens dessen Fähigkeit zur Bewältigung des Wandels. Die Steuerungsparameter sind dabei

- Reframing (Restrukturierung von Prozessen und Infrastruktur)
- Revitalizing (Revitalisierung der Märkte und Produkte) und
- Renewing (neue Anreize für Mitarbeiter und Lernprozesse).

Die Manager haben dabei die Rolle genetischer Architekten, die den Code des Unternehmens permanent den Umweltbedingungen anpassen. Diese sehr illustrative Analogie hat allerdings mit dem Nachteil zu „kämpfen", daß die notwendigen Umsetzungsstrategien scheinbar top-secret sind.

„Kybernetische" Bilder identifizieren Information als Träger des Wandels

In der Kybernetikwelt bedeutet der Informationsbezug allerdings nicht, daß sich das Denken und Handeln der Spieler auf mechanisches Verhalten reduzieren läßt. Ein kybernetisches System ist „nur" auf ein bestimmtes Ziel ausgerichtet, wobei es jedoch ständig kontrolliert, ob das Ziel erreicht wird. Bei Zielabweichungen korrigiert es durch Rückkopplung (Informationstransfer) sein „Verhalten", um die vorgegebene Zielerreichung zu sichern. Ein Beispiel für solche maschinellen Systeme sind die bereits erwähnten Marschflugkörper, die auf ein bestimmtes Ziel ausgerichtet sind und sich während des Fluges ständig kontrollieren, um durch Rückkopplungen ihren Kurs zu optimieren. Der Marschflugkörper ist also keineswegs eine „dumme" Maschine, die entweder nur angeschaltet oder nur ausgeschaltet ist. Das heißt jedoch nicht, daß sie während des Fluges plötzlich denken kann. Die Marschflugkörper geben sich durch ihre „unscharfen" stochastischen Trägheitsnavigations-Systeme nur selbst Befehle, auf die sie wieder selbst reagieren können. Dadurch können sie mit Rückkopplung (Informationstransfer) umgehen und sind in der Lage, in gewissen Grenzen Information zu organisieren. Der Marschflugkörper verhält sich bei der Navigation somit gemäß einer Software zur

Steuerung, die vor dem Start installiert wird und deren Kernbausteine während des Fluges nicht mehr verändert werden können. Der Mensch soll(te) dagegen seine gedankliche Reaktions-Software nicht nur ständig vor Ort haben; er soll(te) sie auch ständig der Situation anpassen (können). Diese Fähigkeit entspricht dem Reaktionsverhalten von Managementsystemen, die durch systemische Reflexe aus dem Netzwerk und dessen Umwelt in ihrer (Denk-)Software ständig verändert werden. Dadurch werden die Bausteine der Reaktionsfähigkeit der Manager nicht nur permanent neu kombiniert, sondern auch neu konfiguriert. Diese „Gedankensprünge" müssen Marschflugkörper aber gerade verweigern, was die Übertragung kybernetischer Prinzipien auf Managementsysteme einschränkt. **Dieses „Gedankenspringen" bzw. das „Zeigen von Spontaneität" ist der wichtige (Denk-) Unterschied zwischen Mensch und Maschine.** Die strukturierten (Gedanken-) Rahmen von Spielen ermöglichen es, dieses „Gedankenspringen" und das „Zeigen von Spontaneität" als Bestandteil des ganzheitlich strategischen Denkens flexibel zu organisieren.

Die Steuerung technischer Systeme unterscheidet sich von der Lenkung soziotechnischer Systeme

Das Bild des Steuermanns visualisiert über die Varietät das Lenkungsproblem in Managementsystemen, wobei ein Theorem (Gesetz) der Mathematik hilft. Es wurde von Ashby formuliert und bestimmt die erforderliche Varietät eines Systems zum Überleben. Bezogen auf Managementsysteme besagt dieses Theorem, daß diese in ihrer Stabilität (Überlebensfähigkeit) gefährdet sind, wenn die Umwelt mehr Störungen produzieren kann, als das System Verhaltensweisen produziert, um auf diese Störungen „angemessen" zu reagieren. Dabei ist es egal, ob die Störungen aus dem Netzwerk oder aus der Netzwerkperipherie kommen. Dieses Theorem ermöglicht uns nun mit dem Fuchs aus Saint-Exupérys „Der Kleine Prinz" über den Bestand der „alten Bräuche" ins Gespräch zu kommen. Unser Ziel ist es, dem Fuchs etwas „Ordnung" abzuhandeln, um flexibel auf den Umweltwandel reagieren zu können.

Wir verhandeln mit ihm auf der Basis von Ashbys Theorem und folgern, daß ein überlebensfähiges System ein Kontrollsystem braucht, das mindestens genauso komplex sein muß wie das System selbst. Dabei sinken aber die Überlebenschancen des Systems bei einem Komplexitätssprung durch Umweltwandel, wenn die Varietät der Verhaltensstrategien (die Kontrollfunktion) zu gering ist. Andersherum gesprochen: Hat ein Managementsystem eine große Varietät in seinen Reaktionsmustern, dann ist es durch eine zunehmende Umweltkomplexität nur wenig gefährdet. Um den Fuchs vollständig in ein gedankliches Chaos zu stürzen, folgt daraus natürlich der Schluß, daß das Managementsystem hinreichend komplex und flexibel sein muß, um auf möglichst viele Umweltzustände „angemessen" mit eigenen Systemzuständen reagieren zu können. Die Quintessenz ist: Ein Managementsystem braucht viel Komplexität und wenig Ordnung durch „alte Bräuche". Der Fuchs müßte nun eigentlich, da er am Überleben des Systems und am eigenen Überleben interessiert ist, die „alten Bräuche" freudig über Bord werfen und nach mehr Unordnung (Flexibilität) zur Bewältigung des Wandels rufen. Wenn wir diese Reaktion des Fuchses erreichen, dann hätte sich unser Ausflug ins „Varieté" gelohnt. Wir haben bei unserer Überzeugungsarbeit auch ganzheitlich gedacht und befinden uns auf dem „sicheren" Grund moderner Managementphilosophien.

Wann besteht in Spielen die Macht zur Durchsetzung eigener Spielregeln?

Wenn wir unsere Verhandlungsstrategie noch einmal einer Schwachstellenanalyse unterziehen, dann müßten wir eigentlich sogar sicher sein, den Fuchs überzeugt zu haben. Wir können dem Fuchs eine „Lösung" für das „stochastische Geschäft" der Netzwerkkoordination anbieten. Der Suchprozeß nach Chancen zum Überleben mündet quasi zu jedem Zeitpunkt in einer „optimalen" Chaosbalance, da sich das Netzwerk durch geeignetes und vor allem angemessenes Systemverhalten zeitschnell an eine sich wandelnde Umwelt anpaßt. Wir offerieren dem Fuchs sogar eine Alternative in Form eines qualitätsgesicherten Weges zur Beherrschung des Wandels. Dieses System bietet nämlich für Kunden aufgrund seiner Flexibilität nicht nur ein wahrnehmbares Separationsprofil im Wettbewerb, das uns vor „Me-Too"-Strategien der Konkurrenz schützt. Es erschließt sogar Wettbewerbsvorteile: Wir müssen uns nicht auf gestern verlassen, weil unser Netzwerk ständig auf der Suche nach Verbesserungen ist. Somit haben wir nicht nur den Wandel, sondern auch die Veränderung des Wandels im Griff. Unser Kernprozeß ist die ständige Verbesserung, und das erwartet der Kunde. Damit sind wir sogar im Einklang mit der modernen Managementphilosophie des Continuous Quality Improvement. Aus Sicherheitsgründen verweisen wir auch noch auf Managementphilosophien, die auf begrenzter Autopoiesis (griech. Autonomie) basieren. Diese Ansätze verlangen zwar die Existenz einer „Kontrollvorschrift", fordern aber gleichzeitig, wie immer das auch gehen soll, daß die Sinnhaftigkeit der autopoietistischen Impulse noch gegeben ist.

Inwieweit ist Selbststeuerung eine Alternative der Netzwerksteuerung?

Wie zu vermuten ist, kommt es mit unserer „Survival of the fittest"-Überzeugung etwas anders, als wir denken. Denn seit Aesops Fabeln, die auch lehrreiche Erzählungen über menschliches Denken und Handeln sind, ist der Fuchs als schlau, manchmal auch als hinterlistig oder sogar tückisch bekannt. Der Fuchs ist im Sinne Sunzis nämlich ein Meister der „indirekten" Strategie. Deshalb ist es nicht so einfach, ihn mit einer harten aristotelischen Logik (das System funktioniert oder funktioniert nicht) zu überzeugen. Genauso kommt es dann auch: Der Fuchs läßt sich nicht ins Bockshorn jagen. Er hat gute Chancen, seine „alten Bräuche" noch etwas über die Zeiten des Wandels zu retten, wenn wir bei unserer Verhandlungsstrategie bleiben.

Der Fuchs stellt uns schlicht und ergreifend eine einfache Frage, obwohl er eine ganze Reihe von Fragen stellen könnte. Er fragt nach der Perspektive unserer Argumentation. Er will wissen, aus welchem Blickwinkel wir die Systemsteuerung sehen. Er beantwortet, damit keine Mißverständnisse aufkommen, seine Fra-

„Alte Bräuche"? Ordnung ist das halbe Leben; aber was ist die andere Hälfte?

ge dann auch gleich selbst und verweist darauf, daß die Varietät nichts darüber aussagt, *wie* sich das System bei Störungen überhaupt steuert. Um dem Fuchs Paroli bieten zu können, müssen wir also selbst erst einmal die Perspektive wechseln; möglicherweise müssen wir uns sogar mit vielen Perspektiven auseinandersetzen. Fragt der Fuchs damit nach der Dynamik, wie sich das System im Zeitablauf verhält, wenn Störungen aus der Netzwerkperipherie auftreten? Oder fragt der Fuchs, wie sich das System bei Störungen aus dem Netzwerk verhält?

Spiele stehen in größeren Zusammenhängen; daher sind Spielgrenzen ständig zu erweitern

Der Fuchs interessiert sich also zumindest indirekt für die Lernfähigkeit des Systems; und das ist schlau. Sehr zu unserem Schrecken könnten wir also einem in der Chaostheorie oder in der Fuzzy Logic bewanderten Fuchs gegenüberstehen. Bildlich gesprochen fragt der Fuchs nicht nach dem „Schwarz" oder „Weiß" und ob sich ein System verändert oder nicht; schlau wie er nun einmal ist, plaziert er seine Frage mitten in die Grauzone der Schwarzweißperspektive, indem er fragt, *wie* sich das System verändert.

Das „Wie" der Steuerung ist die Frage nach flexiblen Strategien zur Steuerung

Das wäre eine überraschende Gegenfrage, wenn wir keine flexible Verhandlungsstrategie hätten. Der Fuchs brachte einen überraschenden Redegegenstand, den „genus admirabile" antiker Rhetorik, ins (Verhandlungs-)Spiel. Unser zusätzlich nun auch noch in der antiken Rhetorik bewanderter Fuchs hat nicht nur einfach die Spielregeln (Bilder) unserer Gedankenwelt, sondern auch das Spielfeld des (Verhandlungs-)Spiels verändert. Nun greifen auch wir in die Trickkiste antiker Rhetorik und setzen gemäß Cato (dem Älteren) auf „Rem tene, verba sequentur" (Halte die Sache fest, die Worte werden sich schon einstellen). Wir spielen also auf Zeitgewinn, denn schon Machiavelli riet seinem Fürsten: „Kämpfe niemals auf des Gegners Platz." Wir lassen uns nicht die (logischen) Spielregeln der Gedankenwelt des Fuchses aufzwingen und gehen als Spieler nicht auf sein Spielfeld. Wir vertrösten den Fuchs, wissen aber, daß wir uns mit Fragen der Strategie auseinandersetzen müssen.

Sollen (wollen) Spieler „erfolgreich" spielen, sind „geeignete" Spielregeln zu finden

Wir sollten mit dem Fuchs auch erst wieder kommunizieren, wenn ein Spielregelsystem gefunden ist, in dem jeder Spieler zumindest die Chance hat, herauszufinden, nach welchem Reglement gespielt wird und welche Fragen in welchem Sinnzusammenhang gestellt werden. Wüßten wir das, könnten wir uns die Option auf weitere Verhandlungsrunden mit dem Fuchs offenhalten. Dann könnten wir auch darauf „spekulieren", daß der Fuchs – vielleicht selbst aus den Verhandlungsrunden lernend – doch einmal die Welt mit unseren Augen sehen würde. Wir könnten es natürlich auch mit einer Drohstrategie versuchen. Es stehen uns jedenfalls einige Instrumente zur Verfügung, um den Fuchs möglicherweise auf unsere Spielregeln zu konditionieren. Wir wissen nur leider nicht genau um die Wirkung dieser Werkzeuge, da es noch ein „kleines" Problem gibt: Der Fuchs könnte dasselbe wie wir denken. Wählt er dabei eine tückische Verhaltensvariante, dann könnte er das Klima der Verhandlungen sogar noch verschärfen. Wir fühlen uns an Kahns Eskalationsspirale erinnert und sehen nun plötzlich die Gefahr einer Niederlage wie eine drohende Wolke am Verhandlungshorizont. Müssen wir und auch der Fuchs diese Variante des biblischen „Auge um Auge, Zahn um Zahn" mit ins Kalkül ziehen, stellt sich die Frage nach dem Deeskalationszeitpunkt, um wieder auf einen erfolgversprechenden Verhandlungspfad zu kommen. Damit ist die ganze Verhandlungssituation durch vernetztes Denken schon ziemlich komplex geworden. Selbst wenn es kein Gleichgewicht der Interessen geben sollte, besteht ein erster konsensfähiger Schritt, um aus dieser Komplexitätsfalle herauszuschlüpfen, darin, wechselseitig akzeptierbare Spielregeln zu finden, damit jeder Spieler weiß, wann wie worüber verhandelt wird. Damit haben wir den Fuchs aber noch lange nicht überzeugt. Er ist ab jetzt unser ständiger Begleiter, der durch seine Frage nach dem *Wie* überall in den Netzwerken lauert.

Die Spieltheorie zeigt Wege zum Finden von Spielregeln, die als situationsangepaßte flexible Ordnungen auf inneren und äußeren Wandel reagieren

„Kriege": Transmissionsriemen des Wandels

Um mit der Strategie einen zentralen Baustein des Universums der Spieltheorie zu identifizieren, muß erneut auf die Geschichte zurückgegriffen werden, wobei wir uns auf das „Wesentliche" beschränken.

Die Spieltheorie erfaßt strategisches Denken auf Basis weniger (fünf) Atome

An jedem Ort auf dem Globus bedeutet Krieg Veränderungen, die mit Verwüstung, Elend und Tod verbunden sind. Vergleicht man etwa auf der Zeitachse der Geschichte die Kriege Caesars in Gallien oder die Kriege zwischen Sparta und Athen mit den Kriegen der Gegenwart wie dem Zweiten Weltkrieg oder dem Golfkrieg, dann haben Kriege im Zeitablauf nicht nur ihr Gesicht, sondern auch ihre Eigenlogik gewandelt. In der den Globus umschließenden Netzwerkgeometrie der Staaten gewinnt die Veränderungsdimension der Kriege durch Verstärkungseffekte in den Netzwerken zunehmend an Reichweite und Komplexität. Immer kürzere Vorwarnzeiten durch den Einsatz modernster Militärtechnologien und der höhere Wirkungsgrad der Militärpotentiale durch die Vernichtungswaffen sind einige der Merkmale. Gleichzeitig brauchen die Volkswirtschaften für die Überwindung der Kriegsfolgen zunehmend mehr Zeit, da sie durch die Einbettung in überregionale Netzwerkstrukturen nicht nur untereinander abhängiger, sondern auch störanfälliger geworden sind.

Kriege verändern die Balance von Ordnungen

Trotz sich verkürzender Vorwarnzeiten hat jeder Krieg seine eigene Geschichte. Im Regelfall zeigen sich in den politisch-wirtschaftlichen Netzwerken meistens schon lange vor dem Eingreifen militärischer Netzwerke schwache Kriegssignale. Ein sehr empfindlicher Indikator sind dabei die Börsennetzwerke. Werden diese Signale von einer „Kriegspartei" durch ein empfindliches Sensorium frühzeitig erkannt sowie richtig ausgewertet und werden die Ergebnisse zum Bestandteil der militärischen Strategie, resultieren aus diesem Monitoring oder Weak Signal Management womöglich erst die entscheidenden Vorteile, wenn sich die Krise zuspitzt. Die Klassifizierung von Signalen ist jedoch schwierig, da zu entscheiden ist,

- wann sich hinter Signalen Forderungen, Drohungen oder Angebote verbergen
- ob aufgrund der Signale der Konflikt möglicherweise kurz vor einem Eskalationssprung steht
- was die Folgen und Konsequenzen eigener Reaktionen auf Signale sind und
- welche Wahlmöglichkeiten einem selbst, aber auch der anderen Konfliktpartei aufgrund von Signalen zur Verfügung stehen.

Kurzum, Signale bergen nicht nur Chancen, sonden auch Risiken. Ein Beispiel für militärisches Strategic Issue Management auf Basis sicherer Signalauswertung ist der Golfkrieg. Dieser Krieg wurde 1989 nach Auswertung von Informationen aus der Golfregion geplant, 1990 wurde der Plan durchgespielt und aktualisiert, und 1991 wurde der modifizierte Plan exekutiert. Die geringen Verluste der Alliierten sind dabei ein Beweis für die Qualität des militärischen Szenarienmanagements unter General Schwarzkopf. Am Golfkriegsszenario werden sich auch die Grenzen des Benchmarking ziviler Netzwerke beim Militär zeigen.

Kriege der Gegenwart sind Szenarienkriege

Daß überhaupt neue Seiten im Buch der Geschichte geschrieben werden, ist eine andere Eigenschaft von Krieg, da ein Krieg erst einmal Unordnung (Wandel) für die vom Krieg betroffene Ordnung bedeutet. Die Ordnung kann sich gegen die eindringende Unordnung entweder zur Wehr setzen oder versuchen, die Unordnung zu assimilieren. Letztendlich wird aber die alte Ordnung unterliegen; wann das geschieht, das ist (nur) eine Frage der Zeit. Die durch den Krieg (Unordnung) verzahnten Ordnungen bilden einen „ewigen" Kreislauf ohne Anfang und Ende, wodurch Kriege als fester Bestandteil moderner Staatlichkeit und Kultur eigentlich die Geschichte sind. Die Geschichte ist quasi ein Prozeß von aus der Balance geratenen Ordnungen. Die Geschichte der Menschheit ist demnach eine Geschichte des Kampfes zwischen Gleichgewichten (Ordnungen) und Ungleichgewichten (Unordnungen), wobei ein Gleichgewicht am besten mit dem Bild einer Wippschaukel vergleichbar ist. Bei einer Wippschaukel in der Waagerechten sind die Kräfte in der Balance; wird der Angelpunkt verschoben, indem das Gewicht auf einer Seite erhöht oder verringert wird, so wird die Balance gestört.

Krieg ist Wandel durch Ungleichgewicht; Krieg ist Bestandteil von Staatlichkeit und Kultur

Riskieren wir einen kurzen Blick in die Zeit der Hochkulturen in Mesopotamien. Dort bildete sich aus der sumerischen Ordnung durch Krieg die Ordnung Assyriens. Unter König Assurbanipal kam es zu den Hochkulturen um die Städte Ninive und Assur. Die Assyrer überzogen jedoch ganz Mesopotamien mit einer Ordnung, die auf Angst und Schrecken basierte. Sie setzten ihre Ordnung grausam durch; die besiegten Gegner wurden getötet oder versklavt. Rituale und Opferungen waren integraler Bestandteil einer perfektionierten Kriegsmaschinerie, die ausschließlich das Ziel verfolgte, den Feind zu vernichten. Diese (Militär-)Ordnung Assyriens fand später ihr Pendant in den Ordnungen der Maya und Inka in Mittel- und Südamerika. Mit deren grausamen Ritualen mußten Spanier und Portugiesen auch über 2000 Jahre nach Assurbanipal noch Bekanntschaft machen. Der Krieg war für die Assyrer nur ein Ritual des Augenblicks und weniger das Resultat langfristiger Planung und Ausführung. In der nach Clausewitz' Kriege charakterisierenden Triade Haß, Politik und Kriegsführung lag das Schwergewicht Assyriens auf der Komponente Haß.

Die Ordnung Assyriens fand ein abruptes Ende durch die Ordnung Babylons mit dem legendären König Nebukadnezar II., auf dessen kulturellem Erbe die erste bekannte, sichere astronomische Prognose der Antike durch Thales basierte. Die Ordnung Babylons kannte kein Pardon mit der Ordnung Assyriens. Ninive und Assur wurden zerstört, die Assyrer wurden versklavt oder getötet. Das alttestamentarische „Auge um Auge, Zahn um Zahn" zeigt hier deutlich seine Konturen. Assyrien versank in der Bedeutungslosigkeit, und seine Spuren versanken im wahrsten Sinn der Worte im Nebel der Geschichte. Babylons Ordnung wurde später durch die Ordnung Persiens und diese wiederum von der Ordnung Alexander des Großen verdrängt.

Wandel durch Kriege ohne Ziel erzeugt keine stabilen Ordnungen

Ganz anders verhielt sich dagegen die Ordnung Roms. Sie war im Umgang mit Unordnung (Krieg) im Vergleich zur Ordnung Assurs wesentlich flexibler. Nicht (nur) grausame Unterwerfung und Vernichtung, sondern auch Assimilation der Ordnungen der Besiegten war eines ihrer wesentlichen Merkmale. Durch Assimilation und Wandel überstand die römische Ordnung bis zum Jahr Null an größeren Kriegen jeweils drei Punische, Makedonische und Mithradatische Kriege. Dazu kommen mindestens drei Sklavenkriege, eine Vielzahl von Bürgerkriegen, zahlreiche Eroberungskriege, wechselnde Rechtsformen und letztendlich die Ermordung Caesars. Die Flexibilität der römischen Ordnung führte schließlich dazu, daß ein Großteil der damals bekannten Welt die Welt des Imperium Romanum war. Ein Zeichen für die Flexibilität Roms war die Aufnahme der Götter der Besiegten, zumindest als Nebengötter, ins Pantheon und die Gewährung des römischen Bürgerrechts an die Besiegten.

Zielorientierter Wandel duch Krieg erzeugt „stabile" Ordnungen

Diese Strategie Roms der „geeigneten" Integration neuer Komplexität zur Stabilisierung des eigenen Systems unter den bekannten Markenzeichen „Divide et impera" und „Panem et circenses" macht die römische Ordnung quasi zu einem frühen Anwendungsfall von Ashbys Theorem. Die Assyrer haben genau umgekehrt gehandelt: Sie vernichteten äußere Komplexität ohne Dynamisierung der eigenen Ordnung. Die Grenze der Beherrschung der Komplexität der eigenen Kontrollfunktion wurde in Rom um 300 n. Chr. mit dem Ansturm der Randvölker erreicht. Diese äußere Systemstörung war jedoch nicht der Hauptgrund für den Niedergang Roms. Entscheidend war, daß Rom die Fähigkeit verlor, zunehmende Komplexität zu verarbeiten. Die innere Ordnung Roms geriet aus den Fugen. Unser Fuchs war also möglicherweise auch schon in der Antike am Werk; hier allerdings – Goethe möge es verzeihen – in einer abgewandelten Variante mephistophelischen Verhaltens. Er war der Teil jener Kraft, die stets das Gute will und stets das Böse schafft. Die Ordnung Roms scheiterte nämlich an der Art und Weise der Verarbeitung von Komplexität, und nicht an den Bedingungen zur Beherrschung von Komplexität. Genau dieser Unterschied über das Systemverhalten steckte hinter der Frage unseres Fuchses nach dem *Wie*.

Nicht nur Komplexität, auch die Veränderung der Komplexität ist zu bewältigen

Der Niedergang Roms ist bekannt. Machtspiele und Intrigen, nicht mehr überbrückbare Interessengegensätze sowie das „Group thinking"-Phänomen innerhalb des Senatorenstandes und zwischen Patriziern und Plebejern waren die Zeichen der Dekadenz der römischen Gesellschaft. Traditionelle (Denk-)Traditionen, der jahrhundertelang zentrale Baustein der römischen Ordnung, wurden nicht mehr respektiert, und kulturelle Werte gingen verloren. Für Roms Gesellschaft galt nicht mehr Ciceros „Silent leges inter arma" (Im Waffenlärm schweigen die Gesetze). Erstens hatte man kaum noch Orientierungshilfen (Gesetze) in der Unordnung der Gesellschaft, und zweitens war die Fähigkeit zum harten Waffengang verlorengegangen. Es hätte eher das „Inter arma silent musae" (Im Waffenlärm schweigen die Musen) gelten müssen, wobei die Musen Roms gar nicht mehr zu schweigen brauchten, denn sie wurden von den Randvölkern schlicht und einfach erschlagen. Der Niedergang war nicht mehr aufzuhalten, als mit der Trennung zwischen Feld- und Grenzarmee, der Abschaffung der Prätorianer und der wachsenden Zahl an kaum noch aus Römern rekrutierten Legionen die tragende militärische Säule Roms so erodierte, daß sie zerbrach.

Geht der Einfluß auf Spielregeln verloren, geht auch die Macht verloren

Der kleine „Abstecher" ins Imperium Romanum zeigt, daß dessen Niedergang letztendlich durch die Versteinerung des Denkens (mit) verursacht wurde. Das zunehmende Trägheitsmoment im Denken der römischen Gesellschaft legte das Fundament für das Trägheitsmoment in der Netzwerkkoordination. Dieser „organizational distress" zeigt – wohlgemerkt unter dem damals gültigen Zeitgeist und den damals gültigen systemischen Bedingungen – viele Ähnlichkeiten zu den Lenkungsproblemen in den Netzwerken der Gegenwart. Das Hauptwerkzeug zur Netzwerkkoordination in Rom waren die römischen Legionen, heute sind es die Werkzeuge moderner Managementphilosophien wie TQM oder die Lean-Konzepte. Die Lenkungsprobleme sind dieselben; das systemische Umfeld und der Zeitgeist haben sich jedoch verändert. Wie in der Antike spielt aber auch in der Gegenwart die Qualität der (Denk-)Software eine entscheidende Rolle.

Krieg und Denken sind untrennbar miteinander verbunden

Die Ordnung Roms wurde durch die Unordnung der Randvölker abgelöst, die auf dem Gebiet der Römer dann zur bestimmenden Ordnung wurde. Diese wurde wieder von anderen Ordnungen abgelöst. Wenn man die Geschichte nur lange genug weiterordnet, landet man in den Ordnungen der Gegenwart, und derzeit spricht nichts dagegen, daß sich die Zukunft nach dem gleichen Muster ordnen wird. Der Krieg ist als Unordnung dabei jene Störung, die den Zeittakt des Wandels vorgibt.

Der Status quo ist das Resultat einer Folge von Kriegen (Unordnungen)

„Kriege": Sichtbare und unsichtbare Hand des Wandels

Der Krieg identifiziert sich durch die Geschichte in seiner militärischen Variante als ein Transmissionsriemen des Wandels, wobei sich in den „ewigen" (Wechsel-) Spielen von aus dem Gleichgewicht geratenen Kräften auch die grundlegenden Verhaltensmuster der Menschen spiegeln. Die nichtmilitärische Variante von Krieg dokumentiert ein kurzer Blick in die schon durch die kleinen Ptolemäer bekannte Darwin-Welt.

Die „sichtbare Hand" des Krieges ist die militärische Variante des Krieges

In der Darwin-Welt ist „struggle for life" das natürliche Organisationsprinzip des Lebens. Durch das „Gesetz des gegenseitigen Ausschlusses", dessen Markenzeichen „survival of the fittest" ist, überlebt eine Spezies nur, wenn sie zumindest eine (über)lebenswichtige Aktivität besser beherrscht als ihre Feinde. Dadurch wird der Tod nicht nur zur Regel; Überleben wird zur Ausnahme. Etwas salopp formuliert, fressen die großen globalen Riesen die kleinen lokalen Zwerge, und die Schnellen vernichten die Langsamen. Unter dieser zentralen Existenzspielregel ist es offensichtlich, daß nur wenige Spezies durch den Flaschenhals der Evolution schlüpfen können. Die radikale Konzentration auf wenige (Überlebens-)Parameter bedeutet aber auch, daß es nur so viele Chancen gibt, wie es Parameter gibt. Die Spezies, die überlebt, findet dabei irgendwie eine Kombination, die paßt. Dahinter verbirgt sich das (Über-)Lebensprinzip durch eine „unsichtbare Hand"; sei sie nun Zufall oder Wahrscheinlichkeit genannt. An dieser Stelle ist also nichts Geplantes bzw. keine Strategie im Spiel. Die Spiele der Evolution steuern sich selbst, die Spieler müssen nur verschieden genug sein, um zu überleben. Wahrscheinlichkeiten oder Zufälle sind dann Merkmale dieser (Über-)Lebenskonkurrenz.

Spiele steuern nicht nur Regeln und klare Fakten, sondern auch Zufall und Spontaneität

Hinter dieser „einfachen" (Überlebens-)Konkurrenz der Evolution verbirgt sich eine Wurzel der (Selbst-)Lenkungsmechanismen der Ökonomien, wo ständig Spiele stattfinden, in denen Menschen mit ihrem facettenreichen Verhaltensspektrum in verschiedenen Rollen und Funktionen die Spieler sind. Die Spieler sitzen dabei an Tischen (Spielfeldern), an denen nicht nur die Karten ständig neu gemischt werden, sondern die Spieler auch immer wieder die Plätze tauschen (müssen). Dabei können tüchtige, flexible Spieler die Plätze mit guten Gewinnchancen von weniger tüchtigen, inflexibel gewordenen Spielern übernehmen. Mit den Spielern kommen verschiedene Formen von Logik und (Denk-)Software ins Spiel, womit sich die (Überlebens-)Konkurrenz der Evolution mit der Logik der Spieler kombiniert. Die Fähigkeit zum logischen Denken greift in die (Zufalls-)Spiele der Evolution ein, wodurch Phantasie plus Logik plus Ziele plus Flexibilität die Spiele der (Überlebens-)Konkurrenz beeinflussen. Dabei hat jeder Spieler das Ziel, den Spielablauf zu beschleunigen und seine Vorstellungen durch die Beeinflussung der Spielregeln durchzusetzen. Seit Porter tragen diese Mechanismen den

Namen Wettbewerbsstrategie und steuern sowie koordinieren – auf wenige Parameter reduziert – die volkswirtschaftlichen Netzwerke. Um diese Parameter („Strategien") zu finden, müssen die Spieler jedoch nicht nur Logik und Phantasie kombinieren; sie müssen auch die Fähigkeit entwickeln, die komplexen Spielstrukturen der Konkurrenz zu durchschauen.

Strategien kombinieren Logik, Phantasie, Ziel, Flexibilität und Fähigkeiten

Egal, ob sich Unternehmen (Spieler) für die Varianten Kostenführerschaft, Diversifikation oder Konzentration als (Basis-)Strategie entscheiden, es bleiben nur so viele (Überlebens-)Chancen durch die Schaffung von Wettbewerbsvorteilen, wie es Wettbewerbsparameter gibt. Diese zu finden, zu besetzen und zu behalten, ist ein Qualitätsmerkmal erfolgreicher Unternehmensführung (Spielgestaltung). Wird die Kostenstrategie gewählt, sind Service, Kommunikation, Qualität und Schnelligkeit einige der zu besetzenden Vorteilsparameter. Auf dieser Konzentration auf wenige Parameter basiert die Kernkompetenzphilosophie vieler Managementkonzepte, wie sie Mercedes-Benz mit Qualität und Prestige, Sony mit Innovativität und Miniaturisierung sowie IBM mit Marktführerschaft und Industriestandard realisieren.

In der Darwinschen Wettbewerbswelt überleben nur jene Akteure, die das Ziel, ihre Kriege zu gewinnen, realisieren und sich gegen andere durchsetzen (können). Dem anderen seine eigenen, den Sieg sichernden Spielregeln aufzuzwingen, ist daher ein Kernbaustein menschlich-wirtschaftlicher Verhaltensmuster. Dieses Verhaltensmuster ist die eine Seite der Darwinschen Medaille, die sich durch „Jeder muß verschieden genug sein, um seinen eigenen spezifischen Vorteil zu besitzen" beschreiben läßt. Die andere Seite der Medaille zeigt die Chance, die Faktoren der Verschiedenartigkeit zu kombinieren, wodurch kooperatives Spielerverhalten eine Vielzahl von Möglichkeiten für die Koexistenz ergibt. Erst im (Gedanken-)Rahmen der Spiele wird erkennbar, was dabei als selbstverständlich und was als nichtselbstverständlich vorausgesetzt werden kann, da in Spielen die Chancen und Risiken der Kooperation vorab transparent werden. Auch in diesem Szenario hat natürlich jeder Spieler das Ziel, die Reichweite seines Vorteils zu verbessern, um sich so ein wahrnehmbares Separationsprofil gegenüber den (Mit-)Spielern (Konkurrenten) zu sichern. Daher wird ein Spieler Aktionspläne suchen, die ihm helfen, seine Wettbewerbsvorteile zu realisieren. Er folgt jedoch dann einer Strategie in der Grauzone „geeigneter" Kooperation, womit sich „Nichtkooperation" und „Kooperation" als Extrempole eines bipolaren Spannungsfeldes (Spielfeldes) möglichen Verhaltens im Konkurrenzkampf zeigen. Dazwischen liegt die Grauzone für die „Veränderung" des Spielfeldes, in der sich durch Hinzunahme neuer Spieler und das Verbinden von Spielen strategische Allianzen, Kartelle, Oligopole und andere Varianten wirtschaftlicher Interessenkoordination realisieren (können). Auf diesem Spielfeld müssen sich die Netzwerke dann positionieren, wobei jene (Mit-)Spieler am gefährlichsten sind, die einem selbst am meisten ähneln. Der Aktionsplan (Taktik) regelt die Positionierung. Die Strategie regelt die Anpassung und Veränderung der Positionierung, womit sich Strategiedesign und Risikomanagement verbinden.

Strategisches Verhalten in sich wiederholenden Prozessen bedeutet Risikomanagement

Die zentrale Spielregel, sich ständig positionieren zu müssen, birgt das (intrinsische) Motivationspotential der Spieler zum Wandel, womit der Wandel seine Energie und Dynamik aus einem (Überlebens-)Kampfpotential bezieht. Hier haben jene Spieler die Nase vorn, die nicht nur „sehen", wie eine „Sache" ist, sondern auch erkennen, wie eine „Sache" zu dem wird, was sie ist. Anders ausgedrückt, liegt der Vorteil auf seiten jener, die nicht nur „zuhören", was heute gesagt wird, sondern durch Beeinflussung der Spielregeln heute aktiven Einfluß darauf nehmen, was morgen „gewünscht" wird. Jeglicher Wandel ist somit eine Form von Krieg plus Wandel durch Umwelteinflüsse der Natur. Auf diese Weise wird der Begriff Krieg zum semantischen Chamäleon, da Krieg alles umfaßt, was Wandel ist. Das Chamäleon wechselt nur situationsbedingt seine Farbe, und die Perspektive des Betrachters ist die Meßlatte dafür, ob ein Zustand schon Krieg oder noch Frieden ist. Werden dann Wettbewerbsstrategien angewendet, soll beim Angriffsprinzip der Wettbewerbsvorteil etablierter Unternehmen neutralisiert werden. Beim Verteidigungsprinzip ist es hingegen erforderlich, schneller als die Konkurrenz zu lernen oder deren Vorteilsparameter im Zeitverlauf zu neutralisieren. Das Chamäleon Krieg zeigt sich hier nichtmilitärisch in der Farbe des Interessendissens zwischen Wettbewerbern. Welche Strategie zum Zuge kommt, zeigt das die Realität „richtig" erfassende Spiel. Dabei werden die Wettbewerbskriege der Gegenwart, die in Zeiten der Globalisierung eher Bewegungs- als Stellungskriege sind, auch „zünftig", mit militärischem Vokabular, geführt. Das Maß für Erfolg oder Mißerfolg sind jedoch die Marktanteile und Gewinnzuwächse, und nicht die Anzahl der versenkten Tonnagen oder die Menge der abgeschossenen Flugzeuge.

Die unsichtbare Hand des Krieges ist der Interessendissens; die sichtbare Hand ist ein Teil davon

Die unsichtbare Hand des Krieges ist als Interessendissens Bestandteil einer jeden Tagesroutine. Die Regelung des Interessendissens bestimmt neben dem Zeitgeist der Gegenstand des Dissens und die vorhandenen Werkzeuge. Unterliegt die Regelung des Dissens dem militärpolitischen Netzwerk, kann die physische Vernichtung des Gegners das Ziel einer Konfliktlösungsstrategie sein. Unterliegt die Regelung des Dissens dagegen wirtschaftspolitischen Netzwerken, kann die existenzielle Vernichtung des Gegners das Ziel sein. Archimedes lieferte wohl das bekannteste Beispiel dafür, daß ein Interessendissens auch im ganz normalen Alltag durchaus den Tod bedeuten kann. Bei seinem „Noli turbare circulos meos" (Störe meine Kreise nicht) hat offenbar sein Sensorium für das Erkennen von Umweltwandel versagt: Er dürfte nicht damit gerechnet haben, daß der Soldat, dem er damals in Syrakus diese philosophische Antwort gab, möglicherweise aufgrund einer Kommunikationsstörung die finale Konfliktlösungsstrategie wählte.

Die Qualität des Wandels ist Reflex einer Konfliktkultur

Egal, ob im Nebel der Vergangenheit oder in der relativen Transparenz der Gegenwart: Ein Interessendissens ist eine Unordnung in einer Ordnung, und das bedeutet Krieg. Dabei ist es das (Kriegs-)Ziel, einen der Situation angepaßten „Mehrwert" zu realisieren, was im Extremfall die Vernichtung des Gegners bedeuten kann.

Das Kriegsziel ist die Realisierung eines der Situation angepaßten Gewinns („Mehrwerts")

Sieg, Niederlage oder Arrangement durch Verhandlungen bedeuten die vorläufige Beendigung des Krieges. Für einen mehr oder weniger langen Augenblick in der Geschichte wird so die Unordnung des Krieges zur neuen Ordnung. Aus dem Ungleichgewicht wird ein Gleichgewicht; der Krieg hat vorerst, bis zum nächsten Interessendissens, seinen Schwung verloren. Damit ist allerdings noch nichts darüber gesagt, welche Qualität das Gleichgewicht „Nichtkrieg" im Hinblick auf die Stabilität gegen Störungen und die Akzeptanz durch die Kriegsparteien hat. Diese Determinanten sind aber (mit) entscheidend für die Überlebensfähigkeit einer durch Krieg neu geschaffenen Ordnung.

Kriege führen zu stabilen oder instabilen Gleichgewichten

Qualität: (Überlebens-)Spielregel im Wandel

Die Qualität der Regelung des Interessendissens bestimmt neben der Qualität der Werkzeuge auch die Qualität der (Denk-)Philosophien und die Professionalität der Spieler im Umgang mit den Werkzeugen. Die Qualität der Regelung wird so zum Reflex des Zeitgeistes und der Flexibilität der (Denk-)Strukturen, wobei mangelnde Flexibilität im Denken durch zu langes Festhalten an einer überholten Planung zum Nadelöhr für die erfolgreiche Bewältigung des Wandels wird. Marie von Ebner-Eschenbach beschrieb dieses Problem mit den Worten: „Die Erkenntnis von heute kann die Tochter des Irrtums von gestern sein." Der Balanceakt zwischen dem Festhalten an „alten" Spielregeln und dem Finden „neuer", der Situation angepaßter Spielregeln war auch eine Schwachstelle des Schlieffen-Plans, auf dem die deutsche Kriegsstrategie an der Westfront im Ersten Weltkrieg basierte.

> **Wann und wie müssen (sollen) Spielregeln verändert werden?**

Der *offensiv* ausgerichtete Schlieffen-Plan basierte auf der Strategie Hannibals bei Cannae (Sichelschnittstrategie): Hannibals Truppen waren den Truppen Roms zum Zeitpunkt der Schlacht nur bei der Kavallerie überlegen. Auf diesem zentralen Vorteilsparameter basierte seine (Spiel-)Strategie. Sein zusätzliches strategisches Pfand waren List und Täuschung („indirekte" Strategie). Er stellte (opferte) seine unzuverlässigeren Hilfstruppen zentral gegen die römischen Legionen. Die Elitetruppen der karthagischen Kavallerie sicherten die Flanken. Dieser strategische Schachzug entging der römischen Aufklärung. Hannibals Strategie war *defensiv:* Er erwartete die Legionen Roms. Plangemäß wurde das Zentrum der Truppen Hannibals eingedrückt, und die römischen Legionen gerieten in den beabsichtigten Hinterhalt der karthagischen Kavallerie, die zuvor die römische Kavallerie besiegt hatte. Das Ergebnis der Schlacht ist Geschichte.

Die Sichelschnittstrategie Schlieffens war sicherlich die richtige Strategie unter den Bedingungen und Zielen zum Planungszeitpunkt. Doch der Plan wurde 1905 unter Annahmen konzipiert, die bei der Realisierung des Planes 1914 nicht mehr galten. 1914 waren nämlich mehr deutsche Truppen an der Ostfront gegen Rußland gebunden, als der Plan vorsah. Somit liefen auch die nächsten Schritte nicht mehr nach Plan. Die Variable Zeit hatte sich ganz entscheidend verändert, und das führte durch die Verstärkungseffekte in den Netzwerken vor Ort zu im Gesamtplan nicht erwarteten Auswirkungen. Die deutschen Truppen brauchten aufgrund der verringerten Truppenstärke nicht nur mehr Zeit, um ihre Teilziele zu erreichen; dem Angriff fehlte auch der Schwung. Engländer und Franzosen erhielten die notwendige Zeit für Gegenmaßnahmen. Um den Plan doch noch durchzusetzen, wurde auf deutscher Seite improvisiert, was die deutschen Verluste zusätzlich erhöhte. Als der Schlieffen-Plan schließlich doch aufgegeben wurde, hatten die deutschen Verluste die Offensivkraft an der Westfront mit Konsequenzen für den weiteren Kriegsverlauf bereits deutlich geschwächt.

Eine nicht revidierte Planung gilt nur unter Bedingungen ihrer Zeit

In der Antike waren die griechischen Phalanxen von Alexander dem Großen oder die römischen Legionen und die Elefanten Hannibals die Werkzeuge (Hardware) zur Konfliktregelung. Sie standen wie Schachfiguren auf den Schachbrettern der antiken Politikfelder und wurden durch die Software der (Denk-)Philosophien der Spieler gesteuert. In der Gegenwart sind die Combined Joint Task Forces oder andere Teile der Triade aus Heer-Marine-Luftwaffe die Hardware, die auf den Schachbrettern der Weltpolitik durch die Software moderner (Denk-)Philosophien und im Verbund mit moderner Technologie schnell bewegt werden kann. Wie auch schon in der Antike, gibt es in der Gegenwart eine Vielzahl von Schachbrettern, Spielern, Werkzeugen und (Denk-)Philosophien. Der Zeittakt der Spielzüge hat sich allerdings erhöht, und die Spielfelder verändern schneller ihre Grenzen. Daß dabei die (Denk-)Philosophien der Gegenwart auf den (Denk-)Philosophien der Vergangenheit basieren, verbindet die Antike wieder mit der Gegenwart.

Die (Denk-)Philosophien der Spieler (Software) koordinieren die Werkzeuge (Hardware)

Die Qualität von Hard- und Software bestimmt somit erst im Wirkungsverbund die Qualität der Lösung im Kriegsfall. Salopp formuliert, erfolgte mit den Atombombenabwürfen auf Hiroshima und Nagasaki ein „Quantensprung" in der Art der Kriegsführung. Dabei erreichten diese beiden (Qualitäts-)Komponenten allerdings nicht die gleiche Sprunghöhe. Durch den A-Waffen-Einsatz in Japan bestand – nach lokalen B- und C-Waffen-Einsätzen im Ersten Weltkrieg – erstmals die Gefahr, daß sich die seit der Antike konventionellen Kriege zum Nuklearkrieg mit globalen Netzwerkdimensionen wandeln könnten. Der Eskalationsspirale wurde dadurch eine weitere, wahrscheinlich letzte Windung nach oben hinzugefügt. Das Spielerverhalten im A-Waffen-Zeitalter basierte mit den „Countervailing power"-Doktrinen der USA auf einer Abschreckungsstrategie gegenüber der UdSSR. Das Ziel eines nuklearen Gleichgewichts zwischen beiden Supermächten als zentrale

Spielregel des Atomwaffenzeitalters veränderte auch das militärische Denken. Es wandelte sich zum strategischen Netzwerkdenken, da Nuklearwaffeneinsätze im Gegensatz zum Einsatz konventioneller Waffen eine (welt)politische Dimension haben. Diese Tatsache führte über die Spielregeln der Kontrolle über die A-Waffen zu einer engeren Verbindung des politischen und militärischen Netzwerks. Darüber hinaus ist bei Fragen des Technologieexports aus wirtschaftlichem Interesse eine sicherheitspolitische Komponente fast zwangsläufig relevant. Das verzahnt militärpolitische und wirtschaftliche Netzwerke in geopolitischen und geoökonomischen Dimensionen. Die institutionalisierte Knüpfungsdichte dieser Netzwerkgeometrie aus Politik, Wirtschaft und Militär reicht bis auf die Ebene der Nationalstaaten, wofür das Kriegswaffen-Kontrollgesetz in Deutschland nur ein Beispiel ist. Das ist die „flexible" Seite der Veränderung des militärischen Denkens unter der Gleichgewichtsspielregel des Atomwaffenzeitalters.

Spielregeln des Gesamtspiels beeinflussen Spielregeln der Teilspiele

Die nukleare Abschreckungsstrategie führte auch zu einer „Versteinerung" des militärstrategischen Denkens. Die Kriegsführungsplanung bekam unter dem nuklearen Dach quasi eine Aufbau- und Ablauforganisation. Von den Nuklearstreitkräften ausgehend, wurde der Krieg standardisiert und schematisiert. Das ist die andere Seite der Zentralspielregel des Kalten Krieges. Mit der Auflösung des Warschauer Paktes durch den Zusammenbruch der UdSSR zerfiel deshalb auch mehr als nur eine Ordnung, die fast 50 Jahre lang Kriege in den Kerngebieten der Paktsysteme verhindert hatte. Die früher durch ausgeklügelte Spielregelsysteme zwischen der UdSSR und den USA gesicherten atomaren Drohpotentiale der UdSSR wurden plötzlich zu Risikopotentialen. Darüber hinaus führte der Wegfall der physischen Konfrontationslinie mitten durch Europa dazu, daß die auf Europa zentrierte A-Waffen-Strategie der USA modifiziert wurde. Die zentrale Spielregel des Atomwaffenzeitalters hatte ihre Gültigkeit verloren. Die unter dieser Spielregel genau definierte Rolle der Streitkräfte war im Rahmen einer sich wandelnden Sicherheitsvorsorge neu zu bestimmen.

Wer sind nach Spielregelveränderungen die neuen Spieler, und was sind ihre Rollen?

Zusätzlich entstanden im ehemaligen Einflußgebiet der UdSSR gefährliche Machtvakuen. Teils noch mit dem militärischen Know-how der UdSSR ausgerüstet, begann in diesen Regionen die eigenverantwortliche Suche souverän gewordener Staaten nach neuen Ordnungen, wobei das (Zusammen-)Spiel dieser Staaten oft unter der „verdeckten" Spielregel historischer Hypotheken bestimmt wird. Die Situation gewinnt an Brisanz, da diese Staaten auf den Spielfeldern der internationalen Politik oft keine festgefügte einheitliche Perspektive haben. In dieser Gemengelage wird es zunehmend schwieriger, die Frage zu beantworten, wo die Grenze zwischen nationaler Souveränität und nationaler Sicherheit liegt. Die breiten Zonen regionaler Instabilitäten entstanden vor allem an den Südrändern der ehemaligen UdSSR, wo Nationalstolz und religiöse Orientierung oft schwerer wiegen als „rationales" Denken. Durch Netzwerkwirkungen verloren diese Ungleichgewichte sehr bald ihre Lokalität. Die Suche nach neuen Ordnungen bedeutete aber Krieg. Für diese teilweise wieder unter archaischen „Spielregeln" geführten Kriege war die Ordnung der A-Waffen-Strategie mit ihren standardisierten Spielregeln nicht mehr zuständig. Im Sinn von Kahn kam es zwar zu einer Abwärtsbewegung auf der Eskalationsspirale, die Wahrscheinlichkeit konventioneller Kriege mit „unkonventioneller" Kriegsführung nahm jedoch zu. Genau diese Entwicklung trat ein, wofür die Kriege am Persischen Golf und den Südrändern der ehemaligen UdSSR Zeitzeugnisse sind. Hinter diesem Wandlungsszenario verbirgt sich also die Frage nach den Spielregeln einer neuen flexiblen Sicherheitsarchitektur. Das *Prekäre* an der Frage ist, wie lange die „einfachen" (Denk-) Strukturen des Kalten Krieges mit ihrer zentralen Gleichgewichtsspielregel in den Köpfen der Verantwortlichen nachwirken. Das *Problematische* an der Frage ist, daß die Rolle militärischer Mittel bei der Krisenbewältigung nach Aufgabe der zentralen Gleichgewichtsspielregel nun das Resultat des (Zusammen-)Spiels der Netzwerktriade aus Politik-Wirtschaft-Militär festlegt. Diese Aspekte dürfen nicht unterbelichtet werden.

> **Welche neuen Spielregeln sind „gut"; welche sind „schlecht"? Wer hat die Macht, neue Spielregeln festzulegen und durchzusetzen? Welche Spieler sollen die neuen Spielregeln vernetzen?**

Für konventionelle Kriege waren und sind zweifelsohne die strategischen Denkweisen von Montgomery, Paulus, Napoleon, Clausewitz sowie Machiavelli und damit letztendlich wieder die (Denk-)Logiken der Antike zuständig.

> **Strategisches Denken von heute ist Netzwerkdenken auf Basis antiker (Denk-)Logiken**

Die Kriegs-Software der Antike

Die etymologische Wurzel des Begriffs *Taktik* liegt in dem griechischen Wort „taktike", was die Kunst der Anordnung und Aufstellung bedeutet. Damit ist die Taktik die Lehre von Verhaltensregeln, die einen Handlungsablauf vor Ort erfaßt. Die Taktik ist also der Vollzug innerhalb eines übergeordneten Gesamten, was letztendlich erst das „vor Ort" determiniert. „Jedes Wort ist ein Wort der Beschwörung. Welcher Geist ruft – ein solcher erscheint", schrieb schon Novalis. Genauso wie es Novalis formulierte, kommt es dann auch bei der etymologischen Wurzel des Begriffs *Strategie*. Der Strategiebegriff ist nicht eindeutig. Das semantische Chamäleon wechselt schon im Altgriechischen ziemlich munter seine Farbe. Eine Erklärung des Wortes Strategie basiert auf „strategos", was Heerführer oder Feldherr bedeutet. Es setzt sich aus den Wortteilen „stratos" (Heer) und „agein" (Führen) zusammen. Eine andere Erklärung geht von „strataegeo" aus, was sich wieder aus „stratos" und dem zweiten Teil „igo" (Tun und Handeln) zusammensetzt. Mit Sicherheit wird es auch noch andere Wege geben, um den Sinngehalt des Wortes Strategie zu ergründen. Das Wort „stratos" kann man jedenfalls mit Hierarchie, Zweck, Ziel und Weitsicht verbinden. Diese Eigenschaften sind mit Tun und Handeln im Sinne von Führen zu kombinieren, wobei die Komponenten über das Denken verbunden werden. Wie dem auch sei, in der Drakischen Verfassung im 5. Jahrhundert v. Chr. gab es das Kollegium der Athenischen Strategen, und diese waren sowohl für die Kriegsführung als auch für die Lenkung des Staatsschiffes (mit) verantwortlich.

Das Wort Strategie hat also eine militärische Wurzel. Da in der aristotelischen Logik viel Wert auf die klare Begriffsbildung gelegt wurde, kann man wohl davon ausgehen, daß eine Strategie ursprünglich ein Spielregelsystem zur Koordination militärischer Handlungsabläufe war. In der Gegenwart schlägt das semantische Chamäleon beim Wort Strategie allerdings gnadenlos zu. Die Begriffsinhalte sind ganz und gar nicht mehr trennscharf. Heute scheint nahezu alles strategisch zu sein; sei es strategisches Management, strategische Motivation, strategische Personalplanung oder strategische Unternehmensführung. Etwas salopp formuliert, ist die tägliche Daseinsbewältigung möglicherweise auch nur eine Frage des Beherrschens der Spielregeln strategischen Risikomanagements. Daß die Tagesroutine Risikomanagement ist, wird nicht bestritten, doch was würden viele der modischen Wortkombinationen an (Sinn-)Gehalt verlieren, wenn man das Wort strategisch einfach wegließe? Bei soviel Strategie liegen am Wegesrand schon gelegentlich logische Tretminen, die es „strategisch" zu entschärfen gilt. Wenn man dem Glauben schenkt, daß heute ständig Researcher „strategisch" in den Unternehmensnetzwerken unterwegs sind und Expertennetzwerke die Unternehmen „strategisch" umspannen, dann ist jede Vorgehensweise quasi eine Strategie.

Logischerweise muß dann auch das „nichtstrategische" Vorgehen strategisch sein.

Wann ist eine „Strategie" strategisch?

In der Antike tragen die ersten Schriften über strategisches Denken die Titel „Strategik"(Aeneas) und „Strategos" (Onasander). Beide Autoren unterstreichen den Zusammenhang zwischen der Philosophie (Theorie und Denken) und der Praxis (Umsetzung). Der „Strategos" ist der in der Feldherrenkunst Erfahrene, was den Bezug zur Praxis zeigt. Die „Strategik" ist dagegen die Wissenschaft der Kriegsführung, was den engeren Bezug zur Theorie zeigt. Diese Verbindung zwischen Theorie und Praxis gilt bis in die Gegenwart. So unterscheidet der langjährige Chef der Flotte der UdSSR, Admiral Gorschkow, noch Anfang der 80er Jahre in seinem Buch „Seemacht Sowjetunion" sehr genau zwischen Kunst, Theorie, Taktik und Strategie des Seekrieges, wobei aber „…die Praxis der Prüfstein für die

Die Strategie ist eine Ökonomie der Kräfte (Clausewitz)
Strategie ist ein System von Notbehelfen (Moltke)
Strategie ist die Wissenschaft des Gebrauchs von Zeit und Raum (Gneisenau)

Richtigkeit der Theorie ist". Dabei definiert er quasi unter einer ganzheitlichen Perspektive die Seekriegstaktik als „das Zusammenwirken gemischter Kräfte im Gefecht im Rahmen der die Gefechtsbereitschaft herbeiführenden Seekriegsstrategie".

Die Meßlatten von Strategien sind Praxis und Theorie

Das Ziel antiker Philosophien bestand darin, Strategien zu systematisieren, wobei die Systematik die rationale Beziehung zwischen Ziel, Mittel und Einsatz bestimmt(e). Der Politik und dem Militär – was in der Antike meistens identisch war, wie Alexander der Große, Fabianus oder Caesar zeigen – wurden Handbücher zur Verfügung gestellt. Der damaligen philosophischen Perspektive der Dinge der Welt entsprechend, waren die antiken Strategieschriften Werke der Führungskunst und keine Maßnahmenkataloge zur Umsetzung von Strategien. Bekannte, in der Antike formulierte Strategiemuster sind die Perikleiische und die Fabianische Strategie. Letztere gilt als die „Strategie der Nadelstiche": Dabei vermied Fabianus im Zweiten Punischen Krieg gegen Hannibal jede Entscheidungsschlacht, um den Gegner zu zermürben. Die Strategie des Perikles ist die „Strategie der Schwachstellen": In den Kriegen zwischen Sparta und Athen setzte Perikles an den Schwachstellen des Gegners mit überlegenen Kräften an und täuschte so eine nicht vorhandene Überlegenheit auf dem ganzen Kriegsschauplatz vor, obwohl er nur lokal überlegen war. Diesen Verstärkungseffekt nutzte Perikles und bestimmte gleichzeitig die Gefechtsfelder, indem er nur mit seiner überlegenen Flotte angriff, den Landkrieg aber vermied. Die Strategie Hannibals bei Cannae trägt perikleiische Züge.

Da die antiken Philosophen als Universalgelehrte zugleich Mathematiker und Rhetoriker waren, ist strategisches Denken seit der Antike mathematisch-logisches Denken. Das Schwergewicht lag auf der Konsistenz der Gedankenlogik. Damit ging und geht es bei der Strategieentwicklung aber nicht nur um das Beherrschen einer technisch-mathematischen Klaviatur. Daß erst die „geeignete" Verbindung zwischen Denken und Mathematik eine nutzbare Wertschöpfung liefert, muß auch der große Mathematiker C. F. Gauss im Sinn gehabt haben, als er meinte: „Der Mangel an mathematischer Bildung gibt sich durch nichts so auffällig zu erkennen wie durch maßlose Schärfe im Zahlenrechnen."

Antikes strategisches Denken ist systematisches Denken

Die Kriegs-Software Asiens

Die Strategieschriften der griechisch-römischen Antike waren eine Sammlung von Regeln zur Führungs- bzw. Feldherrenkunst. Sie enthielten mögliche (Spiel-)Regeln für mögliche Kriegsereignisse und basieren auf einer bis heute gültigen (Denk-)Logik. Im Gegensatz zur Antike gab es in China schon zu Zeiten der Stadtstaaten des Athenischen Bundes eine Berufsarmee, in der die Position der Funktionschefs bekannt war und sich auch höhere Offiziersränge nicht nur aus dem Adel rekrutierten. Daher brauchten Fürsten und Generäle eher konkrete Handbücher oder Maßnahmenkataloge. Die Praxis war gefragt, und weniger die Kunst. Sunzis Werk „Die Kunst des Krieges" war eine der ersten praktischen Handlungsanleitungen. Dessen Aktualität bis in die Gegenwart zeigen die einzelnen Kapitelüberschriften, die fast einer Checkliste für ein Projektmanagement des Krieges entsprechen. Die Kapitel lauten

- Planung
- Über die Kriegsführung
- Das Schwert in der Scheide
- Taktik
- Energie
- Schwache und starke Punkte
- Manöver
- Taktische Varianten
- Die Armee auf dem Marsch
- Terrain
- Die neun Situationen
- Angriff durch Feuer
- Der Einsatz von Spionen.

> **Griechisch-römische Strategieschriften sind Sammlungen von Regeln; asiatische Strategiewerke sind dagegen Maßnahmenkataloge**

Die strategisch-operativen Ratschläge des Sunzi basieren auf der **„indirekten"** **Strategie.** Danach sind Täuschung und Desinformation einer direkten Strategie des Handelns vorzuziehen. In dieser (Denk-)Philosophie ist es eine logische Konsequenz, daß Attentate, Intrigen sowie die Zerstörung der wirtschaftlichen und politischen Glaubwürdigkeit des Gegners ein integraler Bestandteil der strategischen Kriegsführung sind. Nach der „indirekten" Strategie wird der Gegner auch erst angegriffen, wenn er durch die anderen Varianten der „indirekten" Strategie hinreichend geschwächt worden ist. Sunzis Werk liest sich wie eine Anleitung zum Guerillakrieg, wie er spätestens bei Mao Tse-tung, der die Werke Sunzis mit Sicherheit gründlich studiert hatte, zur Realität wurde. In der Antike war in den Feldzügen von Alexander dem Großen, Hannibal und Caesar, unter dem die Legionen Roms im Zenit ihrer militärischen Schlagkraft standen, die List zwar auch schon ein Bestandteil der Strategien. Die Perfektion des Sunzi im Sinne einer eigenen Strategiekomponente wurde allerdings nicht erreicht. In der UdSSR war und ist Sunzi Pflichtlektüre an der Frunse-und-Woroschilow-Akademie, und im KGB ist die Desinformation bis heute durch eine eigene Abteilung institutionalisiert, die sich ausschließlich mit dieser Spielart des „Informationsmanagements" befaßt.

Mit dem Namen Sunzi sind auch die chinesischen Strategeme eng verknüpft. Die Auflistung der Strategeme heute entspricht einer Liste von Lebens- und Überlebenstricks aus drei Jahrtausenden. Dabei zeigt sich, daß sich die asiatische (Denk-)Logik stark an Verschleierung, Einkreisung und Vorspiegelung orientiert. Diese Erkenntnis ist wichtig, wenn man mit der asiatischen (Denk-)Tradition des „Sowohl-Als-auch" umgehen muß. Alle Strategeme basieren auf dem Prinzip, sich mit Listen Vorteile zu verschaffen. Sie sind gelebte „indirekte" Strategien, die keineswegs auf militärische Anwendungsbereiche beschränkt sind. Eng mit der „indirekten" Strategie Sunzis verbunden ist auch das „Buch der fünf Ringe" des japanischen Strategiedenkers Musashi, das die japanische (Denk-)Tradition entscheidend beeinflußte.

Asiatische Strategien basieren auf der „indirekten" Strategie der Subversion

Einige der zentralen (Strategie-)Grundsätze Sunzis, die bis in die Gegenwart der modernen Managementphilosophien hochaktuell sind, lauten:
- „Die Kunst des Krieges ist für den Staat von entscheidender Bedeutung. Sie ist eine Angelegenheit von Leben und Tod, eine Straße, die zur Sicherheit oder in den Untergang führt. Deshalb darf sie unter keinen Umständen vernachlässigt werden." **(Zum Krieg)**
- „Damit meine ich menschliche Qualitäten wie Weisheit, Wirklichkeit, Toleranz, Mut und Disziplin." **(Zu Feldherren-Eigenschaften)**
- „Es erfordert klare Entscheidungen und bezieht sich auf die Ausbildung und Disziplin, das richtige Einsetzen der Unterführer, das Anlegen von Versorgungswegen und ausreichende Verpflegung der Truppe." **(Zur Einsatzdoktrin)**
- „Der Krieg ist ein Weg der Täuschung." **(Zur „indirekten" Strategie)**

- „Aus diesem Grund spiegele Unfähigkeit vor, wenn du fähig bist. Passivität spiegele aber vor, wenn du kampfbereit bist." **(Zur Täuschung)**
- „Was man als Vorauswissen bezeichnet, kann man weder von Geistern noch von Göttern erfahren, weder durch Vergleiche mit vergangenen Begebenheiten noch durch Berechnungen. Man muß es von den Leuten erfahren, die die Feindlage gut kennen." **(Zur Spionage)**
- „Da der Feldherr der Beschützer des Staates ist, wird der Staat sicher stark bleiben, wenn sein Schutz in alle Richtungen geht. Ist der Feldherr schwach, wird auch der Staat schwach bleiben". **(Zur strategisch-operativen Führung)**
- „Deswegen sage ich: Kenne deine Feinde und kenne dich selbst." **(Zur Lage)**
- „In der Schlacht gibt es nur zwei Taktiken, die direkte und die indirekte, aber die Anzahl von Kombinationen daraus eröffnet uns eine unendliche Kette von Möglichkeiten." **(Zur Strategie)**

Militärische Varianten von Sunzis Strategie finden sich in Hülle und Fülle; eine davon ist die Landung der Alliierten in Italien im Zweiten Weltkrieg. Sie landeten nach Täuschungsmanövern gerade dort, wo es die Deutschen am wenigsten erwartet hatten. Ohne sich allzuweit auf das dünne Eis der Spekulation zu wagen, darf man wohl ruhigen Gewissens behaupten, daß Sunzis strategische Einsichten auch die wichtigsten Spielregeln der Netzwerkkriege der Gegenwart (mit) erfassen. Tritt unser semantisches Chamäleon des Wandels wieder in Aktion, dann sind die „Leuchttürme" moderner Managementphilosophien, wie Unternehmenskulturen, Informationsmanagement, Wettbewerbsstrategievarianten, Kernkompetenz und strategische Allianzen, zum großen Teil nicht mehr als eine sprachliche Aktualisierung von Sunzis Denkuniversum.

> **Managementphilosophien basieren (oft) auf klassischen (Strategie-)Logiken**

Die Kriegs-Software Machiavellis

So wie die Legionen Roms die unbewegliche griechische Phalanx verdrängten, so veränderten die Niederlagen der Ritterheere und das Aufkommen der Artillerie durch die Erfindung des Schießpulvers die „Werkzeuge" des Krieges gegen Ende des Mittelalters. Diese Entwicklungen erforderten auch den Wandel des strategischen Denkens. Niccolò Machiavelli war ein bedeutender Denker dieser Epoche. Er war der erste, der die direkte Strategie der griechisch-römischen Antike mit der „indirekten" Strategie Sunzis, die spätestens mit den Reisen des Marco Polo in Europa bekannt geworden sein dürfte, zur Synthese führte.

Strategisches Denken kombiniert seit Machiavelli direkte und „indirekte" Strategie

Fast zwei Jahrtausende nach Sunzi betritt mit Machiavelli ein chamäleonhafter Spieler das Spielfeld des strategischen Denkens. Von Napoleon, Bacon und Hegel verteidigt, von Hitler für den Nationalsozialismus vereinnahmt, von den Jesuiten und Shakespeare verdammt und von Friedrich dem Großen in seinem „Antimachiavell" sogar bekämpft, ist Machiavelli sowohl Theoretiker als auch Praktiker der Macht. Als Mann mit Verantwortung war es stets sein Ziel, die Spielregeln in den (Macht-)Spielen der Politik nicht nur zu verstehen, sondern auch zu beherrschen. Im heutigen Sprachgebrauch wäre Machiavelli gewissermaßen ein Manager der Macht. Unter dieser Perspektive ist verständlich, daß Friedrich der Große seine Streitschrift schon in seiner Jugend verfaßte. Es ist nämlich Geschichte, daß seine überragenden Erfolge ganz entscheidend auf machiavellistischer Politik basieren. Der Begriff machiavellistisch bezeichnet bis heute nicht nur eine politische Staatstheorie; er impliziert politisches Handeln „ohne Moral". Machiavellis Bewertung ist somit selbst eine Frage der Perspektive. Nichtsdestotrotz war Machiavelli der erste Denker, der das theologische Denken in der Politik ablöste. Machiavellis Gedanken werden immer kontrovers bleiben; er hatte jedoch im strategischen Umgang mit der Macht zweifellos die Zeichen seiner Zeit erkannt. Folgt man vor dem „Chaos" der Gegenwart Machiavellis Auffassung, daß der Mensch im Grunde immer gleich bleibt und die machiavellistischen Prinzipien deshalb zeitlos sind, hat Machiavelli tatsächlich nichts an Aktualität eingebüßt. Für ihn ist der Mensch ein Individuum, das sich in den Spielen des (Über-)Lebenskampfes auch oder gerade unter der Devise „Der Zweck heiligt die Mittel" behaupten muß. Dabei sind für Machiavelli die wichtigsten Eigenschaften des Menschen dessen Tüchtigkeit und die Summe seiner Fähigkeiten, die erst seine Persönlichkeit und seine Macht ausmachen. Ergänzt wird dieses machiavellistische Persönlichkeitsprofil durch die Fähigkeit des Menschen, seine Umwelt richtig einschätzen zu können. Dabei betonte Machiavelli aber immer, daß es niemals möglich sein wird, die „Umstände des Geschicks" und damit das Glück und die Umwelt zu ignorieren. Die Begriffs- und Gedankenwelt Machiavellis hatte ihre Wurzeln im Rom der Antike.

Das Menschenbild Machiavellis „liest" sich (fast) wie ein Qualifikationsprofil für Manager

Machiavelli schuf eine der ersten modernen Staatstheorien, doch ist seine Wirkung keinesfalls nur auf die Politik(Spiel-)felder beschränkt. Sein Buch „Dell'

„Arte della Guerra" zeigt sein militärisches Denken, während „Il principe", quasi ein technischer Schaltplan der Macht, sein (macht)politisches Denken widerspiegelt. In Machiavellis militärischem Denken spielt die „indirekte" Strategie eine wichtige Rolle. Er analysierte zu seiner Zeit und unter seinen (Umwelt-)Bedingungen die antiken Schriften und kam zu dem Schluß, daß die auf der Schwachstellenanalyse des Gegners basierenden Taktiken und Strategien der Antike falsch sein mußten. Dabei war aber nicht die (Denk-)Logik der Antike falsch; falsch war es, die in der Antike richtigen Strategien und Taktiken direkt und unreflektiert ins 16. Jahrhundert zu übertragen. Sie waren (systemisch) nicht mehr „up to date", da sich durch die Artillerie die Systemumwelt entscheidend verändert hatte. Schlieffen unterlief vier Jahrhunderte später der gleiche Fehler.

Erfolgreiche Strategien sind systemisch angepaßte Strategien. Nicht „konservative" Analysen, Tunneleffekte und Kurzsichtigkeit, sondern das „Schritthalten" mit der systemischen Situation des Augenblicks und das „Schritthalten" mit den Veränderungen ist gefragt

Machiavelli erkannte, daß die „indirekte" Strategie eine zeitlose Strategie ist. Sie ist immer „richtig", da sie von der Systemumwelt unabhängig ist; Spione gibt es immer, und Spione braucht man immer. Die „indirekte" Strategie könnte daher gut ein früher Vorläufer des Benchmarking sein. Genauso ist die „Kunst" der Intrige, in neudeutschen Anglizismen als Mobbing bezeichnet, ein zeitloser Wesenszug des Menschen. Für Machiavelli waren daneben die Motivation der Truppe, die konkrete Beurteilung der Kräfte sowie Techniken zur Sicherung eroberter Gebiete weitere zentrale Punkte. Er gibt auch konkrete Ratschläge für das Verhalten in besetzten Gebieten. Für ihn hat der Krieg die vom Herrscher gesetzten Ziele zu sichern, womit der Krieg zum Werkzeug der Politik wird. Fehlende Kenntnisse in Strategie und Führung sind für Machiavelli die Hauptgründe für den Untergang.

Machiavelli stellt die „indirekte" Strategie in den Mittelpunkt

Das Buch „Il principe" ist ein Handbuch der Macht, dessen Tenor Solons „Mit Macht hab' ich es durchgesetzt, Gewalt und Recht vereinigend" gut erfaßt. Das Werk enthält die Spielregeln der direkten Einflußnahme. Mehr noch, es ist eine praktische Anleitung für den alltäglichen Gebrauch der Macht, das auch die „dirty" Tricks zur Erringung und Sicherung der Macht enthält. Es heißt, daß „Il principe" ständig unter dem Kopfkissen Napoleons lag. Machiavelli hat allerdings immer gesagt, daß er keine neuen Politikvorschläge mache, sondern erfolgreiche Techniken der Herrscher der Vergangenheit nur dem Zeitgeist entsprechend neu beschreibe. Für Machiavelli ist die Politik immer Machtpolitik, die allerdings der Staatsräson unterliegt.

Machiavelli nannte sein Werk wohl nicht ohne Grund „Il principe", und nicht etwa „Die Kunst des Regierens". Obwohl „Il principe" dem Fürsten Lorenzo di Medici gewidmet ist, was zur damaligen Zeit ein übliches Stilmittel des Gunsterwerbs war, ist in der Namensgebung bereits ein Schachzug „indirekter" Strategie zu erkennen. Machiavelli sah nämlich, daß der Erfolg oder Mißerfolg eines Staates direkt von der Qualifikation und der Qualität des Führers abhängt. Dieses im Hintergrund liegende Ziel immer verfolgend, empfiehlt er als Grundprinzip, daß ein Fürst alle moralischen Überlegungen ignorieren und sich allein auf Macht und List stützen muß, um erfolgreich zu sein. Gleichzeitig betont er die überragende Bedeutung militärischer Stärke durch zuverlässige eigene Truppen, womit Machiavelli direkte Konsequenzen aus dem Untergang des Imperium Romanum zog. Er lehnte die Söldnerheere ab, da Alliierte ihre Truppen abziehen oder zurückhalten können, wenn man selbst angegriffen wird. Daneben besteht immer die Gefahr des Überlaufens dieser Truppen, falls ein anderer Fürst bessere Konditionen bietet. Machiavelli rät dem Fürsten auch, sich der Bevölkerung zu versichern, wobei der Fürst die notwendigen Grausamkeiten an einem Tag auf einmal erledigen soll(te). Wohltaten sollen jedoch in kleinen Dosierungen abgegeben werden, damit sie intensiver „genossen" werden können. Das ist wiederum genau das Prinzip, auf dem Roms Weltreich gründete, in dem parallel die Großzügigkeit durch volle Bürgerrechte für Besiegte und die Brutalität durch Hinrichtung und Besatzungstruppen herrschte. Dabei konnten die Römer diese Waage des „Divide et impera" (Teile und herrsche) über Jahrhunderte in der Balance halten, was den Rachedurst der Feinde stillte. Weiter rät Machiavelli dem Fürsten, sich nur mit loyalen Ministern zu umgeben, deren Liquidierung bei Illoyalität gemäß dem in der Antike schon bekannten „Man liebt den Verrat, aber nicht den Verräter" für ihn nur ein Stilmittel zur Machtkonsolidierung ist. Der Fürst soll auch das Instrument der Drohung strategisch einsetzen, da die Drohung und der gelegentliche Vollzug von Strafen niemals in der Wirkung versagen. Gleichzeitig rät er aber, getreu Schillers Devise „Der Starke ist am mächtigsten allein", zum Mißtrauen gegen Versprechungen. An dieser Stelle erübrigt sich wohl jeder Kommentar zu Vergleichen mit den Netzwerkkriegen der Gegenwart.

Machiavellis Werk hat auch aus einer ganz anderen Perspektive große Bedeutung: Es hat nämlich das *Wie* der Beratung eines Fürsten zum Gegenstand. Hier liegt eine zusätzliche Brisanz, da Machiavelli Mittel und Wege zur Beeinflussung von Entscheidungsträgern zeigt. Etwas salopp ausgedrückt, beschreibt Machiavelli, wie man die „Organisation" Fürst in den Griff bekommen kann, da der Fürst durch die Ohren seiner Berater in die Umwelt hört und mit ihren Augen die Umwelt sieht. Gleichzeitig spricht der Fürst nur (noch) ihre Sprache. Daraus resultiert das Einfluß- und Machtpotential des Beraters. Man fühlt sich an Spinozas „Jeder hat soviel Recht, wie er Macht hat" erinnert. Machiavelli wird so zum Experten oder Guru, der möglicherweise Antworten auf alles geben kann. Er reduziert die Angst des Fürsten vor der Entscheidung, womit nicht nur die (Denk-) Arbeit, sondern auch die (Denk-)Fähigkeit des Fürsten nach außen auf den Berater verlagert wird. Hier liegt die Crux, denn der (Denk-)Muskel verhält sich nicht anders als jeder andere Muskel eines Körpers: Trainiert man diesen Muskel nicht, bildet er sich zurück. Kommt es dann aber zu einer Entscheidung, kann sich der Berater zurückziehen, und der Fürst trägt bei möglicherweise nur noch eingeschränkter (Denk-)Fähigkeit das Risiko (allein). Damit unterliegt auch das *Wie* durch Machtspiele und Beraterspiele der „indirekten" Strategie. Die Frage ist, wer wohl in der Netzwerkrealität der Gegenwart die Rolle des Fürsten und wer die Rolle Machiavellis spielt.

Machiavelli verbindet Strategie und Macht

Die Kriegs-Software von Clausewitz und Moltke

Mit Clausewitz betritt der „Philosoph des Kriegs" das Spielfeld. Clausewitz' Hauptwerk „Vom Kriege" ist wohl jenes Buch, das das strategische Denken am meisten beeinflußte. Es wirkt bis heute nach und ist Standardlektüre an fast allen militärischen Führungsakademien auf dem Globus, sei es in West Point (USA), Sandhurst (England) oder Frunse (Rußland). Auch an den französischen Wirtschafts- und Diplomatenschmieden gehört es zum Standardprogramm. Es steht die Behauptung im Raum, daß Lenin „Vom Kriege" neben einem Buch von Marx mit nach Rußland einschmuggelte, da er der Meinung war, daß ihm Clausewitz zeige, wie man die Macht erringt. Moltkes Auffassung von Strategie und Taktik wurde dagegen zur Basis preußischer Militärdoktrin und damit zur Praxis deutscher Militärstrategie.

Wenn es um das Wesen des Krieges geht, wird oft Euklids Auffassung „Der Krieg ist der Vater aller Dinge" ins Gefecht geführt. Das Wesen des Krieges im Sinne Euklids erfaßt aber erst das vollständige Zitat: „Der Krieg ist der Vater aller Dinge und aller Dinge König. Die einen erweist er als Götter, die einen macht er zu Sklaven, die anderen zu Freien." Euklid erfaßt somit den Krieg aus einer systemischen Perspektive als Wandel der Ordnungen. Diese systemische Perspektive trifft fast 2000 Jahre später auch auf die berühmte Strategiedefinition von Clausewitz zu. Er schrieb: „Es ist also nach unserer Einteilung die Taktik die Lehre vom Gebrauch der Streitkräfte im Gefecht, die Strategie die Lehre vom Gebrauch der Gefechte zum Zweck des Krieges", womit Clausewitz Taktik und Strategie abgrenzte. In einem zweiten Schritt präzisiert Clausewitz den Strategiebegriff, und die Strategie erhält ihre systemische Dimension durch Rückkopplungen auf dem Gefechtsfeld: **„Die Strategie ist der Gebrauch des Gefechts zum Zweck des Krieges; sie muss also dem ganzen kriegerischen Akt ein Ziel setzen, welches dem Zweck desselben entspricht, d.h. sie entwirft den Kriegsplan, und an dieses Ziel knüpft sie die Reihe der Handlungen an, welche zu demselben führen sollen, d.h. sie macht die Entwürfe zu den einzelnen Feldzügen und ordnet in diesen die einzelnen Gefechte an. Da sich diese Dinge meistens nur nach Voraussetzungen bestimmen lassen, die nicht alle zutreffen, eine Menge anderer, mehr ins einzelne gehender Bestimmungen sich aber gar nicht vorher geben lassen, so folgt von selbst, dass die Strategie mit ins Feld ziehen muss, um das Einzelne an Ort und Stelle anzuordnen und für das Ganze die Modifikationen zu treffen, die unaufhörlich erforderlich werden. Sie kann also in keinem Augenblick von dem Werke abziehen."**

Strategien im Sinne Clausewitz' sind ganzheitliche (systemische) Strategien

Nach der Strategieauffassung von Clausewitz ist eine Strategie ein sich wiederholender, zielorientierter, qualitätsgesicherter und flexibler Prozeß aus Logik plus Phantasie plus der Fähigkeit, Komplexität zu durchschauen und zu meistern. Anders ausgedrückt, bestimmt eine Strategie Positionen, Alternativen, regelt die Koordination von Aktivitäten, erzwingt Entscheidungen und begrenzt bei Qualitätssicherung die Alternativenmenge. Dieser Prozeß wird durch die Taktik vor Ort umgesetzt, womit Clausewitz' Strategiebegriff auch die Konkurrenzbewältigung in Wirtschaftsszenarien erfaßt. Nur stehen bei dem Ziel, durch Strategien die Positionierung auf den Spielfeldern der Märkte zu sichern, dann oft die nichtkooperativen Varianten im Vordergrund.

In die Betrachtung von Clausewitz geht die Analyse von weit über 100 Feldzügen ein. Seine Strategieauffassung ist zu seiner Zeit der Extrakt der Klassiker des strategischen Denkens seit der Antike. In der Tradition der griechisch-römischen Antike stehend, betont Clausewitz auch die systematische (analytische) Komponente eines Plans. Dabei wird über einen Plan die Strategie mit der Taktik verbunden, und über die Planung wird der Plan erstellt.

Die Taktik ist die Umsetzung der Strategie

Die Strategie ist somit eine Ordnung in der Unordnung des Krieges. Sie ist gekennzeichnet durch einen Anfang und ein Ende. Strategien sind daher Prozesse, die einer Zielerreichung dienen. Die (Denk-)Logik wird zum prozeßorientierten vernetzten, ganzheitlichen Denken, das mit Handeln und Entscheiden unter Zielorientierung kombiniert wird. Das bedeutet, daß strategisches Handeln den systemischen und gedanklichen (Struktur-)Wandel untrennbar miteinander verbindet.

Strategie ist nach Clausewitz ein zielorientierter, flexibler Denk- und Umsetzungsprozeß

Politische Brisanz erhielten Clausewitz' Ausführungen durch die Systematisierung des Krieges. Den antiken (Denk-)Prinzipien folgend, unterschied er zwischen dem „Absoluten Krieg" und dem „Wirklichen Krieg". Hier taucht das semantische Chamäleon Krieg wieder in den Varianten der „sichtbaren" und „unsichtbaren Hand" auf. Der „Absolute Krieg" ist für Clausewitz die militärische und der „Wirkliche Krieg" die politische Variante des Interessendissens. Da Politik, Wirtschaft und Gesellschaft bereits zu Zeiten Clausewitz' eng verzahnt waren, wird der Wandel im Sinne von Clausewitz durch Krieg verursacht. Damit wäre schon der Wunsch nach Information ein kriegerischer Akt. Clausewitz räumte der Politik ganz im Sinne Machiavellis den Vorrang ein, da der „Wirkliche Krieg" über dem „Absoluten Krieg" rangiert. Auf dieser Abgrenzung basiert auch Clausewitz' Markenzeichen: „Der Krieg ist die Fortsetzung der Politik mit anderen Mitteln." Clausewitz ließ sich jedoch durch den Zusatz: „… soweit es die Natur der explodierenden Kräfte zuläßt", eine dialektische Hintertür offen. Gerade diesen Zusatz ließ Bismarck aber gern unter den Tisch fallen.

Mit Moltke wurde der preußische Generalstab zum Generalstab des logisch-diskursiven Denkens. Auch für Moltke beherrscht die Politik die Militärstrategie; er setzt jedoch die Taktik über die Strategie. Für Moltke ist die Strategie auch keine Prozeßsteuerung im Sinne von Clausewitz; vielmehr gibt die Strategie den Auftakt und startet die Prozesse. Danach steuert sich der Prozeß durch das Militär selbst. Diese Auffassung verdeutlicht die Strategiedefinition Moltkes: „Die Strategie ist ein System von Aushülfen. Sie ist mehr Wissenschaft, ist die Übertragung des Wissens auf das praktische Leben, die Fortbildung des ursprünglich leitenden Gedankens entsprechend den stets sich ändernden Verhältnissen, ist die Kunst des Handelns unter dem Druck der schwierigsten Bedingungen."

Ein „erfolgreiches" Spiel erfordert die „richtige" Auffassung vom Spiel sowie die Verzahnung von Strategie und Taktik

In Moltkes Strategieauffassung verbinden sich Dynamik und Flexibilität des strategischen Denkens mit Prognostik im Sinne „wissenschaftlicher" Fundierung. Das „Gesamtbauwerk" Strategie bekommt durch Moltke prognostische (mathematische) Pfeiler eingezogen, um die Vertrauenswürdigkeit zu stärken. Die Prognostik unterstützt den Architekten (Strategen) in der Dynamik und Anpassung des Entwurfs, wobei formulierte Detailprobleme zu durchdringen und mathematisch zu durchleuchten sind. Moltke richtete für diesen Zweck eine militärwissenschaftliche Abteilung ein. Seine Strategieauffassung wurde dann Teil der sich im Zeitverlauf bildenden deutschen Militärdoktrin. Dabei dominierten Taktiker über Strategen. Die kurzfristige und damit engere Systemperspektive dominierte wiederum die langfristige weitere (politische) Systemperspektive. So schreibt Moltke: „Die Lehren der Strategie gehen wenig über die ersten Vordersätze des gesunden Verstandes hinaus; man darf sie kaum eine Wissenschaft nennen; ihr Werth liegt fast ganz in der konkreten Anwendung" und „So wird der Krieg zu Kunst, einer solchen freilich, der viele Wissenschaften dienen. Diese letzteren machen bei Weitem noch nicht den Feldherrn, aber wo sie demselben fehlen, müssen sie durch andere ersetzt werden". Nach Moltke besitzt eine Militärstrategie also nicht nur militärische Elemente. Er verlangt den Einbezug aller erfolgsbestimmenden Einflüsse. Dabei ist es egal, ob diese aus der Psychologie oder der Ökonomie stammen, womit sich der Krieg enger mit Kultur und Gesellschaft verbindet.

Schon bei Moltke ist Strategiedesign eine multifunktionale Teamaufgabe

Bei einer weniger scharfen Trennung zwischen Militär und Politik wie bei Clausewitz beeinflußte die auf kurzfristigere Zeithorizonte fixierte Militärtaktik Moltkes die Politik stärker. Für die Militärtaktik waren die Randbedingungen durch die Politikstrategie dann weniger stringent, da die Politik „nur" den Anfang und das Ende setzt. Zwischen diesen Eckpunkten der Orientierung für das Militär war die Militärtaktik ein sich selbst steuernder Prozeß. Aus diesen „Spielregeln", nach denen Militärpolitik ein (Teil-)Spiel im übergeordneten (Politik-)Spiel ist, resultierte ein militärisches Denken, in dem die Wurzeln des Ersten und des Zweiten Weltkrieges liegen. Im gedanklichen Dissens zwischen Clausewitz und Moltke über Strategie zeigt sich wieder unser semantisches Chamäleon, nach dem eine „gelebte" Strategie letztendlich Resultat des Zeitgeists und des Systemumfelds ist.

Wann eine „Strategie" (Vorgehen) strategisch ist, bestimmt die Perspektive des Zeitgeistes

Eingebettet im jeweiligen Zeitgeist, sind Strategien also situationsspezifische (Denk-)Methodiken, um im (Gedanken-)Rahmen von Spielen die Wege zu einem bestmöglichen Verhalten zu finden. Eine Strategie ist möglicherweise ein komplizierter Abstraktionsrahmen, um komplexe Sachverhalte in einer überschaubareren Art und Weise gedanklich besser verarbeiten zu können. Mit dem Sinngehalt von Strategie ist jedoch immer die Reduktion auf das Wesentliche untrennbar verbunden. Dabei bestimmt der Stratege aber letztendlich erst durch seine Wahrnehmung, was überhaupt das Wesentliche ist. Damit gibt es nicht *die* allgemein gültige Schablone, mit der die Welt der Dinge auf Generalstabskarten „richtig" zu verzeichnen ist. Da die Spieler die Frage nach dem „richtigen" Bild nicht einmal selbst immer „richtig" beantworten können, liegt in dieser Unsicherheit auch der Unterschied zwischen „guten" und „schlechten" Entscheidungen bzw. zwischen Erfolg und Mißerfolg verborgen. Hier finden die Spieler mit der Spieltheorie nicht nur „gemeinsame", sondern auch „richtige" Bilder. Das ist ein wichtiger Punkt, da im Sinne Moltkes durch die Strategie der Ansatzpunkt für den späteren Weg bestimmt wird. Dadurch ist der Weg das Ziel, egal, ob man diesen Weg strategisch oder taktisch verfolgt. Entscheidend ist der „richtige" Anfang. Diesen Anfang zu finden, kann nicht nur schwierig, sondern auch (über)lebenswichtig sein, da eine Strategie langfristig angelegt ist, was letztendlich strategisches Denken von nichtstrategischem Denken unterscheidet.

Die Zeitdimension unterscheidet strategisches Denken und nichtstrategisches Denken

Strategisches Denken in Netzwerken

Nichtstrategisches Denken ist Denken ohne Systembezug. Es ist ein auf den Augenblick fixiertes „Vor-sich-hin"-Entscheiden ohne Beachtung der langfristigen Reflexe aus den Konsequenzen eigener und anderer Entscheidungen. Jeder Spieler reagiert – isoliert handelnd – nur auf den letzten Schritt anderer Spieler. Bei strategischem Denken bestimmt dagegen nicht die isolierte Perspektive des Augenblicks im Sinne des Überlebens der Evolution das Handeln. Bei einer strategischen Vorgehensweise hangelt man sich nicht durch isoliertes Optimieren von Zeitpunkt zu Zeitpunkt. Die Zeit ist nicht streng zergliedert; sie ist eine Grauzone verwischter Übergänge, in der nach Hildegard von Bingen in einer interdependenten Ordnung (ordo at invicem) alles einander antwortet (responsum dat). Dabei verhält sich die Umwelt nicht wie ein Spieler, der nur für einen kurzen Augenblick das Spielfeld betritt und möglicherweise zum Gegenspieler wird. Ganz im Gegenteil: Sowohl im Krieg als im Wirtschaftsleben besteht die Umwelt im Regelfall aus Menschen mit ihren kognitiv verkürzten Mustererkennungsprozessen. Nur im Ausnahmefall ist die Umwelt die prognostizierbaren Gesetzen gehorchende Natur, die sich jedoch auch ständig verändert, obwohl ihre „Gesetze" immer gleich bleiben. Damit ist der Gegenspieler keine „dumme" Maschine, sondern ein Kontrahend, dessen Aktionen durch Lernprozesse über die Zeit verbunden sind. Was gestern noch richtig war, kann daher heute schon falsch sein; was gestern falsch war, kann dagegen heute richtig sein. Gegen einen lernenden Gegenspieler kann stupides „Vor-sich-hin"-Optimieren „tödlich" sein.

Nichtstrategisches Denken ist nichtsystemisches Denken per „Vor-sich-hin"-Optimieren

In einer denkenden und dynamischen Umwelt springt die das eigene Überleben sichernde Alternative nicht immer sofort ins Auge. Spiele liefern hier den (Gedanken-)Rahmen,

- in dem sich das unterbewußte Bewerten von Situationen mit „harten" Berechnungskontexten verbinden kann
- Spontaneität freigesetzt werden kann
- sich spontanes Denken und Handeln verbinden kann, wobei man in wiederholten (Spiel-)Situationen in der gedanklichen Disziplin der Spiele jedoch erst lernt, *wie* strategisch zu denken ist, wenn spontan zu handeln ist.

Werden diese „rettenden" Alternativen nicht erkannt, wenn bei Entscheidungen „nur" nach einem vertrauten Schema optimiert wird, können sich irreversible Schäden als schlechtestes Resultat aller Bemühungen einstellen. Man ist zur Passivität verurteilt und muß akzeptieren, daß der „Spieler" Umwelt das Blatt mischt, die Karten verteilt, die Spielregeln festlegt und möglicherweise das „Worst-case"-Szenario zieht. Umgekehrt kann auch im besten Fall der kurzfristige Erfolg durch Optimierung die langfristigen Interessen schädigen. Eine Datenlage des Augenblicks ist nun einmal nur eine operative Datenlage; darauf basierende Entscheidungen zeigen sich in der Tragweite von Chancen und Risiken oft erst viel später. Nimmt man das Ganzheitsprinzip zur Hilfe, das der Satz „Die Summe ist mehr als die Summe ihrer Teile" illustriert, zeigt sich das Dilemma. Durch kurzfristige Optimierung gewonnene optimale Teilstücke eines Weges sind nur Periodenerfolge, wobei die Summe der Periodenerfolge noch lange nicht den optimalen Weg in die Zukunft im Sinne der erfolgreichen Bewältigung des Wandels ergeben muß.

Spiele liefern die gedankliche Disziplin zum Finden des besten Falls

Um den Gesamterfolg auf diesem Weg zu sichern, braucht eine Strategie eine Vielzahl von Eigenschaften. Genau an dieser Stelle schlägt das Chamäleon des Wandels wieder zu. Ihm steht dabei eine ganze Skala von Farben und sogar Farbmischungen im Sinne Pascalscher Wahrscheinlichkeitsverteilungen für Risiken zur Verfügung. Der Flügelschlag des Schmetterlings der Chaostheorie wird aufgrund der hohen, zu verarbeitenden Komplexität langsam zum Sturm, der unsere kleinen Ptolemäer auf ihrer Suche nach Orientierung in alle Winde zu zerstreuen droht. Damit eine Strategie Sinn und Zweck hat, muß der Wandel qualitätsgesichert bewältigt werden. Dabei hat das Wort Qualität in den letzten Jahren eine kaum vorstellbare Konjunktur erfahren. Es ist schon aufgrund des Variantenreichtums der Produktqualität nicht mehr aus unserem täglichen Sprachgebrauch wegzudenken, wobei auch der Gedanke der Qualitätssicherung wie so vieles bei den „Befreiungsschlägen" im Management nicht neu ist. So findet sich eine der Leitideen moderner Qualitätsphilosophien (Kundenzufriedenheit) 2800 v. Chr. schon im Namen des altägyptischen Arztes Imhotep („Jener, der Zufriedenheit bringt"), und im Codex Hammurabi galten in sumerischen Zeiten sogar in Paragraphen gefaßte medizinische Qualitätssicherungs-(Spiel-)Regeln. Bei Laotse wiederum steht in einer langen Auflistung über „die Qualität von Dingen" u. a. geschrieben, daß sich beim Denken, Reden, Walten und Wirken die Qualität in der Tiefe, in der Wahrheit, in der Ordnung und im Können zeigt. Wegen der vielen Irrwege im Qualitätsdschungel hat der Ausspruch des altrömischen Dichters Terenz, „Quot homines, tot sententiae" (Soviel Menschen, soviel Meinungen), nichts an seiner Aktualität verloren. Im Grunde genommen kann niemand sagen, wie sich Qualität als ein vom Zeitgeist besetzter Begriff definiert. Da bildet auch die ISO 9000 ff, selbst ein Produkt des Zeitgeistes, keine Ausnahme. Um die Jahrhundertwende war denn auch beispielsweise die Kanonenbootpolitik der Kolonialmächte ein Merkmal für ein qualitätsgesichertes Krisenmanagement. In der Gegenwart wäre diese militärische Krisenbewältigungsstrategie aber eine Katastrophe.

Qualität ist das, was Spieler wechselseitig als Qualität wahrnehmen

Kurzum, qualitätsgesicherte Strategien müssen robust (stabil) gegen Störungen sein, Orientierung liefern und auf Akzeptanz und Umsetzungswillen stoßen. Damit sind Strategien zur Bewältigung des Wandels im heutigen Zeitgeist Qualitätssicherungsstrategien. Die angestrebte Ordnung durch Strategien ist ein Qualitätsgleichgewicht, und das Management wird zum Qualitätsmanagement. Hinter der Qualität verbirgt sich allerdings wieder die Frage, *wie* der Wandel zu bewältigen ist. Um dieses *Wie* besser in den Griff zu bekommen, wäre es ein erster Schritt in die richtige Richtung, wenn man über ein Gedankengebäude verfügte, in dem **Reaktionen der Umwelt (Reaktionen der anderen Spieler) auf eigenes Verhalten wechselseitig prognostiziert und in das eigene Kalkül mit einbezogen werden könnten.** Diesen Schritt zu finden, ist eine Aufgabe der Spieltheorie.

Management der Gegenwart wird als Change Management zum Qualitätsmanagement. Spieltheoretische Strategien sind qualitätsgesichert

Eine qualitätsgesicherte Strategie muß spätestens seit dem ganzheitlichen Strategiebegriff Clausewitz' zur Netzwerkkoordination zumindest zwei tragfähige Pfeiler besitzen. Erstens ist die Netzwerkarithmetik zu reflektieren. Da ist das Chamäleon mit dem Namen Logik in der Farbe der Prognostik (Mathematik) im Spiel, wobei die Logik nach Hubbes „die Waffenkammer der Vernunft" ist. Hinter der Netzwerkarithmetik versteckt sich durch die harten Faktoren des Kennzahlenuniversums ein Mechanismus zur Netzwerkkoordination. Beispiele dafür sind Liquiditätsgrade, Cash-flow und andere Indizes. Zweitens sind bei den Koordinationsmechanismen auch die „verdeckten" Spielregelsysteme der Grauzonen zu reflektieren. Hinter den Grauzonen versteckt sich die (Selbst-)Steuerung der Netzwerke durch weiche Faktoren. Weiche Faktoren haben für die Spieler einen besonderen Symbolcharakter und verbergen sich in den Führungstechniken. Beispiele dafür sind Gespräche, Beurteilungen und Zielvereinbarungen.

(Wandlungs-)Strategien sind Kombinationen „harter" und „weicher" Faktoren

Bei dem zuletzt genannten Pfeiler, der wie ein Ponton in den Grauzonen menschlicher Interaktion schwebt, wird es schwierig, jene Brücken zu bauen, welche die Netzwerkspieler verbinden. In den Grauzonen der Netzwerkspiele liegen die komplizierten Beziehungsgeflechte des Informationsuniversums mit seinen gewundenen Wegen verborgen, da

- Spieler ihre Rollen wechseln (können) und daher oft nicht zu identifizieren sind
- die (Macht-)Spiele Machiavellis und die „indirekte" Strategie Sunzis ihre Kräfte entfalten (können)
- die Realität im nachhinein oft anders aussehen kann, als sie im vorhinein erwartet wurde.

Kurz gesagt läuft in den Grauzonen das empfindliche geistige Räderwerk des Netzwerkes, von dem das Erfolgspotential des Netzwerks signifikant betroffen ist. In den Grauzonen wird über Erfolg oder Mißerfolg von Strategien (mit) entschieden. Auch hier ist ein Sachverhalt natürlich immer Teil eines größeren Ganzen, wobei sich das Ganze jedoch erst als Wirkungsgefüge seiner einzelnen Teile präsentiert. In diesen sich selbst steuernden Netzwerkspielen lauert zudem ein Ungeheuer mit dem Namen Unberechenbarkeit, das ständig darauf wartet, sich zu demaskieren. In den „verdeckten" Netzwerkspielen liegen somit die Grenzen der Prognostizierbarkeit und damit auch die (analytischen) Grenzen der Managementprozesse und die Grenzen der Spieltheorie.

Auch die Spieltheorie kann nur das quantifizieren, was quantifizierbar ist. Spiele machen aber auch das Nichtquantifizierbare transparent

Durch die Existenz dieser Netzwerkgrauzonen, in denen Untiefen leider nicht wie in der Schiffahrt durch leuchtende Warnzeichen gekennzeichnet sind, wird die Netzwerkkoordination für das Management zu einer Herkulesaufgabe. Wo bleiben hier die zu Hilfe eilenden Titanen, die simultan komplizierte Situationen analysieren und zur Synthese führen, um sie danach unternehmerisch zu bewältigen? Der Titan traditioneller nichtsystemischer Prognostik hält sich, genauso wie viele Managementphilosophien, erst einmal vornehm zurück. Was bleibt, ist allerdings das Wissen, daß man bei Synthesen Schmiermittel braucht. Ein solches Schmiermittel ist die Intuition, um deren Bedeutung schon Einstein wußte, als er meinte: „Was wirklich zählt, ist Intuition." Bei der Synthese ist die Intuition dafür zuständig, daß komplexe Zusammenhänge gedanklich zu einem handlungsleitenden Bild zusammengesetzt werden. Nun kommt der Titan Prognostik langsam wieder aus der Deckung, denn die Prognostik kann Mosaikstücke des Bildes liefern. Bei der Erfassung der Intuition als Mosaikkitt muß die Prognostik jedoch endgültig das Spielfeld räumen. Dieses Bild hatte wohl auch Ernest Rutherford vor Augen, von dem die Aussage stammt: „Systematisches Denken ist Voraussetzung. Analyse,

Synthese, Kombinatorik, gepaart mit intuitivem Denken, führen jedoch am ehesten zum Neuen."

Die Mathematik ist als traditionelle nichtsystemische Prognostik daher nicht in der Rolle des Herakles. Sie kann einer Hydra mit dem Namen Ellenbogenmentalität oder Profilneurose, die als Unberechenbarkeit überall in den Netzwerken lauert, nicht den Garaus machen. Die Intuition ist aber ein Verbündeter, die im Management zunehmend wichtiger wird, da sich durch schnelleren Informationstransfer die Netzwerkzahnräder immer schneller drehen und die Netzwerkspiele immer schneller ihre Grenzen verändern. Das bedeutet, daß Intuition die Reichweite der Prognosen über die „unzugänglichen" Aktivitäten in den Netzwerkgrauzonen erhöhen kann. Bei diesem Bild über Intuition soll(te) man sich jetzt, um seine Sorgfaltspflicht als Stratege nicht zu verletzen, getreu Livius' „Potius sero, quam nunquam" (Lieber spät als niemals) an Rutherford erinnern.

Rutherford zeigt nämlich einen möglichen Ausweg; das „Schlüsselwort" heißt Kombination. Die Netzwerkarithmetik muß mit den Netzwerkgrauzonen verzahnt werden, und die Mathematik muß mit der Intuition, die auf dem Hintergrund des Begreifens und des unterbewußten Bewertens durch (Denk-)Logik basiert, verbunden werden. Die Frage nach der Verzahnung ist die Frage nach den Konstruktionselementen der Spielregelsysteme, die dem Gesamtnetzwerk übergeordnet sind und es lenken. An dieser Stelle kommt die Spieltheorie als Szenarienmanagement und Risikomanagement ins Spiel, wobei sich im Abstraktionsrahmen der Szenarien(-Spiele) Mathematik und Intuition verbinden. Wohlgemerkt: Um im Bild Rutherfords zu bleiben, ist die Spieltheorie *nur* ein Schlüsselwort; die Spieltheorie ist *kein* Zauberwort im Sinne eines Lösungsgenerators für jedwede Farbgebung des Chamäleons Komplexität. Die Spiele bieten jedoch den systemischen (Gedanken-)Rahmen zum Durchdenken strategischer Interaktion, was erst die Wege zum Neuen zeigt. Oder wie es Einstein formulierte: „Man kann ein Problem nicht mit derselben Art zu denken lösen, die es verursachte."

Die Spieltheorie erhöht die Transparenz im Qualitätsmanagement

Der Titan Prognostik ist als die systemische Mathematik der Spieltheorie nun wieder mit von der Partie, was die Vertrauenswürdigkeit erhöht. Das Unternehmen „Mehr Transparenz im Qualitätsmanagement" läßt sich jedoch auch mit den Waffen der Spieltheorie nie in globale Gleichungssysteme bringen; selbst dann nicht, wenn man den Regler am Abstraktionsniveau der Spiele ganz weit nach oben schiebt. Denken wir an Moltke und Laotse, dann ist aber der Weg das Ziel. Um

Konturen in den Netzwerk-Grauzonen zu erkennen, kann man dann schon auf niedrigem Abstraktionsniveau in Szenarien(-Spielen) fragen:

- Welche Spieler gibt es?
- Wonach bestimmen sich eigene Machtpositionen im Vergleich zu anderen Spielern?
- Welche Spiele werden gespielt?
- Wie sind eigene Positionen durch gezielte Beeinflussung der (Spiel-)Regeln zu verbessern?
- Wie sehen Spiele aus der Perspektive anderer Spieler aus?
- Wie wirkt sich eigenes Verhalten und das Verhalten anderer Spieler bzw. gemeinsames Verhalten auf das Spielgeschehen aus?
- Wie ist ein durch Kooperation gemeinsam gebackener Kuchen zu verteilen?
- Sind Drohungen glaubwürdig oder unglaubwürdig?

Werden diese Fragen beantwortet, könnte unser in den Grauzonen des Netzwerkes schlummernder Fuchs aus dem Bau gelockt werden.

Die Spieltheorie hilft nicht nur dabei die „richtigen" Fragen über den Wandel zu formulieren, sondern sie auch zu beantworten. Sie ist ein Organisationsprinzip des Wandels

Denken in Militär und Management: Widerspruch oder Ergänzung?

Eine „gelebte" Unternehmensphilosophie liefert Orientierungspunkte zum Verfolgen und Realisieren der Ziele und Zwecke des Unternehmens. Dadurch gehört die Bewältigung des Wandels (Zufalls) durch Störungen der Netzwerkordnung in Form von Einflüssen aus der Netzwerkperipherie oder aus dem Netzwerkinneren zur Tagesroutine des Managements. Nach Clausewitz ist die Staatspolitik (Staatsphilosophie) die Fortsetzung des Krieges mit anderen Mitteln, um von der Politik gesetzte Ziele zu realisieren. Die Bewältigung des von der Politik verordneten Wandels ist das Tagesschäft der Militärs, die ihre Spiele unter der zentralen Spielregel des physischen Überlebens erfolgreich spielen müssen. Ergänzt man das militärische Aufgabenspektrum um die Bewältigung des (systemischen) Wandels in Militärnetzwerken, sind die Ähnlichkeiten zwischen militärischen und zivilen Netzwerken offensichtlich.

Unabhängig davon, ob man das Augenmerk auf den militärischen oder zivilen Bereich richtet, werden in beiden Fällen unter Normen- und Wertesystemen

Ziele verfolgt und realisiert. Im Mittelpunkt steht die Frage, mit welcher Sicherheit sich Zukünftiges durch Vergangenes erschließen läßt, wobei klar ist, daß die Zukunft niemals „sicher" im voraus quantifiziert werden kann, weil sie eben unbekannt ist. Klar ist ebenfalls, daß Netzwerkmanagement ein Synonym für die Entscheidung darüber ist, bis zu welchem Grad man sich darauf verlassen kann, daß Muster aus der Vergangenheit zu erkennen geben, wie die Wege in die Zukunft aussehen. Kurzum, in Netzwerken muß ständig zwischen Alternativen gewählt werden, womit permanent Entscheidungen zu treffen sind. Der Zwang, Entscheidungen zu treffen, bedeutet aber, Risiken zu übernehmen. Damit wird die erfolgreiche Bewältigung der Tagesgeschäfte zum Risikomanagement. Wenn Risiken zu tragen sind, ist im Risikomanagement die Kernfrage zu beantworten, was mehr Bedeutung hat: Sind es die Tatsachen, wie sie einem vertraut sind, oder ist es der subjektive Glaube, erkennen zu können, was in dem Nichts der Zukunft verborgen liegt? In der Beantwortung dieser Frage unterscheiden sich die militärischen von den zivilen Netzwerken. Die transparenteren Spielregeln im Risikomanagement des Militärs lassen den Spielern im militärischen Netzwerk im Regelfall weniger Handlungsspielräume zur Realisierung subjektiver Wahrnehmungen. Militärische Krisenbewältigung der Gegenwart ist im Sinne Moltkes auch keine Kunst mehr, sondern ein auf Professionalisierungsstrategien basierendes „Geschäft". Militärische Netzwerke sind „Unternehmen"; sie haben nur den besonderen Geschäftsauftrag der Produktion von Sicherheit, und sie verstehen sich auch als solche. Der Perspektivenwandel in der Sicherheitspolitik verbindet dann wieder beide Managementsysteme. Militärisches Krisenmanagement bewegt sich nämlich zunehmend in einem magischen Dreieck, in dem Vielfalt, Dynamik und Diskontinuität die Eckpunkte bilden. In diesem Dreieck ist der adäquate Umgang mit Wandlungsprozessen unter dem Ziel, flexible Reaktionsmuster hervorzubringen, eine notwendige Voraussetzung, um die Aufträge der Politik zu erfüllen. Militärische Krisenbewältigung ist daher eine Variante des Netzwerkmanagements.

Militärisches Denken ist Netzwerkdenken

Dadurch ist das militärische Denken weit davon entfernt, in einem Konflikt alles für berechenbar zu halten. Die Sieger und Verlierer anhand mathematischer Arithmetik zu ermitteln, wäre auch eine Illusion. Das moderne militärische Geschäft des Krisenmanagements ist kein Spiel, das mit einem Schachspiel vergleichbar ist. Es ist kein mathematisches Gleichgewicht der Kräfte bestimmbar, in dem Sieger und Verlierer das Resultat der „Lösungskunst" mathematischer Gleichungen sind. Diese falsche Vorstellung von Krieg verurteilte auch schon

Friedrich der Große, der als Erfinder der Friederizianischen Strategie sicherlich einen Platz im Pantheon strategischer Denker beanspruchen kann. Er umschrieb strategisches Denken mit den Worten: „Mit der ganzen Algebra ist man nur ein Narr, wenn man nicht noch etwas anderes weiß." Dieses „etwas andere", nennen wir es ruhig militärpolitische Intuition, wird heute auch im Militär zunehmend wichtiger.

Trotz des Weitblicks von Friedrich dem Großen basierte die Dialektik der Abschreckung durch Drohung und Gegendrohung nach dem Zweiten Weltkrieg auf mathematischer Prognostik. Das globale strategische Abschreckungssystem MAD (Mutual Assured Destruction) der USA basierte auf der glaubhaften Drohung der sofortigen Vergeltung, was die Stabilität in den Kernbereichen von NATO und Warschauer Pakt garantierte. Diese Welt quantitativer Größen, in der strategisches Denken durch die berechtigte Furcht des hohen Zerstörungspotentials der Massenvernichtungswaffen auf wenige Parameter konzentriert war, ist heute jedoch nicht mehr der Schlüssel für Politik und Militär, um die Strategien für die Zukunft zu konzipieren. Die strategischen Spielregeln der Geopolitik unter dem Mantel der A-Waffen gelten nach Auflösung des Warschauer Paktes nicht mehr. Regionale Kriege werden wieder Ziele von Teilstrategien im Rahmen irgendwelcher politischen Globalstrategien. Möglicherweise kommt es bei der weltweiten Zunahme weicher Sicherheitszonen sogar zu einer Renaissance des „Miles gloriosus" (Ruhmreicher Kriegsmann), und Vergils Werk über das Kriegswesen, in dem er schon damals zu „Sivis pacem parabellum" (Wenn du Frieden willst, bereite den Krieg vor) riet, sowie Sunzis „indirekte" Strategie könnten wieder direkter die neuen prozeßorientierten Sicherheitsarchitekturen beeinflussen.

Das „große" Spiel Atomzeitalter zerfällt in verbundene Teilspiele mit eigenen Spielregeln

Scheinbar verbinden auch Konjunkturzyklen des Denkens militärische und wirtschaftliche Netzwerke wie eine unsichtbare Klammer. Das illustriert das Denken im Kalten Krieg als Pendant zum Denken wirtschaftlicher Netzwerke unter dem Strategiediktat der Portefeuillematrix der Boston Consulting Group (BCG). Die BCG-Wachstums- und Marktanteilsmatrix erfaßte strategische Entscheidungen im einfachsten Fall in einer 2×2-Matrix. Orientierte man sich im Wachstumszeitalter dann an den mitgelieferten Spielregeln, war der Erfolg nur noch eine Frage der Mathematik. Es bestand plötzlich die Chance, Überlebensängste von Netzwerken per Gleichungssystem zu meistern. Kombinierte man die BCG-Philosophie schließlich noch mit den Orientierungshilfen aus Peters und Watermans Buch „Search of Exellence", war der Aufstieg zu den „Sternen" am Wettbewerbshimmel nur eine Frage der Zeit. Das chinesische Stratagem „Der Mensch ist die Summe seiner Erfahrungen" hätte hier vielleicht schon im Vorfeld auf die Gefahren durch die Selbstbegrenzung potentieller Chancenhorizonte hingewiesen, wie sie dann auch tatsächlich durch „ausgelagerte" eigene (Denk-)Arbeit auf mechanische Mathematik oder Consulting entstanden sind. Das Denken in Geschäftsportefeuilles führt demnach zu engerem und kurzfristigerem Denken als das Denken in Kompetenzportefeuilles.

In (Teil-)Spielen dürfen Spieler Chancen und Risiken „großer" Spiele nicht ignorieren

Im militärischen Netzwerk der Gegenwart gilt durch die Gefahr der Regionalisierung des Krieges heute auch nicht mehr die alte Spielregel, daß allein überlegene Technik der Schlüssel zum Erfolg ist. Das zeigte sich nicht nur in Somalia oder auf dem Balkan. Gerade im Zeitalter störungsanfälliger politischer Globalstrategien ist die zielorientierte und entschlossene Entscheidung vor Ort wieder zunehmend gefragt. Eine entschlossen geführte und motivierte Truppe, die Wissen und Können punktgenau in Aktionen umsetzt, ist in der „heißen" Phase der Krise der Garant für den Erfolg. Die Versicherung des Einzelrisikos im Gefecht liefert bestenfalls eine kollektive Risikoversicherung durch das reibungslose (Zusammen-) Spiel aller Teammitglieder der Task Force, da militärisches Handeln keine Vollkaskomentalität kennt.

Dieses notwendige (Überlebens-)Muster erinnert an den klassischen „coup d'oeil" (Entschluß zur Attacke durch Kavallerieführer), den aber bereits eine klare Vorstellung über den Wirkungsverbund militärischer Parameter auszeichnete. Die im „coup d'oeil" liegende Intuition ist in der Gegenwart durch einen Schuß technisch-mathematischer (Denk-)Logik angereichert. Gerade diese Kombination prägte auch den U-Boot-Krieg der deutschen Kriegsmarine im Zweiten Weltkrieg. Im Rahmen der Seekriegsstrategie zur Störung der alliierten Konvois zwischen den USA und England wurden die U-Boote von Frankreich aus in Zielgebiete geführt. Ein Fühlungshalter folgte einem aufgespürten Geleitzug, das Wolfsrudel sammelte sich, und der Rudelführer gab im günstigsten Augenblick vor Ort den Befehl zum Angriff. Sahen Kommandanten jedoch selbst die Chance zum erfolgreichen Schuß, konnten sie diese Chance meistens auch eigenverantwortlich nutzen. Der Befehl zum Angriff erfolgte dann auf Basis präziser Daten wie der Geschwindigkeit des Geleitzugs, der Manöver der U-Sicherungen und der Wetterlage, die während der Verfolgung gesammelt und ausgewertet wurden. Dabei war das Periskop, das den Überblick in Zeit und Raum verschaffte, der „Feldherrenhügel" für den „coup d'oeil". Der Rudeltaktik von Admiral Dönitz lag eine Maschine-Mensch-Auffassung zugrunde, die in Kombination mit flexiblem Denken und der Eigenverantwortlichkeit der U-Boot-Kommandanten vor Ort lange Zeit zu einer tödlichen Bedrohung der alliierten Konvois wurde. Diese Seekriegstaktik hatte so lange Erfolg, bis die Alliierten ASDIC (Sonarortung) einsetzten. Der letztendlich hohe Blutzoll der U-Boot-Waffe resultierte dann daraus, daß Dönitz die Seekriegsstrategie zu spät umstellen konnte. Der U-Boot-Krieg zeigte, daß auch gute Taktiken ihren Wert verlieren können, wenn die sie umschließende Strategie falsch wird.

Eine Taktik ist so gut wie die umschließende Strategie; ein Spiel ist so „gut" wie die Spieler

Den modernen militärischen „coup d'oeil" charakterisiert eine Kombination aus Intuition und logischem Denken. Das verbindet die Strategien des militärischen Krisenmanagements wieder mit den qualitätsgesicherten Strategien ziviler Netzwerke. Dieses Potential macht sich die Politik in zunehmendem Umfang zunutze, was das Erscheinungsbild des Militärs stark wandelt. Militärs treffen daher heute auch nicht mehr „nur" schwierige Entscheidungen über rein militärische Alternativen.

In der geopolitischen Netzwerkgeometrie übernimmt das Militär zunehmend Risiken, die aus der Flexibilisierung der politischen Zielsysteme im Zeitalter der schnellen Netzwerkkoordination entstehen. Nach wie vor steht zwar die Sicherheit an erster Stelle; nur wird diese durch die Politik ständig neu definiert, wenn die Geowirtschaftspolitik die Geopolitik unter dem Stichwort Globalisierung mit dem Ziel des Gewinnens der „Kriege" auf den Weltmärkten bestimmt. Wenn es um Investitionen und Exportchancen geht, gibt es kaum noch ökonomiefreie Räume, und bei der Gestaltung des neuen weltwirtschaftlichen Spielregelsystems ist die Sicherheitspolitik (und damit das Militär) ständig mit von der Partie. Da mit der Bewältigung von Konflikten UNO, OAU, Arabische Liga, GATT, OSZE und viele Sonderorganisationen als Moderatoren ohne militärische Macht befaßt sind, wird die NATO zu einem Spieler auf vielen wechselnden Spielfeldern. In diesem Schmelztiegel militärischer und nichtmilitärischer Spielregelsysteme gilt es, sich flexibel zu orientieren und glaubwürdig zu agieren. Durch die Übernahme politischer Risiken geraten Militärs daher zunehmend in Rollen, in denen neben militärischem auch politisch-diplomatischer bzw. systemischer Sachverstand gefragt ist. Politische Verhandlungen sind zu führen, und Regierungen wie Organisationen sind sicherheitspolitisch zu beraten. Da die Wirtschaft in den schneller tickenden Netzwerken auch schon lange den Absatzmarkt „Sicherheit" in seinem ganzen Facettenreichtum im Visier hat, wird das militärische Krisenmanagement zum Risikomanagement verzahnter Netzwerke. General Alexander Lebed, der den Tschetschenienkrieg gerade nicht mit rein militärischen Mitteln von einer Verlierersituation in eine Gewinnersituation transformierte, ist nur ein Zeitzeuge der jüngeren Vergangenheit für den Erfolg des modernen militärischen Risikomanagements.

Risikomanagement verbindet militärische und zivile Netzwerke

Vor allem auf dem Gebiet der Verhandlungen wird das militärische Risikomanagement schnell zum Informationsmanagement. Dabei ist es im wahrsten Sinne des Wortes manchmal eine Kunst, den Wahrheitsgehalt von Informationen nicht nur zu erkennen, sondern auch „richtig" einzuschätzen. Das Herauskristallisieren relevanter Fragestellungen und die geschickte Eingrenzung des Problems sind dann oft erst der Schlüssel zum Erfolg. Da man in Verhandlungen umfassendes Wissen benötigt, ist die Vorhersagbarkeit durch Prognosen somit durch Intuition und gedankliche Disziplin zu ergänzen. Die Wirksamkeit eines Diagnoseinstrumentariums zeigt sich nicht nur in der Exaktheit analytischer Daten; es muß auch hilfreiche Informationen für ein Behandlungskonzept der Krise liefern. Zu viele Variablen verengen die Weite des eigenen Horizonts. Das ist gefährlich, da die Spielfelder der Verhandlungen der Tummelplatz der Gedanken von Machiavelli und Sunzi sind, wobei in den möglichen Varianten von Verhandlungsstrategien das Chamäleon Strategie erst seine ganze, meistens unscharfe Farbenpracht zeigt. Oft hilft hier nur Hegels alter Ratschlag „These-Antithese-Synthese" weiter, damit Informationsmanagement zum Szenarienmanagement wird.

Den Bausteinen von Verhandlungsstrategien liegt erneut das Denken der Strategieklassiker zugrunde. Der Wandel des militärischen Krisenmanagements durch sich flexibilisierende Sicherheitsarchitekturen in Richtung einer Friedenserhaltung als militärischem Auftrag dokumentiert deutlich, daß militärisches Denken nicht stets antagonistisches Denken bedeuten muß. Das unterscheidet die modernen von den traditionellen Militärstrategien. Damit ist offensichtlich, daß modernes militärisches Krisenmanagement auch mit einer Zunahme an zu bewältigender Komplexität verbunden ist. Es geht nicht mehr nur darum, den risikolosesten Weg zu finden, um die Potentiale des Gegners mit physischer Gewalt zu zerstören. Vereinfacht gesagt, wird verstärkt um die Psyche des Gegners gekämpft. Im Sinne Moltkes muß die Militärstrategie als Teilstrategie politischer Strategien und als Bestandteil sich wandelnder Kulturen zunehmend nichttraditionelle militärische Elemente umschließen, die aus den Bereichen der sozialen und kulturellen Infrastruktur der betreffenden Spielfelder stammen. Die Situation heute ist jedoch komplizierter und schnellebiger als zu Moltkes Zeiten. So wäre es Lebed ohne Berücksichtigung der Clanstrukturen in Tschetschenien wohl kaum gelungen, die Krise zu lösen. Damit wird modernes militärisches Krisenmanagement zunehmend mit der Lenkung soziotechnischer Systeme (Unternehmen) vergleichbar. Die Suche des militärischen Krisenmanagers nach einem Gleichgewicht im Sinne der Lösung einer Krise entspricht daher auch der Suche nach flexibler Ordnung durch das Management ziviler Netzwerke.

Modernes militärisches Denken ist Managementdenken

Daß allerdings modernes militärisches Krisenmanagement und das Management ziviler Netzwerke nicht identisch sind, illustriert der Golfkrieg. Dieser Krieg war nicht nur ein von den Medien fast perfekt ausgeleuchteter High-Tech-Krieg; er ist auch mit der Steuerung eines hochkomplexen soziotechnischen Systems vergleichbar. Wenn der U-Boot-Krieg im Zweiten Weltkrieg eine frühe militärische Management-By-...-Variante war, dann war der Golfkrieg ein fast lupenreines Change-Management-Problem. General Schwarzkopfs Ausspruch „The job is done" deutet ziemlich genau in diese Richtung. Die Fehler tayloristischen Managements des Vietnamkrieges erfolgreich vermeidend, lautete Schwarzkopfs Befehl (Ziel), die durch Saddam Hussein gestörte Ordnung in Kuwait wiederherzustellen, wozu hochkomplexe Mensch-Maschine-Systeme koordiniert werden mußten. Die Zeit zur Umsetzung der Planungen war knapp, und das Eskalationsrisiko durch die Gefahr eines B- oder C-Waffen-Einsatzes durch den Irak war hoch. Bei aller systemischen Verwandtschaft zwischen militärischem und zivilem Netzwerkmanagement gab es im Golfkrieg einen Königsweg zur Systembeherrschung und damit zum Erfolg des Change Managements. Dieser Weg hatte den Namen „command and control": Die Entscheidungswege waren kurz, die Informationslage war weitestgehend transparent, durch den hohen Ausbildungsstand der Truppe standen die Herausforderungen im Einklang mit dem Fähigkeitspotential der Soldaten, und die Kommandostruktur war geregelt. Das „System" Golfkrieg hatte ein mechanistisches Teilkorsett.

Militärisches Krisenmanagement ist Steuerung durch „command and control". Die Steuerungen „second order control" und „third order control" sind nachgeordnet. Ziviles Netzwerkmanagement bedeutet dagegen Lenkung mit Schwergewicht auf „third order control"

Unter einer „second order control" ist eine Steuerung durch Sachzwänge und unter einer „third order control" die Lenkung durch den „richtigen" Geist zu verstehen. Der „richtige" Geist ist durch die Führungsinstrumente mittels Gesprächen, Beurteilung und Anerkennung zu formen. Aufgrund des militärischen Spielregelsystems liegt in militärischen Netzwerken das Schwergewicht in dieser Steuerungs-/Lenkungstriade auf der Steuerungskomponente („command and control"). Das reduziert die Koordinationsprobleme des ganzheitlichen (Zusammen-)Spiels der Faktoren Mensch, Technik, Information und Organisation. Die Spielregeln sind im Militär einfach klarer formuliert als in zivilen Netzwerken; auch das Formen des „richtigen" Geistes bereitet keine Sorgen, denn er ist allgegenwärtig. Darüber hinaus sind in militärischen Netzwerken die Spielregelsysteme akzeptiert; an ihrem Sinngehalt wird nicht gezweifelt. Dadurch vereinfachte sich die Umsetzung der hochabstrakten Teilszenarien (Spiele) im Golfkrieg.

Im Golfkrieg

● waren keine „cost cutter" am Werk

● war die Informationsbasis qualifiziert und aussagefähig

● entschied das Netzwerk vor Ort über die Qualität des „Jobs"

● gab es mit Ausnahme der Presse keine „nörgelnden" Kunden in Ortsferne des Geschehens

● war die Kommunikation geregelt

● galt: „Do it right from the very beginning."

Ein Optimum an Qualität im professionellen Battle Management wurde auch durch die Führungsqualitäten von Schwarzkopf erzielt. Er war kein General klassischer Prägung, sondern repräsentierte eine akzeptierte „leadership" in Form einer Kombination von Führer und Coach. Um es mit J. F. Kennedys Worten auszudrücken, galt für Schwarzkopf wohl: „Einen Vorsprung im Leben hat, wer da anpackt, wo die anderen erst einmal reden." Sein geschickter Umgang mit formalen und vor allem auch informellen Vollmachten sowie Verantwortlichkeiten machte ihn nach seiner aktiven Zeit nicht umsonst zu einem gefragten Risikomanager in der Wirtschaft. Sein nicht konfliktfreies (Zusammen-)Spiel mit US-Generalstabschef Powell ist letztlich seinen Erfolgen vor Ort zuzuschreiben.

Im Golfkrieg waren also die Spieler und die Spiele bekannt, die Drohpotentiale waren transparent, Trägheitsmomente waren reduziert, der zu backende Kuchen und dessen Verteilung unter den Alliierten war geregelt, die Machtpotentiale waren verteilt, und die Strategien waren im vorhinein weitestgehend festgelegt. In zivilen Netzwerken dagegen liegen viele Elemente, die die Qualität der Strategie bestimmen, außerhalb der Verantwortungs- und Einflußbereiche der Strategen. Dadurch steigen die mit Unsicherheit (Risiko) behafteten Faktoren, was die Variabilität der Strategie zu stark erhöhen kann. Der Erfolg bzw. die Qualität einer Strategie ist spätestens dann gefährdet, wenn durch Strategien versucht wird, allen Interessen entgegenzukommen. Es gibt keine Strategie, die es allen Spielern recht macht. Darüber hinaus ist die Anbindung der Strategie an oft unscharfe übergeordnete Netzwerkziele schwierig, da dann das (Zusammen-)Spiel der Umwelt kaum noch zu verstehen ist. Es ist eine Binsenweisheit, daß der Versuch des strategischen Denkens zum falschen Mittel am Objekt wird, wenn die Unschärfe der Ziele zu groß ist. In diesem Fall besteht die Gefahr des Abdriftens ins nichtstrategische Denken.

Es gibt keine Strategie, die es allen Spielern „recht" machen kann

In zivilen Netzwerken liegt daher in der Kontrolltriade der Schwerpunkt eher auf der „third order control"-Komponente, wobei jedoch jedes Netzwerk dem Ordnungsdiktat der Kontrolltriade unterliegt. Die Schwerpunkte sind nur unterschiedlich verteilt. Militärische Netzwerke werden gesteuert; zivile Netzwerke werden (selbst)gelenkt. Über die Kontrolltriade in der Ähnlichkeit der Netzwerkkoordination verbunden, ist militärisches Netzwerkdenken daher Managementdenken; die Umkehrung des Satzes gilt nicht. Militärisches Denken ist daher eine Ergänzung und kein Widerspruch zum Denken ziviler Netzwerke. In Goethes Worten wäre die gegenseitige Verbindung des Netzwerkdenkens aus der Sicht des Militärs vielleicht mit „Wenn du eine weise Antwort verlangst, mußt du weise fragen" zu umschreiben.

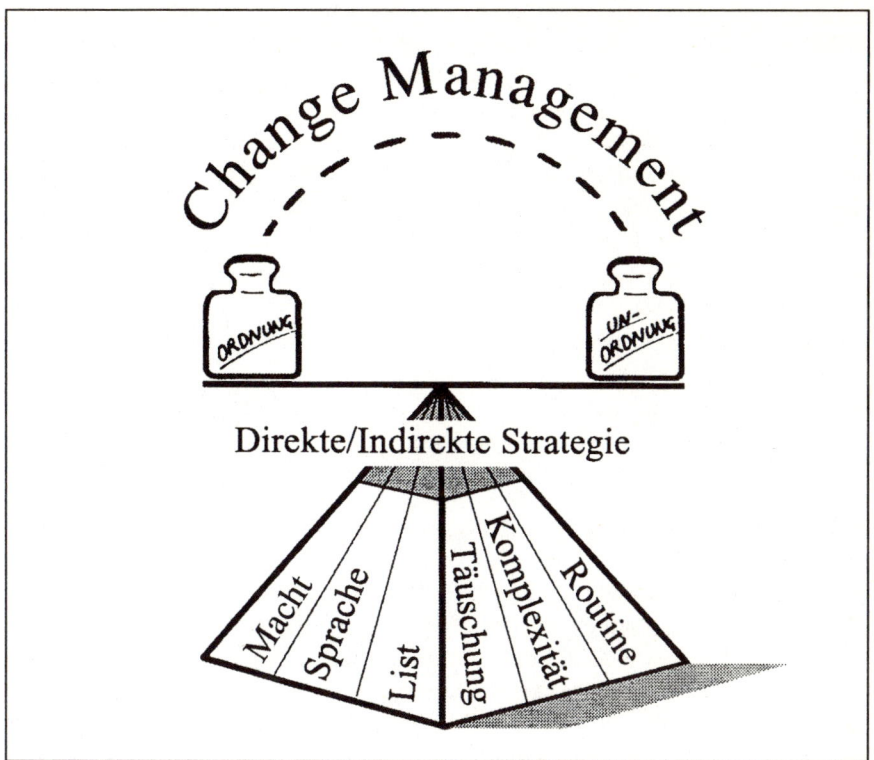

Quintessenz

- Kriege sind militärischer und nichtmilitärischer Wandel. Krieg heißt Ungleichgewicht
- Strategisches Denken heute ist Netzwerkdenken auf Basis antiker Denklogik
- Meßlatten einer Strategie sind Praxis und Theorie
- Strategien sind Prozesse. Wiederholung, Transparenz, Ziel, Qualität, Logik und Intuition sind die wichtigsten Merkmale. Strategien gelten in ihrem Umfeld zu ihrer Zeit
- Militärisches Denken ist Managementdenken; die Umkehrung gilt jedoch nicht (immer)

„Die ich rief, die Geister, Werd ich nun nicht los."

Johann Wolfgang von Goethe

IV. Managementphilosophien: Mythen der Kontinuität?

Zentralthemen

- Planungssysteme sind dem Wandel anzupassen. Sind strategische Planung und operative Planung nicht verbunden, erhöht ein Festhalten an Planung die Risiken
- Unsicherheit durch Umweltwandel, steigende Kundensouveränität und höhere Qualitätsansprüche machen das „Wandlungsgeschäft" zum „stochastischen" Geschäft
- Managementphilosophien verlieren als gleichzeitig anzustrebende, unscharfe Zielsysteme ihre Wirkungen in den Netzwerkgrauzonen
- Die Spieltheorie ist als Sprache des Change Managements das Angebot einer Strategiepraktik. Durch „richtige" Strategien werden „richtige" Entscheidungen gefunden

Ein Paradox der strategischen Planung

Riskiert man einen Blick in die NATO-Welt, so zeigt sich, daß die sicherheitspolitischen Interessen zwischen den USA und Europa scheinbar divergieren. Die Wirksamkeit der NATO im Krisenmanagement steht auf dem Spiel. Der zögerliche Einsatz der US-Bodentruppen in Bosnien und Debatten in den USA um die NATO-Osterweiterung sind möglicherweise schwache Signale eines (Denk-)Prozesses, inwieweit die USA sich weiterhin als eine europäische Macht verstehen (wollen). Wäre eine Übereinkunft, daß sich die USA weiter an der Sicherung des „neuen" Europa beteiligen und im Gegenzug die europäischen Alliierten mit den USA über die NATO die militärischen Lasten und Risiken zur Verteidigung gemeinsamer Interessen auch außerhalb Europas tragen, konsensfähig? Die zukünftigen Missionen wie „Friedenssicherung", „Friedensschaffung" und „Verhinderung der Weiterverbreitung von Vernichtungswaffen" erfordern deshalb schnell eine europäische Verteidigungsidentität, die ein Ad-hoc-Krisenmanagement à la Jugoslawien ausschließt.

Welche „neuen" Rollen haben Spieler bei neuen Spielregeln und neuen Zielen?

Diesen Wandel reflektieren in der Netzwerkinnenwelt der NATO die notwendigen Reformen des Führungsapparates. Dieser ist erstens zu verkleinern, zweitens zu flexibilisieren, um neue Mitglieder zu integrieren, und drittens auf modulare Strukturen umzustellen. Ein Ziel besteht darin, daß die NATO auch ohne direktes Engagement der USA durch Combined Joint Task Forces im militärischen Risikomanagement handlungsfähiger wird. Es entsteht eine komplizierte Gemengelage der Interessen, in der (Macht-)Spiele um Zuständigkeits- und Einflußpotentiale ihre Schatten auf die „neue" Netzwerkgeometrie werfen. Ist man sich noch einig, daß die Kommandobereiche Atlantik und Europa unter US-Befehl bleiben sollen, wird es eine Kommandoebene darunter schon schwieriger. In Europa stehen die traditionellen Kommandobereiche Nordwest (Großbritannien, Norwegen), Zentral und Süd durch eine Neustrukturierung in ein Nord-Süd-Kommando zur Diskussion.

Werden Nordwesteuropa und Zentraleuropa in einem Nordkommando zusammengefaßt, muß die seit den 50er Jahren gültige Spielregel mit britischem Oberbefehl über Nordwesteuropa und deutschem Oberbefehl über Zentraleuropa (AFCENT) aufgegeben werden. Fraglich ist auch, ob das Südkommando weiterhin unter US-Oberbefehl stehen kann, falls sich Frankreich wieder verstärkt in der NATO engagiert. Selbst wenn ein ständiger Wechsel zwischen den Partnern in den Komandos eine konsensfähige Alternative ist, bleibt die Beteiligung der neuen Mitglieder an der militärischen Führung offen. Ein weiterer brisanter Punkt sind die Joint-Kommandos. Es ist zu klären, wie das „joint" über die Triade Heer–Marine–Luftwaffe auf die Ebene der „Principal Subordinate Commands" projiziert wird. Werden diese Kommandos zu „Subregional Commands", unterstehen sie den ortsfernen Regionalkommandos Nord oder Süd. Werden sie jedoch zu Joint Subregional Commands, bleiben Operationsführung und Führungsmittel im Territorialbereich der nachgeordneten Kommandostäbe, was wiederum im Interesse kleinerer NATO-Partner liegen dürfte.

Der (Gedanken-)Rahmen des Spiels erweitert die Sichtweisen über Kooperation

An der Netzwerkperipherie der NATO entstehen komplizierte Gemengelagen durch die Koordination des SFOR-Einsatzes in Bosnien und die Suche nach Spielregeln für eine europäische Sicherheitsarchitektur mit einer geregelten Zusammenarbeit mit Rußland als Kernstück. Gerade das Management der NATO-Osterweiterung ist in seinen Wirkungen auf die weltweite Netzwerkgeometrie fast grenzenlos. Über Erfolg oder Mißerfolg wird jedoch in einer Grauzone entschieden, deren unsichtbare Architektur erst durch nicht immer zielkompatible politische Prozesse festgelegt wird. Ob in der „neuen" europäischen Sicherheitsarchitektur, wie sie Anfang der 90er Jahre in der Charta von Paris ins Leben gerufen wurde, „interlocking institutions" oder „interblocking institutions" dominieren, wird zum Risikofaktor.

Der Balanceakt zwischen „interlocking" und „interblocking" ist eine Frage der Perspektive, da sich Institutionen (nur) realpolitischen Verhältnissen anpassen. Nichtsdestotrotz haben sich politische Prozesse etabliert, die wie eine „unsichtbare Hand" die europäische Sicherheitsarchitektur beeinflussen. Schlüsselprozesse sind die transatlantische Sicherheitspartnerschaft und der europäische Integrationsprozeß, wobei allerdings die Zuordnung zwischen Prozessen und Institutionen zunehmend unscharf wird. Die NATO ist nicht mehr nur für die transatlantische Sicherheitspartnerschaft, die OSZE nicht mehr nur für die Schaffung eines euro-atlantischen Raumes und die EU nicht mehr nur für die wirtschaftspolitische Integration zuständig. Mit dem Ende der Bipolarität des „Kalten Krieges" haben sich die Kompetenzen vermischt, und die Frage nach dem „Wie" der Koordination der vermischten Netzwerkprozesse rückt ins Zentrum. Für die NATO bedeutet das die Aufgabe des traditionellen Rollenverständnisses als kollektive Sicherheitsgemeinschaft. Sie wird verstärkt zum Katalysator politischer Prozesse. Die Sicherheitsarchitektur wird dadurch stärker von der Kompatibilität der Zielsetzungen der politischen Prozesse sowie den zwischenstaatlichen Beziehungen und weniger von traditionellen Hierarchien (WEU, EU, EWR usw.) abhängig. Bei den gleichgerichteten Prozessen von NATO und EU in bezug auf die Osterweiterung überschneiden sich denn auch ständig die Kompetenzen. Institutionen werden im politischen Abstimmungsprozeß eher zum „Beiwerk". Das eigentlich Wesentliche regeln politische Prozesse. Das ist die unsichtbare Seite der europäischen Sicherheitsarchitektur. Problematisch ist, daß sich über die Prozesse aber keinesfalls alles von selbst, durch „unsichtbare Hände" regelt, was die Suche Rußlands nach einem Standort in der „neuen" sicherheitspolitischen Ordnung illustriert.

Wo liegen die Grenzen der Planung?

Vor der Komplexität dieses sicherheitspolitischen Szenarios fühlt man sich fast an die mephistophelische Prophezeiung „Grau, teurer Freund, ist alle Theorie und grün des Lebens goldner Baum" erinnert, wenn man bei traditioneller strategisch-operativer Planung Hilfe zur Bewältigung dieser Wandlungsprozesse sucht. Unabhängig vom konkreten Szenarienhintergrund ist eine Strategie sozusagen ein Problemlösungspfad, auf dem durch diverse Methoden Komplexität reduziert wird. In einem strategischen Plan werden Strategien dann gesammelt und bei Bedarf eingesetzt. In der strategischen Planung wird der strategische Plan erarbeitet; die Netzwerkziele werden unter dem Ziel, die Netzwerkaktivität in diese Richtungen zu beeinflussen, festgelegt. Jetzt wird es jedoch mit der Logik schwierig(er). Bei strategischer Planung ist der Fokus auf die Analyse gerichtet; gleichzeitig muß aber eine Synthese erreicht werden, da man sonst keine Strategien hätte. In der strategischen Planung sind Entscheidungen somit im strategischen Plan zu integrieren. Um Ergebnisse aufzuschlüsseln und zu formalisieren, müssen wir fragen, ob die Analyse der Synthese vorausgeht oder die Analyse der Synthese folgt. Beides gleichzeitig geht jedenfalls nicht. Daneben kommt es zu „Friktionen" zwischen strategischer und operativer Planung, wenn die strategische Planung, oft nur als immer wiederkehrendes Ritual gehandhabt, nicht mit der operativen Planung verbunden ist. In den fehlenden Brücken liegt die Ursache dafür, daß sich in der Netzwerkpraxis strategische Pläne oft in strategische Ruinen verwandeln. Bei fehlenden Brücken wird durch die operative Planung, die vor Ort (eigentlich) die Wirtschaftlichkeit des Netzwerkes in einem durch die strategische Planung vorgegebenen Rahmen steuern soll, die strategische Planung quasi entkernt. Es besteht die Gefahr, daß strategische Planung durch die Sachzwänge vor Ort zur extrapolierten operativen Planung degeneriert. Sind zudem die Planungssysteme nicht dem Wandel der Netzwerkwelten angepaßt, ist der Weg ins Dilemma vorgezeichnet. Lassen wir an dieser Stelle, mit der operativen Planung als Taktik, wieder die Klassiker des strategischen Denkens zu Wort kommen, die sich damit teilweise schon vor über 200 Jahren auseinandersetzten.

Spieltheoretische Strategien brauchen als systemische Strategien der Interaktion keine Brücken. Zu keinem Zeitpunkt kann in den vernetzten Spielen auf „Automatik" geschaltet werden. Spieler stehen immer unter dem Druck, sich eigene Urteile bilden zu müssen und eigenverantwortlich zu entscheiden

Napoleon folgte der Devise „On s'engage et puis on voit!", um erst einmal nur im Groben zu planen. Moltke schrieb: „Man umgebe aber den Feldherrn mit einer Anzahl von einander unabhängigen Männern, je mehr, je vornehmer, je gescheiter, um so schlimmer, er hörte bald den Rat des einen, bald des anderen; er führe eine an sich zweckmäßige Maßregel bis zu einem gewissen Punkte, eine noch zweckmäßigere in eine andere Richtung aus, erkenne dann die durchaus berechtigten Einwände eines dritten an und die Abhilfevorschläge eines vierten, so ist hundert gegen eins zu wetten, daß er mit vielleicht lauter wohlmotivierten Maßregeln seinen Feldzug verlieren würde." Er spielte damit auf die Lokalität von Regeln an und riet zum vorurteilsfreien Überblick in der Tradition des „coup d'oeil". Clausewitz verwies durch den Ausspruch „Im Krieg ist alles einfach, aber das Einfache ist schwierig" ebenfalls auf die Lokalität der Bedingungen von Planung, wobei die „lästigen" lokalen Bedingungen für ihn „Friktionen" waren. Daß es bei der Planung nicht nur auf Kernmerkmale, sondern auf die geeignete Kombination dieser Merkmale ankommt, folgt bei Clausewitz aus folgenden Formulierungen: „Der Krieg in seinen höchsten Bestimmungen besteht nicht aus einer unendlichen Menge kleiner Ereignisse, die in ihren Verschiedenheiten sich übertragen und die also durch eine bessere oder schlechtere Methode besser oder schlechter beherrscht würden, sondern aus einzelnen großen, entscheidenden, die individuell behandelt sein wollen. Es ist nicht ein Feld voll Halme, die man ohne Rücksicht auf die Gestalt der einzelnen mit einer besseren oder schlechteren Sense besser oder schlechter mäht, sondern es sind große Bäume, an welche die Axt mit Überlegung, nach Beschaffenheit und Richtung eines jeden einzelnen Stammes angelegt sein will."

Bei der Planung ist die Kombination von Kernmerkmalen entscheidend. Spiele reduzieren strategische (Entscheidungs-) Situationen auf Kernbestandteile

Die Klassiker des strategischen Denkens kannten also keine Planungseuphorie; Planung muß beim Anspruch des Erfassens zu vieler Eventualitäten in die Irre führen. Hinter Clausewitz' Aussage versteckt sich der Keim von Szenarienmanagement, da komplexe Zusammenhänge und Wechselwirkungen in deutlichen Konsequenzen aufzuzeigen sind. Der „gesunde" Menschenverstand war gefragt. Das (Vorab-)Erkennen, daß man als Entscheider (Manager) nur in Grauzonen der (Un-)Sicherheit umherwandert, ist ein wichtiger Punkt für die Sicherheit des eigenen Handelns. **Entscheidern muß bewußt sein, daß sie bei strategischen Entscheidungen nicht sicher entscheiden können, wie etwas passieren wird, bevor etwas passiert ist. Sie können nicht quantifizieren, was nicht quantifizierbar ist. Glauben sie es doch, machen sie einen verhängnisvollen Fehler und**

**übernehmen zusätzliche Risiken, ohne die vorhandenen Risiken „im Griff"
zu haben.** Entscheiden bedeutet nicht nur Risikoübernahme, sondern setzt auch
Risikobereitschaft voraus. Da Risiken nicht „weggeplant" werden können, gehört
es somit zur Sorgfaltspflicht von Entscheidern (Managern), Risiken einzugehen
und Entscheidungen dann unter „kalkuliertem" Risiko mit „Mut" und „Selbstvertrauen" zu treffen. Sicherheit gibt es allerdings keine. Es ist daher eine Illusion,
Risiken des Netzwerkwandels per lang-, mittel- und kurzfristiger Planung in
„künstliche" Stabilität umwandeln zu wollen. Nicht nur Keynes wußte, daß es
ohne Risikobereitschaft und nur mittels Berechnungen keine Investionen und damit keinen Fortschritt geben würde. Die ehemalige UdSSR ist ein Beispiel dafür,
daß minutiöse Planung mit dem Ziel, Risiken wegzuverwalten, nicht nur den wirtschaftlichen, sondern sogar den gesellschaftlichen Fortschritt blockieren kann.
Auf jeder Prozeßebene der Strategienfindung, sei es in der Analyse-, Vorberei-
tungs-, Erkennungs- oder Umsetzungsphase, lauert das Risiko der Unberechenbarkeit der Netzwerkpsychologie. Entscheidend ist, daß Risiken anzeigende
schwache Signale, die mit der Hintergrundstrahlung im Weltall vergleichbar auch
für das Management aus unscharfen „fernen" Netzwerkgrauzonen kommen, frühzeitig erkannt werden. Handeln unter solchen Eventualitäten reflektiert die Spieltheorie über Strategien. Im Sinne von Perikles' „Es kommt nicht darauf an, die Zukunft vorherzusagen, sondern auf die Zukunft vorbereitet zu sein" ist die Spieltheorie somit Zukunftsbewältigung durch ganzheitliches Risikomanagement. Dies
bedeutet dann auch mehr als ein Sich-nur-auf-die-Zukunft-Hinorientieren im Stil
traditionellen Risikomanagements, da Handlungen und Aktionen systemisch gesetzt werden.

„Planen" ist ein Bestandteil spieltheoretischen Risikomanagements

Managementphilosophien: Balanceakte von Nichtplanung und Planung

Es ist wohl unstrittig, daß es zu viele Unbekannte gibt, um für Netzwerke ein
Gleichungssystem der Zukunft aufzustellen. Damit steckt ein Großteil des Zu-
kunftswissens in den kaum „analytisch" zu erfassenden Erfahrungen der Spieler,
die ja auf den verschiedensten Spielfeldern engagiert sind. Die Frage ist, wann
eine rationale und nachvollziehbare Informationsbasis nicht mehr ausreicht, um
Handlungen zielgerichtet zu strukturieren und zu begründen (Planung). Das geschaffene Orientierungswissen durch Information muß daher durch Wertungen

und Empfehlungen, die nicht mehr durch die Informationsbasis gedeckt sind, erweitert werden (Nichtplanung). Dieses zusätzliche Wissen „von anderer Seite" muß als offener Dialog den Prozeß des Nachdenkens „jenseits von morgen" moderieren. Den damit verbundenen Schwierigkeiten war sich auch schon Henry Ford bewußt, wenn er meinte: „Denken ist wahrscheinlich die anstrengendste Arbeit überhaupt, und das ist wohl auch der Grund, weshalb es so wenige Menschen tun." Wie sieht es bei diesem Balanceakt zwischen Denken und „Denken-Lassen" mit den „Befreiungsschlägen" moderner Managementphilosophien à la Hammer/Champy aus, nach denen Reengineering der erste große Durchbruch in der „Managementtheorie" seit Adam Smiths „The Wealth of Nation" (1776) ist? Vergleicht man vor diesem konkreten Hintergrund Theorie und Wirklichkeit, fühlt man sich eher an Goethes Faust („Die Botschaft hör' ich wohl, allein mir fehlt der Glaube") erinnert.

Spiele sind „Fitneßprogramme" des Denkens. In Spielen wird nur verantwortliches Denken und Handeln belohnt

Nichtsdestotrotz sind Veränderungsprozesse immer schneller zu bewältigen. Das Problem ist dabei gar nicht so sehr die Veränderung selbst, sondern die Angst des Menschen vor Veränderungen mit unsicherem Ausgang. Netzwerke und Netzwerkspieler sind dadurch zu Anpassungen gezwungen, wobei in der Praxis neben Anspruch und Wirklichkeit gerade auch Planung und Umsetzung auseinanderklaffen. In der Diktion der Managementphilosophien ist deshalb eine Art von Change Management notwendig, mit dem erkannte Veränderungsobjekte zielorientiert, effizient, professionell und unter Akzeptanz der Beteiligten (um)gestaltet werden (müssen). Sich wandelnde ökonomische, technologische, rechtlich-politische, soziokulturelle und physisch-ökologische Umweltkomponenten liefern die unscharfen Markierungspunkte auf diesen Wegen, auf denen für die Netzwerkspieler der Verlust an Sicherheit und damit der Verlust an Orientierung lauert. Durch sich verändernde Netzwerkhierarchien werden zudem Autorität und Verantwortlichkeit ständig umverteilt, und die Spieler empfinden abseits des alltäglichen Betriebsablaufs in verschiedenster Art und Weise, was Veränderung ist. Vor diesem Szenario beginnen die „verdeckten" Spielregelsysteme der Netzwerkpsychologie zu arbeiten: deren allgegenwärtige Wirkungen sind aber nicht genau lokalisierbar. Höhlen sie im „worst case" die offenen Spielregelsysteme wie Unternehmenskultur und Zielvereinbarungen aus, versagen auch diese Orientierungspunkte, und die (Nicht-)Beantwortung der Frage, *wie* der Umweltwandel durch aktives Verhalten zu bewältigen ist, macht das Change Management zum semantischen Chamäleon.

Change Management ist ein Weg und keine konkrete Vorgehensweise

Strukturen, Prozesse und Kulturen verändern sich nach Auffassung der Apologeten moderner Managementphilosophien entweder in kleinen Schritten oder in großen Sprüngen. Jede Managementphilosophie folgt dabei ihrer eigenen Umbruchphilosophie, und aus dieser Vielzahl an Umbruchvarianten ergibt sich das breite Spektrum der Managementphilosophien. Das ist der Grund, warum sich einzelne Determinanten des Wandels nur schwer konkreten Formen des Change Managements zuordnen lassen. Stehen keine festen Programme oder Konzepte, sondern breite Paletten gleichzeitig anzustrebender Zielgrößen als Definitionsbausteine zum Angebot, kann es leicht passieren, daß vor Ort Bausteine als Schlagworte ohne inhaltliche Präzision demaskiert werden. Die Suche nach dem passenden Anzug für Change Management kann schwierig werden, wenn als organisatorische Gestaltungsziele

- Flexibilität
- Stabilität
- klare Kompetenzabgrenzung
- Anpassungsfähigkeit
- ökonomische und menschliche Nützlichkeit
- aufgabengerechte Entscheidungsfindung usw.

genannt werden. Abgesehen von der Vielzahl der Ziele sind diese auch noch durch gewichtete Zeitdimensionen und Zielkriterien zu operationalisieren. Man fühlt sich an Aesops Fabel vom Fuchs und dem kranken Löwen erinnert. Da fragt der in seiner Höhle liegende Löwe den Fuchs, warum dieser nicht hereinkomme. Der Fuchs antwortet dem Löwen: „Weil viele Spuren hineinführen, aber ich wenige herauskommen sehe."

Change Management: Konzeptionelles Dach des Wandels?

Die Managementphilosophien zur Bewältigung des Wandels sind im Angebotsspektrum mit der früher bereits erwähnten Wippschaukel vergleichbar. Auffassungen von radikalem und evolutionärem Netzwerkwandel sowie Spannungsfelder zwischen der Handlungsfreiheit des Topmanagements und der Partizipation der Netzwerkspieler halten sich als „Extremgewichte" die Waage des Veränderungsschmerzes für Netzwerke. Zwischen Business Reengineering und Organisationsentwicklung liegen mit Lean Management, TQM, organisationalem Lernen usw.

„Vestigia terrent" (Die Spuren schrecken)

die Mischfarben des Chamäleons Change Management. Bei der Auswahl einer Managementphilosophie ist der Manager als Psychologe gefragt, der auch die geheimen Spielregeln in seinem Netzwerk gut kennen muß, da wieder die Netzwerkgrauzonen über Erfolg oder Mißerfolg der Ansätze entscheiden. Das ist allerdings noch lange nicht alles an Komplexität: Mit dem Kunden betritt ein Spieler das Spielfeld, der durch seine subjektive Qualitätswahrnehmung die Performance des Change Managements unter den Reflex der „close to market"-Perspektive stellt. Das macht das „Wandlungsgeschäft" zum stochastischen Geschäft, da sich aus der Kundenperspektive im Regelfall eine Leistung aus einem Bündel von Teilleistungen zusammensetzt, die erst den Gesamtnutzen dieser Leistung bestimmen. Erfolgreiche Methoden des Change Managements sind daher Qualitätsverbesserungsstrategien, die Schlüsselrollen als Differenzierungsinstrumente im Qualitätswettbewerb spielen.

Change Management ist Qualitätsmanagement

Unabhängig von der DIN 55350, die Qualität ziemlich „platt" als Erfüllung von Kundenanforderungen definiert, und anderen Regelwerken wie der ISO 9000 ff sind in den Netzwerken qualitätsgesichert Leistungsreserven zu aktivieren, die Netzwerkkultur ist positiv zu beeinflussen, die Mitarbeiter- und Kundenzufriedenheit ist zu verbessern usw. Unter dieser systemischen Qualitätszwangsjacke agieren alle Netzwerke, egal, ob sie wirtschaftlich, militärisch oder politisch ausgerichtet sind. Es ist der richtige Instrumentenmix am richtigen Objekt zu finden, wobei letztendlich die dynamischen Spielregeln des Wettbewerbs über eine Differenzierung am Markt die Bewertung über erfolgreiches Change Management vornehmen. Riskieren wir einen kurzen Blick in die Welten, in denen die Konzentration auf Prozesse als Gesamtheit integrierter Tätigkeiten die Schaffung integrierter Strukturen verlangt. In diesen Welten müssen „grenzenlose" Unternehmen die Funktionsbereiche nicht nur immer durchlässiger, sondern auch ständig auf die Erwartungen der Stakeholder und Shareholder ausgerichtet werden. Bei diesem hohen Maß an Integration kann man leicht die Orientierung verlieren, wenn man nicht nur die Problemlösungsansprüche, sondern auch die Problemlösungskapazitäten einzelner (Management-)Bausteine identifizieren muß. Zwar scheint alle Managementphilosophien das Ziel zu verbinden, im magischen Dreieck aus Kosten, Zeit und Effizienz diese Elemente qualitätsgesichert zu entkoppeln. In der Praxis bestimmen jedoch verschiedenste Faktoren die „Effizienz" dieser (Management-)Bausteine, womit das einheitliche und umfassende System organisatorischer Gestaltungsziele fehlt. Die Vielzahl der Spielregeln für „zweckmäßiges" Organisieren spricht für sich.

Managementphilosophien liefern kein einheitliches und umfassendes Zielsystem organisatorischer Gestaltungsziele. Bei unklaren Spielregeln sind Konsequenzen von Spielregeln nicht durchschaubar

Auf der Basis fluider Zielsysteme hat sich zuerst die funktionale Organisationsstruktur herausgebildet. Formale Autorität, „Top-down"-Perspektive, umfassende Kontrolle, Stäbe, das Primat der Gebildestruktur, Fremdbestimmung der Mitarbeiter, funktionsspezifische Aktionseinheiten usw. waren die Merkmale dieses Taylorismus (Scientific Management) mit der Perspektive „Von innen nach außen". In der darauf folgenden divisionalen Organisationsstruktur wurde einem Objektprinzip gefolgt, und die Steuerung der Netzwerke erfolgte über eine Vielzahl von Produkten und Produktgruppen. Formale Spezialisierung durch Entscheidungsdezentralisation, technokratische Koordination durch Budgets und Kennzahlen sind Merkmale dieser Strategie der Diversifizierung mit der Perspektive „Von außen nach innen".

Taktfrequenzen „neuer" Konzepte werden höher; Wirkungen in den Netzwerken werden gravierender. Spiele liefern vom Umfeld unabhängige (Denk-)Schemata, um zu einfache Auffassungen über diese Konzepte zu erweitern

Die Reengineering-Philosophie will dieses Denken in Funktionen durch Denken in Prozessen überwinden. Der Wandel wird zum Prinzip; die Grundidee lautet: „Structure follows process." Die Netzwerkstruktur ist so zu gestalten, daß Arbeitsabläufe nicht mehr behindert werden. Gemäß dem Grundsatz „Reengineering ignores what is and concentrates on what should be" sollen Netzwerkabläufe hinterfragt und von Grund auf neu überdacht werden. Danach soll(t)en sie mit dem Ziel drastischer Leistungsverbesserungen und Geschäftsprozeßoptimierung neu konzipiert werden. Vertikale Denkstrukturen (wer ist zuständig?, wer berichtet an wen?) soll(t)en durch offene Kommunikation überwunden werden; interdisziplinäre Teams unter Führung eines Prozeßeigners („process owner") soll(t)en eigenverantwortlich die internen und externen Kunden in den Prozeßketten zufriedenstellen; die Konzentration auf kritische Geschäftsprozesse und integrierte Anreizsysteme soll(te) den Erfolg dieses „top-down approach" als kontinuierlichen Verbesserungsprozeß sichern. Daneben soll(te) ein Prozeßkostenmanagement über „target costing" die horizontale Erfassung der Kosten garantieren, und Management sowie „process owner" haben als „steering committees" die Geschäftsprozesse so zu koordinieren, daß Synergieeffekte genutzt sowie uneffektive Kosten vermieden werden und die Netzwerkqualität insgesamt gesteigert wird. Ein zentrales Instrument der Neugestaltung sind Informations- und Kommunikationstechnologien, durch die über geeignete Netzwerktopologien, relationale Datenbanken und Expertensysteme erst die Integration und Koordination vorher isolierter Aktivitäten ermöglicht wird.

Bei Mission Statements des Netzwerkwandels durch Reengineering ist die Perspektive der Netzwerkinnenwelt nur die eine Seite der Medaille. Aus der Kundenperspektive zeigen jedoch erst Spiele, ob Kunden hierdurch beeinflußt werden, egal, ob sie es wollen oder nicht

Reengineering ist im Sinne von Clausewitz somit eine Taktik, die nur unter einer Netzwerkstrategie der Wertsteigerung zum geforderten „Durchbruch" führen kann. Damit ist die Akzeptanz dieses Konzeptes durch die Spieler ein kritischer Punkt, da jeder Spieler erst einmal verstehen muß, daß der Erfolg des Reengineering davon abhängt, wie die internen und externen Kunden zufriedengestellt werden können. Jeder Spieler muß dabei seinen Teil an Verantwortung übernehmen (können), womit die Initiative von der Gesamtheit der Spieler ausgehen muß. Durch den „Top-down-approach" des Reengineering, der viele Spieler von den Maßnahmen des Reengineering gerade ausschließt, kann sich das schwierig gestalten. Hier liegt eine Schwäche des Reengineering, da weiche Faktoren wie der Zustand der Netzwerkkultur bei der Reengineering-Philosophie kaum in Erscheinung treten. Fundamentale Veränderung, Radikalität, Verbesserung um Größenordnungen und Prozeßkonzentration sind daher nicht nur Schlüsselworte des Reengineering; sie markieren auch die Eintrittsbarrieren. Der Wandel von

- Fachabteilungen zu Prozeßteams
- „einfachen" Aufgaben zu multidimensionalen Berufsbildern
- der Kontrolle der Mitarbeiter zum Empowerment der Mitarbeiter
- Managern als Kontrolleuren zu Coaches
- Hierarchien zu flachen Strukturen
- der Vergütung nach Tätigkeiten zur Vergütung nach Ergebnissen usw.

findet dann auch außerhalb repetitiver Produktionsprozesse weitere Grenzen. So entziehen sich innovative Prozesse mit nicht klar strukturierten Tätigkeiten und starker Spezialisierung dem Reengineering. Ein Beispiel dafür sind die Krankenhäuser, in denen medizinische Prozeßteams aus spezialisierten Ärzten und Pflegepersonal das Fallmanagement sichern und eine Abschaffung der Funktionen undenkbar ist.

> **Spieler gehen durch Entscheidungen Risiken ein. Die Realisation der Risiken bestimmt den Netzwerkkurs. Managementphilosophien verändern die Spielregeln (Risiken) aller Netzwerkspiele. In Spielen zeigen sich im Vorfeld Konturen „neuer" Netzwerkkurse**

Lean Management ist dagegen keine Technik, sondern ein System von Kulturmerkmalen auf Basis japanischer Netzwerkkulturen. Die Netzwerkstruktur behält ihr Primat; die Prozeßorientierung tritt trotz ganzheitlicher Aufgabenerfüllung etwas in den Hintergrund. Lean Management versucht eine neue Qualität im Umgang mit Zielen, Menschen, Strukturen und „Prozessen" zu schaffen. Der Mensch wird zum Erfolgsfaktor. Die Lean-Management-Kultur basiert auf der Erschließung von Verbesserungspotentialen. Zu den Kernmerkmalen zählen unter anderem:

- Lernorientierung (Kaizen)
- Wertschöpfungsorientierung (Genba)
- Kooperation
- Ethik (Bushido)
- Dienstleistungs- und Humankapitalorientierung
- Kontrollakzeptanz
- Optimierung zwischenmenschlicher Beziehungen.

Hinter diesen Arbeitsprinzipien verbergen sich die Ziele und Meßlatten der Spieler. Lean-Management-Techniken sind Just-in-time-Konzepte, Simultaneous Engineering und eine Vielzahl von Programmen zur Qualitätssicherung wie Total Quality Control und TQM. Die Ziele von Lean Management sind Kostenreduzierung, Prozeßoptimierung, Zeitreduzierung und Qualitätssteigerung. Die Nutzung nicht ausgeschöpfter Potentiale kann allerdings zu verschärfter Konkurrenz und verschärftem Leistungsdruck sowie zu Streß durch Verbesserungsdruck führen. So paradox es klingt, kann Lean Management zu erhöhter Komplexität bei den weichen Faktoren führen. Durch die speziellen Lean-Techniken besteht eine Technokratiegefahr, wobei die Forderung nach flachen Hierarchien nicht nur Pufferzeiten reduziert, sondern auch das Markenzeichen des Lean Managements, die Rationalisierung, begründet. Die Devise „Flat is beautiful" stößt jedoch an ihre Grenzen, wenn der Punkt erreicht wird, wo anerkannt werden muß, daß es keine hierarchiefreien Netzwerke gibt. Erstens muß es eine „Instanz" geben, die die Aufteilung von Autorität und Verantwortung regelt, und zweitens muß es „Instanzen" geben, die mehr oder weniger sichtbar Autorität ausüben und Verantwortung übernehmen, da es sonst unmöglich wäre, die „strategische" Entscheidung zur Einführung einer „neuen" Managementphilosophie zu treffen.

> **Es gibt keine hierarchiefreien Netzwerke; Macht ist in Netzwerken immer zu verteilen. Die Spielregelveränderungen der Managementphilosophien verteilen die Macht um. Die Spiele zeigen, wie die Macht umverteilt wird**

TQM ist die umfassendste denkbare Qualitätsstrategie und ein integraler Bestandteil der Lean-Konzepte. Man konzentriert sich nicht ausschließlich auf die Qualität der Produkte und Dienstleistungen; vielmehr liegt das Augenmerk auf der Beherrschung von Prozessen und der Leistungserstellung. Es wird unterstellt, daß ein beherrschter Prozeß „automatisch" fehlerfreie Produkte und Dienstleistungen liefert. Kernbausteine der TQM-Philosophie sind Kundenorientierung, „zero defects", Kaizen, Eigenverantwortung, Kernkompetenzen und Prozeßführung. Auch diese Managementphilosophie setzt voraus, daß die Potentiale aller Spieler genutzt werden, wobei die Spieler selbst für die Qualität der Arbeit verantwortlich sind. Die Verbesserung soll(te) in kleinen Schritten erfolgen, wodurch zugrundeliegende Strukturen weniger im Zentrum stehen. Bei TQM muß ebenfalls das Management die Rahmenbedingungen setzen, und jeder Spieler muß im Wertschöpfungsprozeß erst einmal begreifen, daß die „nächste" Stufe als interner Kunde zu behandeln ist, wenn der Gesamtablauf optimiert werden soll.

Spiele sind der Rahmen, in dem Spieler ihre Wertschöpfung erkennen (können)

Daneben reflektiert eine Vielzahl weiterer Managementphilosophien – sei es die „Informationsunterstützte Oganisation" Druckers, das organisationspsychologisch basierte „High Involvement Management" Lawlers oder das „Evolutionsmanagement" – den Paradigmenwechsel im Management. Kausalitätsprinzip und Determinismus werden aufgegeben, wobei die Akzeptanz der Nichtlinearität in gekoppelten dynamischen Systemen auf verschiedenste Art und Weise erfolgt. Als „neueste" Lean-Variante erscheinen sogar die Bilder fraktaler Organisationen, wobei Fraktale aus der Chaostheorie stammen und „zerfranste" Gebilde sind, die, einer russischen Babuschka (Puppe in der Puppe) vergleichbar, sich in immer kleinerem Maßstab selbst nachahmen (können). Das Fraktal ist eine unternehmerisch organisierte Einheit, der Dynamik, Zielorientierung und Selbstoptimierung unterstellt wird. Die Fraktale sind eigenverantwortliche Einheiten und stehen untereinander in Dienstleistungsverhältnissen, womit das Netzwerk zum offenen System wird, das qualitätsgesicherte und kundenorientierte Netzwerkstrukturen in einem ständigen (Selbst-)Anpassungsprozeß hervorbringt. Diese Netzwerke im Netzwerk agieren über vernetzte Informations- und Kommunikationssysteme und orientieren sich an vorher gemeinsam festgelegten strategischen Erfolgsfaktoren.

Die Managementphilosophien präsentieren sich durch mehr oder weniger formalisierte Ensembles gleichzeitig anzustrebender Zielgrößen als Denkweisen. Denkweisen sind aber wie die Jahreszeiten; sie kommen und gehen. Im Wettlauf der Managementphilosophien wird auch die Angst der Netzwerkspieler als unsichtbares Gut transportiert. Ängste entstehen schnell, vergehen aber nur langsam oder gar nicht. Daher wird jede von den Spielern verinnerlichte Maßnahme, die sich später als nutzlos erweist, zu einer schwer abzuzahlenden Hypothek für nachfolgende Maßnahmen des Change Managements. Das Management steht deshalb im Spannungsfeld wechselnder Managementphilosophie-Konjunkturen. Dabei sind die Orientierung liefernden Abgrenzungskriterien zwischen den Managementphilosophien unscharf; oft gibt es sogar nur das fluide Kriterium des gewählten Grades an Komplexität. Zusätzlich ist die Entscheidung für eine Managementphilosophie durch den Balanceakt zwischen der Auslagerung eigener Denkkapazität und dem Erhalt eigener Denkfähigkeit auch immer ein konsequenzenreicher Spielzug in den Beraterspielen Machiavellis.

Managementphilosophien sind als gleichzeitig anzustrebendes Zielsystem Denkweisen

Gemeinsam ist den Managementphilosophien das Streben nach Qualität. Gerade beim Qualitätsbegriff zeigt das semantische Chamäleon aber seine ganze Farbenpracht, wie das beliebig gewählte Beispiel der Weltgesundheitsorganisation (WHO) zeigt. Im Ziel 31 der WHO heißt es: „Bis zum Jahr 2000 soll es in allen Mitgliedsländern Strukturen und Verfahren geben, die gewährleisten, daß die Qualität der Gesundheitsversorgung laufend verbessert und Gesundheitstechnologien bedarfsgerecht weiterentwickelt und eingesetzt werden." Die Jahrtausendwende ist nah, doch das Gesundheitsstrukturgesetz zeigt die Realität. Man fühlt sich an das „Libenter homines id, quod volunt, credunt" (Gern glauben die Menschen das, was sie wünschen) aus Caesars Gallischem Krieg erinnert. Unter dem Qualitätsziel der WHO sind meistens über die zwischen Funktionsbereichen bestehenden Grenzen hinweg Kernkompetenzen, Kommunikation, Engagement und Verpflichtungen erst zu entwickeln. Das *Wie* bleibt wie so oft unscharf. Die Fähigkeit der Spieler, die zur Verfügung stehenden Computerinformationen zu nutzen, wird so zu einem Engpaß. Die Durchlässigkeit des Informationstransfers wird zur Machtfrage, wenn die Spieler um einen Informationspool versammelt sein sollen, der auf den geforderten soliden, transparenten Informationsfundamenten steht. Da Informationen im Regelfall nicht bereichsübergreifend kompatibel sind, lauert an vielen Ecken wieder das Chamäleon der Unberechenbarkeit; diesmal in der Farbe des Informationschaos, das sich allerdings auch mittels Chaostheorie nicht bewältigen ließe. Man nähert sich den Szenarien von Informationskriegen, wobei die Kriegs- und Friedensphasen jedoch nicht wie in Tolstois Roman „Krieg und Frieden" zyklisch wechseln (müssen). Wie sieht es also mit Krieg und Frieden in den Netzwerken aus? Herrscht dort ein permanenter Kriegszustand, wenn eine Managementphilosophie die andere im Wettlauf um kontinuierliche Verbesserungen verdrängt, nachdem sie eine Spur der Verwüstung im Netzwerk gezogen hat und Netzwerkspieler immer weniger Zeit zum Denken haben? Wie kann dieser Kriegszustand beendet werden, wenn das Managementdenken in ständigen Veränderungssprüngen die eigenen (Denk-)Perspektiven zu verengen droht?

> **In (Spiel-)Szenarien erkennen die Spieler durch die mit ihrem Verhalten verbundene Wertschöpfung wechselseitig ihre (Kriegs-)Ziele. Wertschöpfung kann durch Spielregeln beeinflußt werden, womit die (Macht-)Spiele in Netzwerken in größeren (systemischen) Zusammenhängen stehen**

Change Management: Sowohl Krieg als auch Frieden in Netzwerken?

Hinter der Frage nach der Art der Umsetzung von Change Management versteckt sich eigentlich die Frage nach dem Verständnis von Entscheidungsprozessen. Es ist unbestritten, daß Entscheidungen, gerade wenn es um das Einführen neuer Managementphilosophien geht, aufgrund ihrer langfristigen Wirkungen keine isolierten und einmaligen, sondern irreversible Aktionen sind. Die sich ständig verändernden Spielregeln, unter denen im Zeitalter der Globalisierung Entscheidungen zu treffen sind, illustriert der Wechsel von Komponenten- zu Systemgeschäften, wo die Frage nach der „richtigen" (Anfangs-)Strategie zentral wird. Der Entscheider wird zum Systemintegrator, der den Einfluß seines Verhaltens in den Auswirkungen auf den Gesamtprozeß im Regelfall nicht überblicken kann. Kernkraftwerke, Bohrinseln oder Hochgeschwindigkeitszüge werden als Gesamtsystem entwickelt und auch als solches geliefert. Wie schon Clausewitz und Moltke erkannten, sind Entscheidungen nur erste Weichenstellungen, die Prozesse in Gang setzen, welche sich über die Zeit hinweg unter Umwelteinfluß erst entwickeln. Damit ist die Hoffnung, zum Zeitpunkt der Entscheidung ein „Prozeßoptimum" im systemischen Reflex zu erhalten, eine Illusion. Man kann heute nicht entscheiden, ob die Implementation einer Managementphilosophie erfolgreich sein wird oder nicht. Das „Optimum" verändert sich mit der Veränderung der anfänglichen Rahmenbedingungen. Zusätzlich kommt mit der Risikoeinschätzung des Entscheiders neben dem Zielsystem des Netzwerkes ein zweiter wichtiger Faktor hinzu. Es ist also nach ganzheitlichen „Lösungen" entlang der Prozesse und nicht nach einer subjektiv eingefärbten, isolierten „Lösung" am Prozeßanfang zu suchen. Dazu sind (Gedanken-)Rahmen erforderlich, die erst einmal vorab reflektieren, daß keine Entscheidung isoliert von anderen Entscheidungen getroffen werden kann. Dieser Rahmen muß also ganzheitlich die Komplexität auf Schlüsselkom-

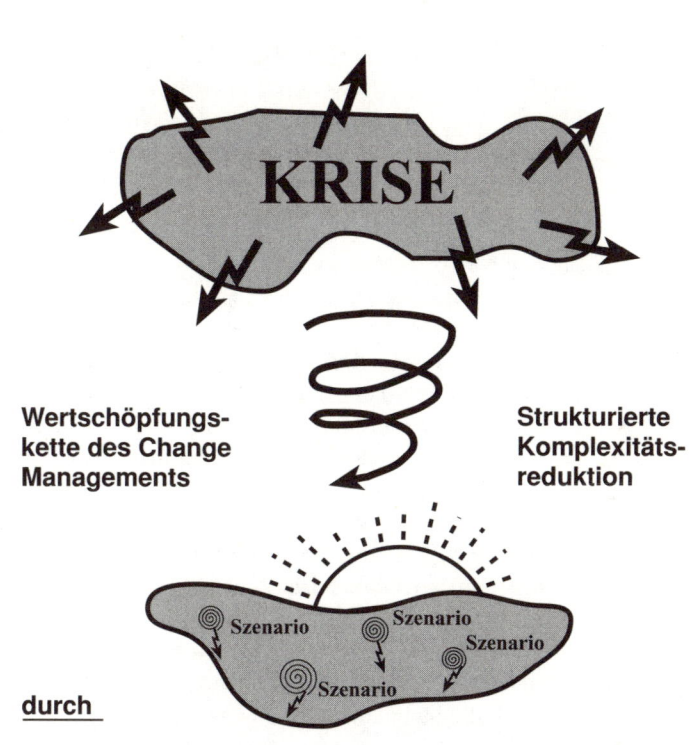

Wertschöpfungs-
kette des Change
Managements

Strukturierte
Komplexitäts-
reduktion

<u>**durch**</u>

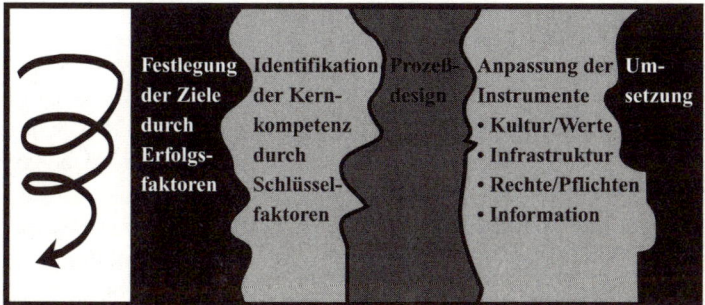

ponenten entlang der Prozesse reduzieren, damit sich die Konsequenzen „systemischer" Optima finden lassen.

Es gibt keine isolierte Entscheidung am Prozeßbeginn; vielmehr ist ständig im Prozeßverlauf zu entscheiden. Spiele identifizieren die „richtige" Anfangsstrategie und sind entlang der Prozesse angesiedelt

Verwenden wir ein Bild aus der Medizin, so wirkt eine Managementphilosophie wie ein Bazillus, der in den Netzwerkorganismus eindringt. Der Netzwerkorganismus versucht diesen Bazillus mit Hilfe seines Immunsystems zu vernichten, bevor dieser sich im Organismus festsetzen kann. Im Netzwerk stören Managementphilosophien über lange Zeiträume etablierte Informations- und Machtgleichgewichte. Dahinter verstecken sich die unsichtbaren Fäden der offenen und „verdeckten" Spielregelsysteme, an denen die Spieler wie Marionetten hängen. Die Spielregelsysteme sind dann die Netzwerkzahnräder, die mit unsichtbarer Hand mehr oder weniger lautlos ständig so zusammengefügt werden, daß sie ineinandergreifen. Passen sie gut zusammen, ist die Qualität des Netzwerk-„Outputs" gut. Passen sie schlecht zusammen, ist auch die Qualität des Netzwerk-„Outputs" schlecht. Diese Spielregelsysteme institutionalisieren Spiele, in denen die Spieler wie in einem Spinnennetz gefangen sind und unser Chamäleon als Spinne die Spieler so organisiert, daß sich das Spiel (der Spinne) dann auch spielen läßt. An diesen unsichtbaren Fäden hängt aber auch die „Spinne" mit dem Namen bürokratisches Organisationsparadigma, unter dem die Fähigkeiten der Spieler zur Veränderung und Anpassung an neue Gegebenheiten kaum entwickelt sind. Darüber hinaus hängen an diesen Fäden die vielen im Netzwerk gesprochenen (Fach-)Sprachen, wobei jeder Spieler als Mitglied mehrerer offener und „verdeckter" Funktionssysteme im Regelfall mehrsprachig ist. Daher ist eine Netzwerk-Veränderungsstrategie im Regelfall keine „Entweder-oder"-, sondern eine „Sowohl-Als-auch"-Strategie. Managementphilosophien zerstören somit „künstliche" Stabilitäten und erzwingen mehr oder weniger plötzlich nicht nur die Akzeptanz, sondern auch die Übernahme von Risiko. Das bedeutet für die Spieler eine Zunahme von Komplexität, die sowohl abseits formaler Vorschriften, wie etwas zu geschehen hat und wer etwas zu entscheiden hat (offene Spielregeln), als auch abseits von Normen, Eigenlogik, Werten, „group thinking" und Glaubenssätzen (verdeckte Spielregeln) liegt. Zusätzlich verlieren die Spieler eine Orientierungshilfe, wenn sich das Management vom Garanten der Stabilität im Netzwerk zum „Change agent" wandelt, womit das Management als Teil des Netzwerkganzen wiederum selbst von der Gesamtnetzwerk-Performance abhängig wird. Dieses „Mehr" an wechselseitiger Komplexität für die

Spieler, wo plötzlich der Sicherheit und Vertrauen vermittelnde Rückgriff auf das Bewährte gefährdet erscheint, kann bei transparenter werdenden Schnittstellen nur noch begrenzt in Richtung der Prozesse abgeschoben werden. Vor Ort werden die Spieler gezwungen, Farbe zu bekennen, wobei nicht mehr „schlichte" Verhaltensänderungen, sondern Anpassung und vor allem Anpassungsfähigkeit gefragt sind. Lange gepflegte Machtbalancen drohen zu kippen, und das (Zusammen-)Spiel der Kräfte ist neu zu organisieren. Das Netzwerk steht vor dem grundsätzlichen Widerspruch zwischen Bewahrung und Veränderung. Liegt in diesem Grundwiderspruch vielleicht auch der Unterschied zwischen Managen und Führen?

Als Teil des Ganzen muß das Management viele Netzwerksprachen (Spielregeln) beherrschen und als Teilnehmer an allen Netzwerkspielen viele Spiele spielen (können). Die Spieltheorie liefert eine („Universal"-)Sprache

Dieser „organizational distress" basiert zum großen Teil auf Ängsten und Sorgen der Netzwerkspieler vor dem unbekannten „Neuen", dessen unscharfe Konturen Fehlinformationen oft nur noch weiter verzerren. Es droht eine Falle aus Begriffsverwirrungen, Polemisierung und Polarisierung, was Sophokles mit den Worten „Wenn man Angst hat, raschelt es überall" ausdrückte. Die Spieler setzen sich nicht nur gegen den Wandel selbst zur Wehr, sondern besonders gegen die Art und Weise, wie sie in passive Zuschauer verwandelt werden. Engagierte, entscheidungsfreudige und entscheidungsbefugte Spieler, die das Change Management von Anbeginn an unterstützen, wenn sie es nicht gar tragen, sind aber wichtige Kernbausteine aller Managementphilosophien. Wenn Change Management als Störung das Netzwerk trifft, sind nur die Wirkungen auf die Netzwerk-Hardware der technischen und administrativen Abläufe und Strukturen relativ sicher prognostizierbar. Entscheidend ist jedoch der Reflex von Change Management in der Netzwerksoftware. In diesen Grauzonen entscheidet sich durch die Trennschärfe der Differenzierungen für Veränderungen durch die Spieler, *wie* Veränderungen im Netzwerk wahrgenommen werden, und nicht nur, *was* durch die Spieler wahrgenommen wird. In der Netzwerksoftware liegen die Potentiale für Integration und Kommunikation.

Spiele liefern den Zugang zum Kern der (Verhaltens-) Beeinflussung der Spieler

In diesen Grauzonen der weichen Faktoren liegt die eigentliche Machtverteilung der Netzwerke. Hier sichern sich „starke" Spieler die ungeschriebene Macht über

„schwache" Spieler; hier liefern informelle Informationen und Informations-
blockaden die Basis für den Ausbau und die Sicherung eigener Machtbereiche;
hier entstehen durch Koalitionen von Spielern (Abteilungen) erst die kleinen
Königreiche. Diese (Macht-)Spiele steuern dann die Strategien des Netzwerks,
wodurch die „schönsten" strategischen Pläne, oft fernab vom Ort des Geschehens
am grünen Tisch konzipiert und den Spielern nur „kühl" präsentiert, schnell zum
Trümmerhaufen werden (können). Im Fluidum der „verdeckten" (Macht-)Spiele
liegt gleichzeitig auch der Schutz vor Konsequenz und Verantwortung; wer keine
offizielle Macht hat, kann nur schwerlich für etwas verantwortlich gemacht werden. Hier ist Machiavelli durch „Man liebt den Verrat, aber nicht den Verräter" ein
ständiger Mitspieler, und in diesen (Macht-)Spielen bleiben oft auch formale
Autorität und Verantwortung (offizielle Macht) auf der Strecke. Wenn niemand für
die Mißerfolge durch (Macht-)Spiele verantwortlich ist, entsteht aber erst der
Nährboden zur Entfaltung dieser (Macht)Spiele, was diesen verdeckten Teufelskreis öffnet und schließt. Möglicherweise ist es sogar im Interesse von Spielern,
daß nicht allzu genau hinter die offenen Spielregelsysteme geblickt und so mehr
über die verdeckten Spielregelsysteme erfahren wird.

> **Im Spiel zeigt sich die Macht der Spieler durch die
> Beeinflussung und Aufstellung von Spielregeln. Das
> verändert die Wertschöpfung. So werden Spielauffassung
> und Spielzüge beeinflußt. Das Spielerverhalten reflektiert
> dann die „verdeckten" (Macht-)Spiele**

Kurzum, in den Grauzonen der Netzwerk-Software liegen die zu erschließenden
Potentiale zum wertschöpfenden Konsens. Hier wird über das *Wie* und damit über
Erfolg und Mißerfolg von Change Management entschieden. Die Prognostizier-
barkeit von Wirkungen des Change Managements findet ihre Grenzen, da über die
Netzwerk-Software durch weiche Faktoren wie Motivation, Arbeitsklima, Infor-
mationsfluß, Art und Weise der Entscheidungsfindung und Führungsstil die Schal-
tungen in den „Köpfen" der Spieler „zufällig" beeinflußt werden. Erst über die
Identifikation mit dem Netzwerk bestimmen die Spieler aber letztendlich, ob Veränderungen mit „Leichtigkeit" oder mit Schwerfälligkeit aufgenommen werden.
Change Management wird also auch auf dem schmalen Grat der „verdeckten"
Spielregelsysteme zur Suche nach einer Balance zwischen (bekanntem) Gewünschten und (unbekanntem) Möglichen bzw. zwischen Planung und Nichtplanung. Überall lauert jedoch die zusätzliche Gefahr, daß man selbst bei Kenntnis
der Spielregeln bereits wieder von diesen gefangen ist. Eine (objektive) Reflexion
wird um so schwieriger, je tiefer man versucht, in das Spielregelsystem einzudrin-

gen. Das Chamäleon Organisation zeigt sich mit zunehmender Tiefe des Eindringens in immer bunter schillernden Farben; es ist plötzlich allgegenwärtig.

Netzwerke spielen ihre Spiele (Prozesse) nach eigenen Spielregeln. Um Managementphilosophien umzusetzen, ist die Kenntnis dieser Spielregelsysteme notwendig

Die unsichtbaren Spielregeln der Netzwerkpsychologie oder der Netzwerkkultur entscheiden also darüber, ob ein Interessendissens durch Change Management in einen Netzwerkkrieg ausartet, in dem es Sieger und Verlierer geben wird. Muß es aber immer zu Kriegen mit im Regelfall wenigen Siegern und vielen Besiegten bei viel Zerstörung kommen, wenn das Gespenst des Wandels über dem Horizont erscheint? Kann die „Neujustierung" des Netzwerk-Interessengleichgewichts durch Change Management ohne großen Wertschöpfungsverlust im Sinne von Clausewitz' Friktionen erfolgen? Konkret: Kann das durch passende Koordination von Hardware und Software zu findende neue Gleichgewicht erreicht werden, ohne daß sich die drohende Abwärtsspirale „ohne Daten keine Erkenntnis, ohne Erkenntnis keine Steuerung, ohne Steuerung keine Einflußnahme und ohne Einflußnahme keine Wirkung" in Gang setzt? Ein Ausweg aus diesem Teufelskreis ist eine Projektionsfläche, auf der wie in einem Film im systemischen Reflex und für alle Spieler erkennbar die Folgen von eigenem und fremden Verhalten nicht nur abschätzbar, sondern auch erklärbar durchgespielt werden.

Im Veränderungskonflikt ist die Suche nach Konsens und Kooperation entscheidend

Diese Projektionsfläche muß einen Rahmen bieten, der deutlich macht, daß nur alle Spieler zusammen durch ein Siegdenken erfolgreich sein werden und daß die eigene angestrebte größtmögliche Wertschöpfung nicht notwendigerweise zu Lasten der anderen Spieler gehen muß. Erst durch dieses (Denk-)Muster ist dann nicht mehr die eigene, in Mark und Pfennig honorierte, isolierte optimale Qualität der Leistung entscheidend. Die maximale Qualität für alle wird im systemischen Reflex zur Meßlatte für die Auszahlungen in Mark und Pfennig. Damit wird der Weg, einen Kuchen gemeinsam zu backen und auch gemeinsam zu verteilen, zum Ziel. Um dieses Ziel zu erreichen, müssen die Wertschöpfungsbeiträge der Spieler im Team und in der Wertschöpfungskette wechselseitig erkennbar und honorierbar werden. Tritt dieser Fall ein, erhöht sich neben der Denkprozeßqualität auch die Denkergebnisqualität und die Umsetzungsqualität vor Ort. Voraussetzung dafür ist, daß sich aufgrund findbarer „richtiger" Strategien, die zu „richtigen" Entscheidungen führen, das Denken und Handeln vom Egozentrismus in Richtung Allozentrismus wandeln kann. Erst wenn verdeckte und offene Spielregelsysteme entkoppelt werden, wird die „Engagement-Bremse" aufgrund der eingeschränkten Begrifflichkeit verdeckter Spielregelsysteme und des (Denk-)Schemas „Manche sind gleicher als die anderen" gelockert. Entsteht mehr Vertrauen und Transparenz zwischen den Spielern, können durch gemeinsames strategisches Denken neue Optionen entdeckt werden. Dieses strategische Denken überschreitet Berufsgruppen- sowie Fachgrenzen und schließt darauf basierende Verantwortungsvakuen. Werden dadurch die Abläufe geordneter und durchschaubarer, werden auch die Augenblicke der Wahrheit für die Spieler weniger schmerzhaft.

Erst Spiele machen Spielern ihre Bedeutung und ihren Beitrag zum Ganzen bewußt

Soll durch Change Management eine Veränderung erfolgreich sein, wäre die Netzwerkkultur ein Ansatzpunkt. Überzeugungen, Werte, Normen und damit verbundene Haltungen von Spielern sind kurzfristig aber nur schwer zu verändern. Erstens müßte durch Szenarienmanagement eine Alternative zur Veränderung der Netzwerkkultur gefunden werden. Zweitens müßten zu einfache Auffassungen über Netzwerkkulturen überwunden werden. Drittens müssen die Spieler eine emotionsfreie Sprache finden, in der eine systemische Bewertung von Alternativen möglich wird. Eine Alternative läßt sich finden, wenn Anreizsysteme ins Spiel kommen, die eine tragende Säule von Netzwerkkulturen sind. Das Anreizsystem, das aus offenen Spielregeln wie Vergütung, Beförderung usw. und „verdeckten" Spielregeln wie Büroausstattungen, Mitarbeiterzahl usw. besteht, läßt sich schneller verändern als Werte und Normen. Da (Macht-)Spiele die offenen Spielregeln beeinflussen, tritt mit den Anreizsystemen plötzlich ein „verdecktes" Spielregelsystem aus seinem Schatten. Hier reduziert die Spieltheorie die Komplexität; es lassen sich Strategien zum Kontraktdesign finden, um die Netzwerkkultur zielorientiert und wertschöpfend zu verändern. Spieltheoretisches Denken und Handeln überschreitet dabei auch Senecas Vorstellungen von Zukunftsbewältigung: „Es ist wichtiger zu wissen, wohin die Dinge sich entwickeln, als zu wissen, woher sie kommen."

Eine solche (Spiel-)Art des Szenarienmanagements muß als Strategiepraktik auf einem (Theorie-)Gebäude mit festem und für alle Spieler klar verifizierbaren Fundament stehen. Es darf keinem Blick in eine trübe Kristallkugel gleichen, sondern muß die Wahrscheinlichkeiten steigern, daß ein vorgegebenes Netzwerkziel erreicht wird. Die Chancen müßten eigentlich gut stehen, wenn die Spieler Antworten auf die Fragen erhalten:

- Wer sind die Spieler?
- Welche Spieler spielen welche Spiele?
- Wie sind die Spiele und die Spieler vernetzt?
- Wann sind Informationen strategisch?
- Welche Spieler blockieren und welche fördern das Spiel?
- Was ist überhaupt das Spiel?
- Spielen alle Spieler dasselbe Spiel?

Die Beantwortung dieser Fragen illustriert das wesentliche Merkmal, das die Spieltheorie von Managementphilosophien unterscheidet: Die Reaktionen anderer Spieler auf eigene Entscheidungen werden „prognostiziert" und in das eigene Spielerkalkül als strategisches Denken einbezogen.

Hinter der Nichtbeantwortung dieser Fragen verbergen sich letztendlich oft die Gründe für das Scheitern von Managementkonzepten in Netzwerken. Im Netzwerk muß klar sein, in welcher Weise die Spieler an den Netzwerkspielen teilnehmen; sei es als Machtpromotor, Machtblockierer oder Prozeßpromotor. Die Spieltheorie liefert die verbindenden Bretter zwischen den Managementphilosophien; ein Beobachter, der auf diesen Brettern steht, könnte sich an Newtons „Wenn ich weiter sehen konnte, dann deswegen, weil ich auf den Schultern von Riesen stand" erinnert fühlen.

Die Spieltheorie ist eine Strategie- und Umsetzungspraktik des Change Managements; sie basiert auf den Atomen Information, Spieler, Spielerauszahlung, Strategie und Spielregeln

Quintessenz

- Planung stößt an Grenzen, wenn die strategische Planung nicht mit der operativen Planung verbunden ist und Planungssysteme nicht dem Umweltwandel angepaßt werden
- Bei Prozeßsystemen ist das „globale" Optimum zum Entscheidungszeitpunkt eine Illusion; „laufende" Optima entlang der Prozeßketten müssen gesucht werden
- Managementphilosophien sind Denkweisen und ein gleichzeitig anzustrebendes Zielsystem; sie sind eher Taktiken als Strategien
- Managementphilosophien sind in spieltheoretisches Denken eingebettet
- Spieltheoretisches Szenarienmanagement verbindet Managementphilosophie-Module

„Der größte Feind neuer Ordnung ist, wer aus der alten seine
Vorteile bezog."
Niccolò Machiavelli

V. Spieltheorie: Top-secret oder quo vadis?

Zentralthemen

- Wie können (Entscheidungs-)Situationen ohne strategisch relevanten Informationsverlust auf wesentliche Schlüsselfaktoren reduziert werden?
- Wie werden aus vom Wandel Betroffenen den Wandel Tragende?
- Was verhindert beim Change Management die „Versteinerung" des Netzwerks?
- Wie wird Change Management zum wertschöpfenden Separationsprofil im Wettbewerb?

Spieltheorie: Eine Anatomie strategischen Denkens

Bei Clausewitz und Moltke ist das Ziel strategischen Handelns die politisch-militärische Überlegenheit. Das Mittel, um dieses Ziel zu erreichen, ist der Krieg, und die Strategie ist der Gebrauch des Gefechtes. Bei wirtschaftlichen Netzwerken besteht das Ziel darin, ein Separationsprofil im Wettbewerb zu erreichen. Die Strategie läge – wenn man sich etwa aus dem Instrumentenkasten Porters bediente – in der Erweiterung von Kundengruppen und Produktangeboten. Das Gefecht wären operative Maßnahmen wie die Festlegung neuer Vertriebskanäle.

Militärische Strategien nach Clausewitz und Moltke sind Wettbewerbsstrategien

Clausewitz und Moltke hatten (und moderne Militärstrategen der Rand Corporation oder in militärischen Führungsstäben haben) die Aufgabe zu lösen, im Rahmen des militärischen Auftrags so erfolgreich wie möglich zu operieren. Den militärischen Handlungsspielraum bestimmt der von der Politik vorgegebene Zielkatalog. Hier liegt der Unterschied zwischen zivilem und militärischem Szenarien- oder

Netzwerkmanagement. Für die Performance wirtschaftlicher Netzwerke ist neben der Entwicklungsgeschichte, die zu den Rahmenbedingungen des Status quo führte, relevant, wie sich die Rahmenbedingungen der Gegenwart in die Zukunft fortschreiben. Die Checkpoints militärischen Handelns werden durch die längerfristig stabilen Zeithorizonte der Politik bestimmt; die Checkpoints wirtschaftlichen Handelns bestimmen dagegen die Kurzfristigkeiten der Umwelt und damit der Zufall.

Wirtschaftliche Rahmen-(Spiele) sind dynamischer als militärische Rahmen-(Spiele)

Schon im antiken Griechenland wurde die Tatsache „Nichts ist beständiger als der Wandel" durch Heraklits „Panta rhei" (Alles fließt) umschrieben. Zur Bewältigung des Wandels ist man jedoch spätestens seit Clausewitz und Moltke nicht mehr auf Orakelsprüche, Launen der Götter oder auf das „Lesen" der Eingeweide von Opfertieren angewiesen. Die Grauzonen der Orakelweisheiten und das monopolisierte Wissen von Hohenpriestern lichten sich nämlich etwas, wenn der Mensch nicht mehr passiv der „Natur" der Ereignisse gegenübersteht, sondern aktiv per (Zukunfts-)Strategie auf das „Unsichere" des Morgen Einfluß zu nehmen versucht. Clausewitz und Moltke zeigen den bis heute gültigen Weg, wobei in der Gegenwart die relevanten Umweltzustände für wirtschaftliche Netzwerke die Konkurrenzsituationen im Wettbewerb bzw. die Kursverläufe von Derivaten sind. Doch wie sieht es mit den sich dahinter versteckenden Risiken aus? Sind es irgendwelche geheimnisvollen Wahrscheinlichkeitsverteilungen, die, Orakeln gleich, auf mystische Weise alles regeln, was in der Zukunft liegt, und die daher auch in ihren Wirkungen unbeeinflußbar sind? Betrachten wir das Wettbewerbsszenario, so bestimmt das Verhalten der Wettbewerber die Konkurrenzsituation. Sehen wir uns das Derivateszenario an, so bestimmen Verhaltensweisen der (Mit-)Spieler die Kursverläufe. Egal, ob es sich um standardisierte börsengehandelte Derivate oder um Over-the-Counter-Geschäfte handelt, wo Verträge und Eigenschaften der Derivate frei verhandelbar sind: Derivate sind, wie Wertpapiergeschäfte, einfach nur Kontrakte zwischen Marktteilnehmern.

Mit der „Natur" als Spieler im Sinne nichtmenschlichen Verhaltens bestimmt aus der spieltheoretischen Perspektive strategisches Verhalten die Zukunft

Kurzum, das Bild hat sich gewandelt. Aus der „gottgegebenen" Umwelt der Antike wird eine für das eigene Verhalten relevante Umwelt, die aus „strategischen"

Überlegungen der Menschen resultiert. Hinter den „(un)beeinflußbaren" Wahr-scheinlichkeitsverteilungen Pascals verstecken sich menschliche Denk- und Handlungsmuster. Dieser Umwelt kann sich niemand entziehen; jeder Mensch ist in einer aus anderen Menschen bestehenden Umwelt eingebettet. Genau wie wir werden diese Spieler versuchen, unser Verhalten zu antizipieren und in ihre Ver-haltensmuster zu integrieren. Es ist ihr Ziel, eine individuell optimale Wertschöp-fung zu realisieren, wobei sie dieses Ziel mit mehr oder weniger fairen Mitteln zu erreichen versuchen. Dahinter verbirgt sich das durch moderne Managementphi-losophien wiederentdeckte ganzheitliche und vernetzte Denken (Handeln) in sy-stemischen Zusammenhängen. Da man jedoch wechselseitig mögliche Verhal-tensweisen der (Mit-)Spieler nicht sicher prognostizieren kann, ist erneut der Zu-fall mit von der Partie. Aus der Managementperspektive betrachtet, verbergen sich im Zufall des Verlaufs von Netzwerkspielen die „verdeckten" Spielregelsysteme.

In Netzwerkspielen verstecken sich im Zufall oft „verdeckte" Spielregelsysteme

Drei Konstituenten bestimmen daher eine strategische Entscheidungssituation:
1. die Natur im Sinne einer von uns nicht beeinflußbaren, uns aber beeinflussen-den Umwelt,
2. eine von uns beeinflußbare und uns beeinflussende Umwelt und
3. der Zufall.
Eine strategische Entscheidungssituation ist deshalb eine ganzheitlich vernetzte Entscheidungssituation.

In diesen drei Konstituenten lauern Wahrnehmungs-, Kommunikations-, Komple-xitäts- und Denkfallen. In ihnen lauern aber auch die Verhaltensmuster von Sunzi und Machiavelli, man findet die Leiden der kleinen Ptolemäer, das (Quer-)Denken Einsteins, den Wandel von Ordnungen, das Chamäleon der Unberechenbarkeit, die (Denk-)Bilder von der Babuschka der Fraktale sowie des Chaos und unseren alten Bekannten, den Fuchs. Bei strategischen Entscheidungssituationen ist man aber schon mitten im spieltheoretischen Risikomanagement.

Die Konstituenten einer strategischen (vernetzten, ganzheit-lichen) Entscheidungssituation sind erstens die Natur im Sinne einer von uns nicht beeinflußbaren, aber uns beein-flussenden Umwelt, zweitens eine von uns beeinflußbare und uns beeinflussende Umwelt und drittens der Zufall

Menschen denken, selektieren und interpretieren Dinge unterschiedlich. Durch kognitiv verkürzte Mustererkennungsprozesse haben sie eigene veränderungs-resistente (Denk-)Schablonen von der Welt, die sie umgibt. Deshalb ist das Netzwerkleben als Folge von Entscheidungssituationen kein mechanischer Sti-mulus-Response-Mechanismus. Erstens ist das Netzwerkleben „schwierig", weil die strategische Interaktion der Spieler, von „Naturkatastrophen" einmal abgesehen, die Rückkopplungsprozesse in den Netzwerkinnenwelten und zwi-schen Netzwerk und Netzwerkperipherie bestimmt. Zweitens zeigt das beob-achtbare Netzwerkleben immer nur Teile der ganzen Wahrheit. Beobachtet man nämlich zu einem Zeitpunkt das Netzwerk, dann zeigen die „historischen" Da-ten nicht, welche „verdeckten" Spielregelsysteme die Spielzüge der Spieler be-einflußt haben. Der Beobachter weiß daher auch nicht, ob alle „verdeckten" Spielregelsysteme überhaupt „eingeschaltet" waren. Die beobachtete Netzwerk-vergangenheit ist daher oft unglaubwürdig. Da ein Beobachter die „verdeckten" Spielregelsysteme nicht alle kennt, kann er nicht wissen, was einander bedingt. Unabhängig davon, was der „Historie" an (Wahrscheinlichkeits-)Verhalten un-terstellt wird, kommt man auch mit der Mathematik der Wahrheit bestenfalls nur nahe. In den statistischen „Ausreißern" lauert dann die Regelwidrigkeit bzw. das Risiko, wenn morgen eine „verdeckte" Spielregel die Netzwerkrealität be-stimmt, von deren Existenz man heute keine Ahnung hat, da sie gestern, als die Daten für heute produziert wurden, noch gar nicht existierte oder „ausgeschal-tet" war. Das Spiel ist der gedankliche Rahmen, um solche Rückkopplungen strukturiert zu erfassen, da nicht die „Dinge" des einzelnen, sondern die Syn-these des Ganzen im Zentrum steht, wodurch „Dinge" erst einen Namen bekom-men können, die vorher gar keinen Namen hatten.

> **Spiele sind strukturierte, komplexitätsreduzierende (Gedanken-)Ordnungen des Wandels. Die Akteure sind die Spieler. Sie bestimmen gemeinsam durch ihr Verhalten den Spielverlauf**

Ein Spiel reduziert nach einer (mathematischen) Bauanleitung die situative Kom-plexität der Entscheidungssituation im systemischen Zusammenhang auf strate-gisch relevante Schlüsselkomponenten. Das Spiel ist der Rahmen für vernetztes Denken und Handeln. Die Spieltheorie bietet „Lösungen", die nach der Komple-xitätsreduktion durch das Spiel nur noch aus dem Spiel abgeleitet sind. Wollen die Spieler den Wandel (gedanklich) erfassen, ist der kreative erste Akt, in dem alle Spieler ihr Engagement in die Waagschale werfen müssen, das Finden des „richti-gen" Spiels für die konkrete (Entscheidungs-)Situation. (Spieler-)Engagement ist hier nicht nur ratsam, sondern auch erforderlich, denn unter den dann zu findenden Spielregeln des Spiels wird das Spiel gespielt.

Spiele sind eine ganzheitliche Parallelsteuerung durch Systematisierung und wechselseitige Interpretation von Informationen

Über Erfolg oder Mißerfolg der Spieler entscheidet dann der Spielverlauf. Im Spielverlauf treffen die Risiken, die Spieler durch Entscheidungen übernehmen, aufeinander, und die Realisation dieser Risiken legt den Netzwerkweg fest. Dabei spielen Spieler jedoch viele Spiele, die untereinander verzahnt erst das „große" Netzwerkspiel formen. Dieses Anatomiemerkmal der Spieltheorie macht spieltheoretisches Szenarienmanagement zum Risikomanagement im Sinne der Bewältigung des Wandels. Die „Lösungen" des Spiels haben einen Namen; sie heißen Gleichgewichte. Mit Eigenschaften von Gleichgewichten sind wiederum die Ausprägungen der „Netzwerkkriege" verbunden. Ist die Psychologie Bestandteil des Spiels, ist sie auch Bestandteil der „Lösung". Ist Reengineering oder TQM Bestandteil des Spiels, sind die Bausteine dieser Managementphilosophien auch Bestandteil der „Lösung". Da es in der Realität die verschiedensten (Spiel-)Arten von Entscheidungssituationen gibt, gibt es in der Spieltheorie auch die verschiedensten Spielklassen mit ihren Gleichgewichten.

Die „Lösung" eines Spiels heißt Gleichgewicht

Die Sprache der Spieltheorie ist die Sprache der Mathematik, was aber auf gar keinen Fall heißt, daß die „Lösungen" von Spielen unverständliches und abschreckendes Formelwerk sein müssen. Im Gegenteil, die Mathematik wirkt in spieltheoretischen Szenarien wie das Thermostat eines Heizungssystems. Man kann damit das gewünschte Abstraktionsniveau der Spiele regeln. Unabhängig davon ist der begriffliche Apparat „verständlich" in dem Sinne, daß für fluide, unscharfe Begrifflichkeiten und „name dropping" kein Platz bleibt. Man muß wissen, worüber man spricht; wie man darüber spricht oder wen man darüber sprechen läßt, ist dann wieder eine andere Frage. Eine solche Sprache, die Spieler über alle Funktions- und Berufsgruppen und interne Netzwerkgrenzen hinweg verbindet, ist für das Management als (Mit-)Spieler in allen Netzwerkspielen notwendig. Diese Sprache bietet Chancen, Inhalte von Managementphilosophien und Change Management „sicher" zu kommunizieren, womit locker verbundene, unscharfe Zielensembles erst ein Zielsystem werden (können). Die störenden Wahrnehmungs-, Sprach- und Kommunikationsfallen werden vermieden. Neben die Vorhersage tritt durch ganzheitlichen mathematischen Reduktionismus auf Spiele die Erkenntnis über Zusammenhänge. Spielregelsysteme des Netzwerks werden besser verstanden, und durch das Zusammenfügen besser verstandener Hälften entstehen in neuen Spielen die wertschöpfenden Synergieeffekte. Selbst wenn eine „Lösung" Formelwerk sein sollte, bleibt der Vorteil von systemischem Verständnis und von Unmißverständlichkeit erhalten. In der Sprache der Mathematik, die auf einer konsistenten antiken (Denk-)Logik basiert, schlummert jedoch noch ein weiterer Vorteil. Die Mathematik und somit auch Sprache und Methoden der Spieltheorie sind zeitlos. Damit unterliegt ganzheitliches, spieltheoretisches Risikomanagement nicht den Konjunkturen sich wandelnder Trends. Man kann zwar verschiedenste Sichtweisen (Managementphilosophien) in diesen „Mechanismus" stecken, doch der Mechanismus selbst bleibt unverändert; spieltheoretisches Risikomanagement greift beim Kern strategischer Entscheidungssituationen. Durch den Umweltdynamiken reflektierenden, ganzheitlichen Aspekt unterscheidet es sich von traditioneller (statistischer) Prognostik. **Man muß allerdings wissen, welches Spiel oder welche Spiele zu spielen sind.**

Die Spieler müssen gemeinsam die „richtigen" Spielregeln (Spiele) finden

Durch Spiele können somit ganzheitlich die „vielen" Möglichkeiten von Gewinn- und Verlustchancen abgewogen werden, wobei jedoch nicht immer die eigene Wertschöpfung im Mittelpunkt stehen muß. Die „Lösung" eines Spiels ist deshalb ein qualitätsgesichertes Spielerarrangement. Es ist ein Vorschlag, wie ein Spiel von den Spielern zu spielen ist. Wohlgemerkt, es handelt sich „nur" um einen Vorschlag, dem aber jeder Spieler unter den Bedingungen (Spielregeln) des Spiels folgen soll(te). Der Weg des Findens eines qualitätsgesicherten „Lösungsvorschlags" ist dann prozeßbegleitende Qualitätssicherung. Dieser Weg kann von jedem Spieler aus Eigeninteresse (mit) beschritten werden, da er erstens bei geeignetem Spielregeldesign seine Ausstiegs-Checkpoints („outside options") hat. Zweitens reflektiert sich sein zielorientiertes Engagement zum Finden der „Lösung" in der für ihn größtmöglichen realisierbaren persönlichen Wertschöpfung unter den Spielregeln des Spiels. Ein Spieler kann nur das (Best-)Mögliche bekommen, wenn alle Spieler das (Best-)Mögliche wollen. Dahinter versteckt sich nicht nur das gemeinsame Backen, sondern auch das gemeinsame Verteilen eines Kuchens oder Dürrenmatts kategorischer Imperativ „Was alle angeht, können nur alle lösen". Hier liegen die Anreize („incentives") für jeden Spieler, um maximal mögliche Wertschöpfung durch qualitätsgesichertes und zielorientiertes eigenes Verhalten zu realisieren.

Wenn alle Spieler wissen, daß diese Möglichkeit besteht, ergibt sich erst die Chance, die „Köpfe" der Spieler im „richtigen" Geist aktiv zu nutzen und nicht passiv unter Leistungs- und Engagementverlust zu benutzen. Spieltheoretisches Risikomanagement ist die Strategiepraktik, bei der die Spieler wissen und erkennen, daß ihr Engagement das Netzwerk wandelt und nicht das Netzwerk per se die Spieler (ver)wandelt.

Spieltheoretisches Risikomanagement ist der geringste Zwang zur Bewältigung des Wandels in Netzwerken

Ist ein „Lösungsweg" in seinen Konturen erkennbar, ist es im während des Spielverlaufs entstandenen gemeinsamen Interesse der Spieler, diesen Weg in der Praxis umzusetzen. Selbstverständlich gibt es auch „Lösungen", die den „worst case" repräsentieren. Im (Denk-)Rahmen des Spiels wurden aber die kritischen Punkte und der zuletzt (noch) „verhandelbare" Minimalkonsens identifiziert. Auf diesen Punkten könnten neue Verhandlungsrunden mit dem Ziel, die Verlierersituation in eine Gewinnersituation zu wandeln, aufsetzen. Verlassen wir den „worst case", und wenden wir uns wieder in Richtung „best case". **Der Weg zu einer qualitätsgesicherten „Lösung" durch spieltheoretisches Risikomanagement, auf dem Spieler die situative Komplexität in handhabbare Komponenten zerlegen und den konstruktiven Umgang mit dem Interessendissens „lernen", führt an drei Checkpoints vorbei:**
1. **Finde für die konkrete Entscheidungssituation nach den Bauanleitungen der Spieltheorie den passenden gedanklichen Rahmen eines Spiels.**
2. **Finde in dem Spiel geeignete „Lösungen", und folge dem „Lösungsweg".**
3. **Setze diese von allen Spielern akzeptierte „Lösung" gemeinsam mit den anderen Spielern um.**

Die Spieltheorie vermeidet Irrwege über einen strukturierten „Lösungsweg"

Beim Finden des Spiels und bei der Suche nach der „Lösung" wird die Netzwerkgrauzone, in der die Potentiale zum Konsens verborgen liegen, erschlossen, da das Erfahrungswissen durch die Spieler selbst aus Eigeninteresse im Schmelztiegel der Spiele umgewälzt wird. Damit ist vernetztes spieltheoretisches Denken erstens mehr als nur die Orientierung in Richtung der Zukunft und zweitens mehr als nur Handlung und Aktion für die Zukunft im Sinne von Konfuzius' „Über das, was vorbei ist, streitet man nicht mehr. Das, was der Vergangenheit angehört, richtet man nicht mehr. Aber das, was das Leben morgen von uns fordert, das muß heute unsere Aufgabe sein". Spieltheoretisches Szenarienmanagement erfaßt nämlich auch die Vergangenheit, die zum Status quo führte, was das Gestern über das Heute mit dem Morgen verbindet. Es ist quasi eine institutionalisierte „Netzwerkstreitkultur", die verdeckte Spielregelsysteme erfaßt und transparenter macht. So wird das Chamäleon, das sich in diesen Netzwerkgrauzonen versteckt, in der Auswahl seiner Farbmuster beschränkt und unser schlauer Fuchs in seinem Bau aufgescheucht. Dabei zeigt die Praxis, daß etwa Kaizen, das als denkphilosophische Grundlage des TQM bedeutet, daß „kein Tag ohne Verbesserungen vergehen soll", im (Gedanken-)Rahmen der Spieltheorie operationalisiert, nichts anderes bedeutet, als daß das Management in (geeigneten) Spielen ständig auf der Suche nach (Interessen-)Gleichgewichten („commitments") zwischen den Spielern ist.

Um diese Herkulesaufgabe bewältigen zu können, müssen alle Spieler ihre „Köpfe" frei bekommen, und dazu braucht das Management einen (Denk-)Rahmen. Darin muß das Management Qualität als Führungsaufgabe erkennen, mit der Konsequenz, TQM-Strategien umzusetzen. In diesem (Denk-)Rahmen müssen auch die nachgeordneten Netzwerkspieler Qualität als ständige Arbeitsaufgabe begreifen und eigenverantwortlich TQC(Total Quality Control)-Strategien umsetzen. Damit bestimmt eine Vielzahl untereinander verzahnter Spiele das Change Management. Unabdingbar für den Erfolg von TQM ist, daß alle Netzwerkspieler im TQM-Prozeß integriert sind, um dessen Sinngehalt zu erkennen. Eine Vielzahl von Spielsituationen vor Ort kann dabei den Netzwerkspielern zeigen, daß Produktqualität der Zwilling der Arbeitsqualität ist. Wird Qualität in diesem Sinn als ein integraler Bestandteil der „Tagesroutine" begriffen – das wäre der „richtige" Geist –, durchdringt sie Normen, Werte und Motivation, woraus sich der wertschöpfende Einfluß auf die Netzwerkkultur ergibt.

Als (Ordnungs-)Rahmen des Denkens sind Spiele eine wertschöpfende „Streitkultur"

Damit wird Qualität nicht per „command and control" auf jeder (Produktions-) Stufe der Prozesse „hineinkommandiert". Im Gegenteil, Qualität wird über Spielsituationen entlang der Prozesse immer wieder neu erzeugt. Die traditionellen (Denk-)Muster der Spieler in den Dimensionen statistischer Qualitätskontrolle aus „Machen und Prüfen" weichen einem ganzheitlichen Qualitätsverständnis. Die notwendigen Denk- und Handlungsprozesse moderieren Qualitätszirkel, internes Benchmarking und gegenseitiges Auditing durch Spielsituationen, wobei dieser skizzierte „best case" seine Grenzen in der Veränderungs- und Verantwortungsbereitschaft der Spieler sowie in der Vertrauens- und Konfliktkultur im Netzwerk findet. Es wäre unseriös, zu behaupten, daß spieltheoretisches Szenarienmanagement die Situation auf einen Schlag verändern könnte. Wie ein guter Schachspieler, der sich für seine Spielzüge Zeit nimmt, braucht auch ein guter Netzwerkspieler Zeit, wenn (Strategie-)Anpassungen nicht nur seine Prioritäten in den Netzwerkspielen, sondern auch seine Risikochancen verändern sollen. Das ist der Zeitraum, in dem Spieler wechselseitig die Chancen dieses Wandlungsprozesses besser erkennen. Gelingt das, erkennen die Spieler auch die wertschöpfenden Vorteile gemeinsamer Denk- und Handlungsprozesse, die wie (Deming-)Räder funktionieren, nach denen durch Verbesserungen zum Standard gewordene Zustände wieder neue Verbesserungen nach sich ziehen. Dieser qualitätsgesicherte „Endlosprozeß" entspricht Laotses „Der Weg ist das Ziel" – nennen wir es doch einfach Kaizen.

Qualitätsgesichertes spieltheoretisches Risikomanagement hat folgende Checkpoints: Finde das „richtige" Spiel, finde die „Lösung" des Spiels, und setze die „Lösung" um

Spiele: (Gedanken-)Rahmen zur Bewältigung des Wandels

Spiele gibt es seit Beginn der Menschheit. In der griechischen Mythologie wurde die Machtverteilung über die Welt unter den Göttern „ausgewürfelt". Zeus erhielt den Himmel, Poseidon die Meere, und Hades blieben als „Verlierer" nur Hölle und Unterwelt. Die Soldaten des Pontius Pilatus würfelten um das Gewand Jesu, und der würfelähnliche Astragalus dokumentiert Spielleidenschaften schon im (früh)antiken Ägypten und Griechenland. Zur persönlichen Begleitung des römischen Kaisers Marc Aurel, dem Philosophen auf dem Caesarenthron, gehörte immer dessen persönlicher Croupier, und George Washington veranstaltete während des amerikanischen Unabhängigkeitskrieges in seinem Kommandozelt ziemlich unbeeindruckt vom Schlachtengetümmel regelmäßig (Würfel-)Spiele. Das „problème des parties" von Pascal ist der Ursprung der Wahrscheinlichkeitstheorie, und in der Gegenwart sind staatliche Lotterien fester Bestandteil der Gesellschaftskulturen und Fiskalplanungen. Ohne anfangs von den geheimnisvollen Systemen zur Chancenverteilung von Gewinn oder Verlust durch Wahrscheinlichkeiten zu wissen, ist seit Anbeginn der Geschichte das (Glücks-)Spiel als Inbegriff bewußt eingegangener Risiken fester Bestandteil menschlicher Verhaltensmuster.

Spiele sind ein (Organisations-)Rahmen für bewußt einzugehende Risiken

Ist etwa der Börsenmarkt ein großes Spielfeld, auf dem, einem Spielkasino vergleichbar, Kombinationen von Glück, Pech und Zufall über Erfolg oder Mißerfolg in einem (Hasard-)Spiel entscheiden? Wertpapiere reflektieren an der Börse Konsensprognosen, die besagen, daß sich Preise nicht verändern, falls das Erwartete eintritt. Sind „Glücks- oder Pechsträhnen" an der Börse daher nur Abweichungen von imaginären (Erwartungs-)Durchschnitten? Ist das der Fall, spekulieren Spieler in einer Pechsträhne auf die Aufhebung dieser „Durchschnittsregel", damit die Pechsträhne nicht so lange anhält. Andersherum spekulieren Spieler in einer Glückssträhne ebenfalls auf die Aufhebung dieser „Durchschnittsregel", damit die Glückssträhne lange anhält. Jeder Spieler spekuliert also auf dasselbe Zielobjekt; nur die Perspektive ist verschieden. Auf (Erwartungs-)Durchschnittsregeln zu spekulieren, ist jedoch nicht risikolos, da Durchschnitte erstens keine Informationen für das Morgen aus den Merkmalen des Durchschnitts von heute liefern, weil das „Gesetz des Durchschnitts" kein Gedächtnis hat. Zweitens ist es riskant, sich am Durchschnitt zu orientieren, da sich dieser im Zeitverlauf oft selbst verändert. Damit liegt die Ungewißheit oder das Risiko im (Börsen-)Spiel nicht in irgendeinem schicksalhaften „Gesetz der Durchschnittsbildung" versteckt, sondern vielmehr in den Absichten der Spieler. Der realisierte Preis (Kurs) ist nämlich Resultat einer ganzen Serie von Verhandlungen (Geboten), mit denen Spieler den Forderungen anderer Spieler entgegenzukommen bzw. diese „aufzuweichen" versuchen, um letztendlich das zu bekommen, was gewünscht wird. Daß die Vorstellung, in solchen (strategischen) Situationen „sicher" zu gewinnen, eine Illusion ist, zeigt sich oft erst im Rahmen von Spielsituationen.

Spiele sind fester Bestandteil der Kultur

Um auf sicherem Boden zu bleiben, berufen wir uns auf eine Autorität aus der Geschichte. Plato schrieb vor über 2000 Jahren in seinen Gesetzen: „Das Leben muß als Spiel gelebt werden, ja es ist sogar das Spielen von gewissen Spielen." Demnach wurde also bereits in der Antike, weit vor Darwins Zeiten, das Leben mit Spielen verglichen. Fausts Pakt mit dem Teufel war ein Spiel mit offenen und „verdeckten" Spielregeln. Spätestens seit Goethe erfaßt somit der „ewige" Drang des Menschen nach Vervollkommnung und Erkenntnis mit fairen und unfairen Mitteln, Machiavelli und Sunzi nicht unähnlich, auch mystische Schleier um die Spiele. Das Geschehen unserer Welt ist also ein großes Spiel, in dem die Spielregeln irgendwie festzuliegen scheinen, wobei sie sich in den Konsequenzen und in der Reichweite für das Spielerverhalten oft erst im Spielverlauf demaskieren (können). Offene und „verdeckte" Spielregeln sowie der Zufall sind die „Schicksalstriade" von Chancen und Risiken, die gleichzeitig das Spielergebnis bestimmen. Es gilt bei strategischen Entscheidungen nicht mehr Leibniz' „Natura non facit saltus" (Die Natur macht keine Sprünge), da plötzlich sein kann, was nach Spielerkalkül gar nicht sein darf. Das gleichzeitige Zusammentreffen dieser Konstituenten einer unsicheren Zukunft schafft aber erst den Raum (Visionen), um eine Vielzahl von Fragen in die Spiele hineinzuprojizieren und eine Vielzahl von Hoffnungen mit Spielen zu verbinden. Ob sich die Hoffnungen auf den Sieg realisieren, entscheidet der Zufall durch „schicksalhaften" Würfelentscheid.

Im Spiel verbinden sich Spielregeln und Zufall, was Spiele zu Visionsrahmen macht

Spiele sind also die Projektionsflächen für Weltbilder und Weltanschauungen; Zufall und Regel haben das Sagen, wobei die Konsequenzen des Zufalls das Spielgeschehen bestimmen. Es liegt im Verhalten der Menschen begründet, daß sie versuchen, sich wiederholende Ähnlichkeiten in den Spielen zu entdecken, wodurch sich der (unabhängige) Zufall unter den Zwang „statistischer" Gesetze drücken läßt. Als Teilnehmer an diesen „ewigen" Spielen ist es das Ziel der Menschen, durch strategisches Verhalten (Risikomanagement) nicht mehr zum Spielball des Zufalls zu werden. Folgt man Darwin, erfand jedoch nicht der Mensch das Spiel, sondern das Spiel erfand den Menschen, und die Fähigkeit zum Spielen sichert erst die Überlebensfähigkeit. Da aber der Zufall mit von der Partie ist, bewegt sich das Spielerverhalten in Grauzonen. Darin gilt nicht mehr Newtons drittes Axiom der klassischen Mechanik, „Actio gleich Reactio", da sich im Spiel die Reaktionen und Aktionen von Spielern keinesfalls in gleicher Stärke und entgegengesetzter Wirkungsrichtung gegenüberstehen müssen.

Jedes Spiel hat seine Regeln aus Gewohnheiten, Gesetzen, technischen Routinen usw., womit sich offene und „verdeckte" Spielregelsysteme zum Spielregelsystem des Spiels verzahnen. Das Spiel separiert sich auf diese Art und Weise von der Umwelt, die Spielrealität wird geschaffen, und „Wertmaßstäbe" des Spiels werden gesetzt. Die Spielregeln bei START-Verhandlungen („strategic arms reduction talks") sind anders als bei Verhandlungen über Joint-ventures mit China oder bei Verhandlungen mit dem Ziel, strategische Allianzen zu bilden. Konkrete (Entscheidungs-)Situationen erzeugen konkrete Spiele mit konkreten, möglicherweise erst zu findenden Spielregeln. Es gibt daher nicht *das* (Universal-)Spiel mit den (Universal-)Spielregeln, genausowenig wie es Einsteins Weltformel gibt, die alle Elementarkräfte der Natur unter einem Dach vereinigt. Will ein Spieler an solchen konkreten Spielen teilnehmen, müßte er sich zumindest an die Spielregeln halten; tut er das nicht, gilt er als Spielverderber. Er kann die Rolle des Spielverderbers spielen, wenn er denkt, daß ihm diese Strategie ohne

Reputationsverlust und trotz möglicherweise drohender Sanktionen mehr Wertschöpfung einbringt, als sich an die Spielregeln zu halten. Wie ein Spieler über das Spiel und die anderen Spieler denkt bzw. welche Auffassung (Wahrnehmung) er über das Spiel hat, ist aber letztendlich der entscheidende Punkt. **Denken und Auffassungen bestimmen nämlich das Spielerverhalten und damit den Spielverlauf.** Will man ein Spiel oder Spieler beeinflussen, muß man hier ansetzen.

Das Spielregelsystem des Spiels verbindet offene und „verdeckte" Spielregelsysteme

Im Anfangsstadium der Verhandlungen zwischen Ägypten und Israel zur Rückgabe des Sinai unterschieden sich die Auffassungen (das Denken) beider „Spieler" zuerst gravierend. Für Ägypten standen nicht primär Sicherheitsinteressen im Vordergrund, sondern es ging um das Ziel, als territorial homogene Nation die Rolle der Führungsmacht in der arabischen Welt wieder zu festigen. Für Israel ging es dagegen rein um Sicherheitsaspekte. Möglicherweise bestimmen dabei die Devise, keine Fehler zu machen, oder Vorsicht und Gefühl das Spielerverhalten, wenn sich ein Spieler sein Bild über das Spiel gemacht hat. Beide Varianten sind jedoch gefährlich. Im ersten Fall kann ein Spieler scheitern: Er kann nicht alle Spielzüge der anderen Spieler erfassen und auswerten, weshalb er mit seinem selbst gewählten Null-Fehler-Anspruch gedanklich in die Irre laufen kann. Im zweiten Fall liegt die Gefahr der (Selbst-)Täuschung verborgen. Wenn Sie in einer Spielsituation kurzfristig zwischen sofortigem Barvermögen und laufenden Zahlungen zu entscheiden hätten, würden Sie dann einen Kontrakt über eine Million D-Mark in bar einem Kontrakt von anfänglich einem Pfennig einen Monat lang Tag für Tag verdoppelt vorziehen? Die Auffassungen und das Denken aller Spieler ganzheitlich in einer Art und Weise zum ganzheitlichen Denken und Handeln zu koordinieren, wo jeder Spieler wieder die Auffassungen der anderen Spieler und diese wieder seine Auffassungen mit ins Kalkül zieht, ist die Aufgabe der spieltheoretischen Strategie.

Spielregeln sind Schienennetze. Sie bestimmen, wie Spielfelder befahren werden dürfen. Schienennetz und Spielfeld sind in jedem Spiel verschieden. Spieler mit koordinierter Auffassung wählen einen Schienenstrang zur gemeinsamen Durchquerung des Spielfelds. Soll die Durchquerung des Spielfelds oder das Spielfeld selbst verändert werden, muß das Denken und Handeln der Spieler verändert werden

Unterschiede zwischen Spielauffassung und Spielrealität bestimmen eine natürliche, nicht überwindbare Grenze der Reichweite der Spieltheorie. Wittgenstein forderte in seinem Tractatus: „Was sich überhaupt sagen läßt, läßt sich klar sagen; und wovon man nicht reden kann, darüber muß man schweigen", was gemäß aristotelischer Schwarzweißlogik ein klares Merkmal zur Trennung der Wahrnehmungsspektren der Spieler ist. Wäre Wittgensteins Forderung durchsetzbar, könnte man versucht sein, die Wahrnehmungsgrauzonen der Spieler gezielt auszuräumen. Intrigen und Machtspielen könnte der Nährboden des „Sowohl-Als-auch" entzogen werden. Machiavelli, Sunzi, das Chamäleon und der schlaue Fuchs hätten ausgespielt. Diesen Versuch kann man jedoch seit Heisenberg getrost unterlassen. Seine Unschärferelation besagt, daß in der Physik gleichzeitige Voraussagen über den Ort und die Geschwindigkeit der Teilchen nur den Charakter von Wahrscheinlichkeitsaussagen haben können. Man kann also in der Quantenwelt niemals genau gleichzeitig wissen, wo ein Teilchen ist und wie schnell es sich bewegt. Das bedeutet aber, daß Aussagen nur in bestimmten Grenzen (Wahrscheinlichkeiten) Gültigkeit haben, was analytischer Interpretation Grenzen setzt. Inwieweit Erfahrung und Auffassung der Spieler mit der durch Spiele geschaffenen „neuen" Wirklichkeit konform sind, ist daher vorab nicht „sicher" feststellbar. Die Spieltheorie erhebt auch nicht den Anspruch, jeden Spieler individuell glücklich und zufrieden zu machen. Das kann auch nicht das Ziel unter der systemischen Zwangsjacke des Wandels sein, der Spieler ja erst zum Spiel zusammenführt und wo ein tragfähiger Konsens immer eine Art von „Durchschnittsregel" des Interessenausgleiches ist. Die Bausteine der Spieltheorie bieten aber Möglichkeiten zum eigenverantwortlichen Management dieser Differenzen durch die Spieler. Handlungsleitende Auffassungen werden durch die Spieler selbst beeinflußt. Sich verändernde Auffassungen verändern aber den Spielverlauf (Netzwerkkurs) und damit auch die Spieler. Orientieren sich dabei „verdeckte" Spielregelsysteme in Richtung des vom Management vorgegebenen Netzwerkziels, wird ein Kollisionskurs vermieden. Geheime Spielregelsysteme werden dadurch zu „normalen" Spielregelsystemen und sind per se nichts „Schlimmes" mehr.

Die Spieltheorie ist ein Rahmen für eigenverantwortliches Management von Differenzen

Bei der Beeinflussung von Auffassungen unter Netzwerkzielen ist das Management als (Haupt-)Gestalter von Spielregeln und Spieldynamik gefordert. Change Management wird daher zum „changing the game" in die durch das Management festgelegte Richtung.

Change Management ist zielorientiertes, qualitätsgesichertes „changing the game"

Ansatzpunkte für ein die Netzwerkkultur veränderndes „changing the game" sind Anreiz- und Beförderungssysteme, Unterstützung bei Projekten, Kontrollspannen in Teams, Ideenprämien für kreative „Spiellösungen" durch Teams usw. Die Spieltheorie erreicht diese Grenze der Verträglichkeit von Spielrealität und Realität aber erst spät. Vorher wurde ja schon die Komplexität der Entscheidungssituation auf Spiel und Spielregeln reduziert. Das bedeutet, daß die Spieler erstens ein Bewußtsein für die dem Spiel zugrundeliegende (Entscheidungs-)Situation geschaffen haben. Zweitens hatten die Spieler die Chance, ihre „Köpfe" zur Beeinflussung der Spielregeln einzusetzen, was möglicherweise die Auffassungen mancher Spieler bereits in dieser Suchphase in die „richtige" Richtung verändert hat. Auf diesem Weg haben die Spieler die Chance, deutlich zu machen, was ihnen wichtig ist, welchen Wegen sie zum Erreichen ihrer Ziele folgen wollen, welche Beurteilungskriterien sie anlegen usw., und genau dadurch können Determinanten verdeckter Spielregelsysteme offenbart werden. Um das „richtige" Spiel zu finden, steht neben den unveränderbaren Rahmenbedingungen der Rechtsnormen (Gesetze) der gut gefüllte Instrumentenkasten der Motivations-, Kreativitäts- und Moderationstechniken bereit.

Die Spielregeln legen zusätzlich fest, über welche Macht ein Spieler im Spiel verfügt; sei es in der Spielgestaltung („leadership") oder als direkte Macht über andere Spieler. Weiters bestimmen Spielregeln, ob Spieler durch Koalitionsbildungen ihre Macht ausdehnen dürfen bzw. können und welche Sanktionen drohen, wenn Spielregeln verletzt werden. Das Spielregelsystem des deutschen Kartellgesetzes, das die (Macht-)Spiele im Wirtschaftsleben regeln soll, ist hierfür ein Beispiel. Letztendlich liegt in den Spielergebnissen „Verlust oder Gewinn" auch ein Schlüssel zum Verständnis von Netzwerkmacht, da Spieler in den verhaltenssteuernden Gewinn-/Verlustrelationen ihre eigene Stärke und die Stärke der anderen bewerten, falls sie diese Spielergebnisse (Auszahlungen) (er)kennen sollten.

In diese Netzwerkmacht sind auch die Spielauffassungen der Spieler eingebettet. Die gezielte Beeinflussung oder Veränderung der Auszahlungen ist damit ein erst durch Spielsituationen identifizierbarer Schlüssel zur Beeinflussung des Spielerverhaltens. Dieser Schlüssel paßt auch in das Schloß mit dem Schließmechanismus, der sich hinter der Frage nach dem „Wie" verbirgt. So können die die Netzwerkkurse (mit)bestimmenden „verdeckten" und offenen Mechaniken alter (Macht-)Spiele zielorientiert „zerstört" oder verändert werden. Im Spiel liegen damit Chancen, „unbewußte" Spielregelsysteme des Netzwerkes, die als Visionen angekündigte Wandlungsstrategien schnell ad absurdum führen können, transparenter zu gestalten. Das ist ein wichtiger Punkt für erfolgreiches Change Management; die Spiele zeigen dafür Ansatzpunkte.

> **Auszahlungen beeinflussen die Auffassungen der Spieler und damit den Spielverlauf. Werden Auffassungen verändert, werden geheime Spielregelsysteme verändert. Die Hebel zur Beeinflussung und das „Wie" zur Beeinflussung reflektiert der Spielverlauf.**

In der Sprache der Mathematik erhält die Komplexität der (Entscheidungs-)Situation durch die Reduktion auf strategisch relevante Schlüsselkomponenten nicht nur eine kommunizierbare Begrifflichkeit, sondern auch einen Sinngehalt. Die Spieler sind nämlich „gezwungen", klar auf den Punkt zu kommen. Es ist kein Platz, um ein Vakuum in Zahlen zu erfassen, triviale Floskeln auszureizen und nutzlose Symbolik zu pflegen. **Ist eine Entscheidungssituation durch Spieler, Strategiealternativen, Spielregeln, Informationsstrukturen und Auszahlungen, kurzum durch ein Spiel, erfaßt, besteht nicht die Gefahr, daß die Entscheidungssituation durch nebulöse Begrifflichkeiten selbst zum problematischen Bestandteil des zu lösenden Problems wird.**

> **Die Spieltheorie liefert Sprachbausteine zur Kommunikation im Change Management. Den Wandel erfassen Spiele; kommuniziert wird in für alle Spieler verbindlichen Begrifflichkeiten des Spiels. Die Spieltheorie „tappt" nicht in Kommunikations- und Sprachfallen**

Mit dem Spiel als Rahmen für simulierte „Gefechtsfeldanalysen" werden die Spieler in ein gemeinsamen Boot geholt. Sie sind nicht mehr Betroffene; sie sind Beteiligte. In diesem „Spielboot" haben sie die Chance, gemeinsam und wechselseitig transparent „neue" Sichtweisen über das Scheitern von Strategien, über Mechanismen des Widerstandes, über das Wirken verborgener Botschaften usw. zu entwickeln. Wenn die Spieler nicht nur erkennen, daß die weichen Faktoren der Netzwerkkoordination, die im Spiel erst einmal benannt werden müssen, eigentlich zu den harten Widerstandsfaktoren des Wandels werden, sondern auch ihre Rollen bei diesen Inszenierungen transparenter sehen und im systemischen Zusammenhang verstehen, kann sich die egozentrische Sicht der Dinge in eine allozentrische Sicht der Dinge (ver)wandeln.

Um Spiele erfolgreich zu spielen, müssen sich die Spieler selbst (er)kennen, um eine egozentrische Sicht der Dinge zu entwickeln. Die Spieler müssen aber auch das Verhalten der Mitspieler (er)kennen, um eine allozentrische Sicht der Dinge zu entwickeln. Erst die Mischung beider Sichtweisen zeigt Chancen und Risiken auf und bestimmt in der Folge die Spielstrategien. Der (Gedanken-)Rahmen der Spiele ermöglicht diesen Perspektivenwechsel

Um eine Entscheidungssituation zu verstehen, benötigt man Klarheit über sich selbst:
- Was verliert man?
- Welche Ziele verfolgt man?
- Was sind die Interessen?
- Welche Risiken sind absehbar und welche nicht?

Zusätzlich muß man die Situation aus der Sicht der anderen Spieler betrachten:
- Welche Ziele würden wir an Stelle der anderen Spieler verfolgen?
- Welche Interessen hätten wir, wenn wir an Stelle der anderen Spieler wären?
- Was erkennen wir überhaupt aus der Perspektive der anderen Spieler?

Um eine „doppelte" Beobachterrolle einzunehmen, ist die „Vogelperspektive" notwendig. Man spielt das Spiel quasi unter Ciceros Blickwinkel und fragt: „Cui bono?" (Wem nützt es?) Führen dann die verschiedenen Strategien der Spieler vor der eigentlichen „Schlacht" gegeneinander zu „Stellvertreterkriegen", ergibt sich durch häufigen Wechsel der Beobachtungsstandpunkte bzw. Rollentausch am „grünen Tisch" ein ausgewogenes Bild von der Situation. Indem man sich in die „Köpfe" der anderen Spieler hineinversetzt, lernt man ihr Denken zu verstehen. Da diese Möglichkeit über den (Gedanken-)Rahmen des Spiels allen Spielern offensteht, zeigen sich „verdeckte" Spielregelsysteme, und die Netzwerkpsychologie, an der Change-Management-Projekte meistens zu scheitern drohen, nimmt Konturen an. Im wechselseitigen Denken des Denkens der anderen werden möglicherweise erst die sonst verborgen gebliebenen wertschöpfenden Optionen erkannt. **Ein wesentlicher Punkt der Spieltheorie ist also der Perspektivenwechsel, durch den man sich in die Lage anderer Spieler hineinversetzen kann. Die Frage dabei lautet nicht: Wie betrachten wir das Spiel der anderen Spieler aus ihrer Perspektive?, sondern vielmehr: Wie sehen die anderen Spieler aus ihrer Sicht das Spiel?**

Spieltheoretisches (strategisches) Denken heißt, sich in die „Köpfe" der anderen Spieler zu versetzen. Man muß wissen, wie andere Spieler das Spiel aus ihrer Perspektive sehen.

Dieses (Denk-)Muster bietet die Chance, den „verdeckten" Spielregelsystemen des Netzwerkes auf die Spur zu kommen. Gerade im Denken der Spieler versteckt sich nämlich das, was im Netzwerk „nicht in Ordnung" ist. Darüber hinaus liegt darin auch das Diagnosepotential verborgen, um diese Schwachstellen der Netzwerk-Performance überhaupt erkennen zu können. Im Denken liegt auch das Potential verborgen, um Strategien zum Abschaffen dieser Probleme zu entwickeln, sowie das Akzeptanzpotential für die Umsetzung solcher Strategien. Der Abstraktionsrahmen des Spiels liefert eine „neue" gemeinsame Gedankenplattform, auf der auch „verdeckte" Probleme quasi am „grünen" Tisch, ohne Furcht vor Sanktionen, zur Sprache kommen können. Wenn sich das Denken eines Spielers „nur" in den durch die Realität vorgegebenen Bausteinen des Spiels „bewegen" kann und das menschliche Gehirn aufgrund der Informationsüberflutung selektiv vorgehen muß, besteht eine gute Chance, den das Verhalten der Spieler steuernden, „wahren" (Denk-)Schablonen auf die Spur zu kommen. Das ist keinesfalls negativ im Sinne eines gläsernen Spielers gemeint, da im Spiel die „Köpfe" der Spieler ja gemeinsam von allen Spielern genutzt und nicht benutzt werden, wobei das Management selbst „nur" ein Spieler in den Spielen ist.

Spiele identifizieren die wahren (Denk-)Schablonen der Spieler

Im strategischen Denken der Spieltheorie findet man die (Denk-)Muster von Sunzi und Machiavelli, wobei spieltheoretisches Denken in erster Linie eine mathematisch unterstützte Denklogik ist. Das ist der qualitative Aspekt der Mathematik als Strukturgeber(in) in der Spieltheorie. Erst in zweiter Linie kommt die Mathematik möglicherweise auch als Computerakrobatik ins Spiel, wenn Konsequenzen im (Gedanken-)Rahmen des Spiels zu quantifizieren sind. Spieltheoretisches Denken ist somit nicht automatisch mit quantitativer Analyse verbunden, die Spielern durch die Trägheit der Analytik die Fähigkeiten zum Blick fürs Wesentliche und zum originellen Denken, kurzum, die notwendigen Kreativitätspotentiale entziehen (kann). Spieltheoretisch denken kann jeder Spieler vor Ort, und zwar ohne einen mathematischen Analyseapparat. Es beginnt ganz einfach damit, sich in größeren Zusammenhängen zu sehen und nicht als selbstverständlich vorauszusetzen, was als selbstverständlich erscheint, da alles einander bedingt. **Das ist ein Kernstück der spieltheoretischen Perspektive.** Der damit verbundene Informationstransfer und die durch Spiele erfaßten Realitäten können allerdings **topsecret** sein. Soll spieltheoretisches Handeln längerfristig umgesetzt werden, kann nicht auf den Analyseapparat verzichtet werden. Beim Change Management stehen aber erst einmal die „Köpfe" der Spieler im Zentrum, und die kann spieltheoretisches Denken sogar ziemlich schnell erreichen.

Spieltheoretisches Denken erfordert keinen mathematischen Analyseapparat

Werfen wir einen kurzen Blick in die Bankenwelt. Eine Bank hat nach Abschluß eines Kreditkontraktes und Auszahlung der Mittel meistens keinen Einfluß mehr auf deren Verwendung durch den Investor. Bei einem neuen Investor steht die Bank vor dem Problem, daß sie während der Vertragsverhandlungen über die üblichen Standardverfahren zur Kreditsicherung hinaus erkennen muß, welche Alternativen der Investor für Risikoprojekte, die ihm eine höhere Rendite, der Bank aber das höhere Insolvenzrisiko bescheren (können), hat. Erkennt die Bank solche Alternativen, kann sie über eine Erhöhung der Risikoprämie (Zins) noch während der Vertragsverhandlungen darauf reagieren oder als „outside option" ohne Risiko aus den Verhandlungen aussteigen. Intuitiv spielt die Bank mit dem Investor ein Spiel; sie denkt spieltheoretisch, indem sie denkt, wie der Investor denkt. Sie führt unter den Spielregeln eines Verhandlungsspiels die Kontraktverhandlungen, und sie versucht die richtigen (Spiel-)Regeln (Konditionen) für den Kreditkontrakt zu finden. Kurz gesagt sucht die Bank also die „richtigen" Regeln für das Spiel, bei dem sie unter dem geringsten Risiko das meiste Geld möglichst „sicher" verdienen kann. Diese Möglichkeit steht natürlich auch dem Investor offen. Auf die Spielrealität der Managementphilosophien umgelegt, findet das die Spieler in der Sprache der Spieltheorie vernetzende Denken dann in der Terminologie der Managementphilosophien statt. Die (Denk-)Logik bleibt jedoch dieselbe.

Strategisches Entscheiden folgt einer (Denk-)Logik

Selbstverständlich kann kein Spieler gezwungen werden, aktiv, zielorientiert und auch noch qualitätssichernd an Spielen teilzunehmen. Selbst ein passiver Spieler ist aber immer ein Spieler in den Spielen der anderen Spieler. Ohne daß er dies verhindern könnte, wird sein (passives) Verhalten für die anderen Spieler und vor allem auch für ihn selbst in den Konsquenzen transparent. Wenn man als Team-(Mit-)Spieler aber kein Team-Spieler ist, entsteht ein gewisser „Leidensdruck" durch die Team-Umwelt. Und das führt nicht selten dazu, daß auch dieser Spieler aktiv ins (Team-)Spiel einsteigt. Das ist spätestens dann der Fall, wenn es bei Profitcenter-Strukturen um die Verteilung der leistungsgerechten und nicht nur funktionsorientierten Wertschöpfung des Teams geht.

Kein Spieler kann sich der Einbindung in Spiele entziehen

Spiele: (Gedanken-)Rahmen ganzheitlichen Risikomanagements

Neben dem Szenarienmanagement kommt auch modernes prozeßorientiertes Projektmanagement, dessen frühe Variante schon die Ägypter beim Pyramidenbau praktizierten, aus dem Militär. Nach dem Zweiten Weltkrieg waren das Polaris-Programm, die Großraum-Programme der USAF (US Air Force) und das Apollo-Programm erste große, durch Projektmanagement gestützte Programme. In Deutschland kamen besonders das Management-System Phased Project Planning (NASA), System Management (USAF) und PERT (US NAVY) zum Einsatz. Das 1966 von General Schriever herausgegebene Luftwaffen-Projektmanagement-Konzept ist ein Standardwerk. Im amerikanischen Manhattan Engineering District Project zum Atombombenbau im Zweiten Weltkrieg liegen auch die Wurzeln moderner Spieltheorie.

Die Wurzeln der Spieltheorie liegen im Militär

Nicht weil der Herzog von Wellington behauptete: „Die Schlacht von Waterloo wurde auf den Spielfeldern von Eton gewonnen", sondern weil britische Militärs erkannten, daß die Geleitzugschlachten im Atlantik bestimmten (Spiel-)Regeln folgten, wurden erste vernetzte (Strategie-)Schemata aufgestellt. Die Umsetzung dieser Schemata als Konvoi- und Sicherungstaktiken erhöhten die Verlustziffern der deutschen U-Boot-Waffe erheblich. Durch den ungarischen Mathematiker v. Neumann, der als Quantenphysiker und Computerspezialist eng mit dem Manhattan-Projekt verbunden war, debütierte die moderne Spieltheorie, deren mathematische Wurzeln aber bis in die Zeit der Jahrhundertwende zurückreichen, im Rahmen des Manhattan-Projektes. Das erklärt auch, warum die Spieltheorie lange Zeit „top-secret" war.

Gegenstand der Spieltheorie sind ganzheitliche (Entscheidungs-)Situationen

Durch die Verbindung zwischen v. Neumann und dem Ökonomen Morgenstern erschloß sich die Spieltheorie mit dem 1953 erschienenen Buch „Theory of Games and Economic Behavior" die Ökonomie. Dadurch lüftete sich der Schleier des „top-secret" zumindest ein wenig. Morgenstern interessierte sich für das vernetzte spieltheoretische Denken, da er nicht glaubte, daß wirtschaftliches Handeln effektiv vorhersagbar ist: Prognosen werden nämlich von Konsumenten und Managern wieder mit in Betracht gezogen, was zur Folge hat, daß sich ihre Entscheidungen und Aktionen prognoseabhängig verändern. Dieses Reaktionsmuster veranlaßt dann Prognostiker, die Vorhersagen zu modifizieren, worauf die Umwelt wiederum ihr Reaktionsverhalten ändert usw. Morgenstern kam zu dem Schluß, daß dieses permanente Feedback irgendwann in die Irre führen muß. Spieltheoretisches Denken schafft jedoch in diesem Endloszyklus einen Ausgleich (Interessengleichgewicht). Durch die Spieltheorie kam es dann auch schon Mitte der 50er Jahre mit Hilfe von Kahns Eskalationsspirale zur Klassifikation von Konflikten und zur Präzisierung einer Vielzahl von für den internationalen Politikbereich wichtigen Begriffen. In der Gegenwart gehört spieltheoretisches Denken in der Soziologie, der Psychologie, der Biologie und sogar in der Chemie zum Standard. Entscheidend dabei ist, daß nicht immer der mathematische Apparat, sondern eher der „intellektuelle" (Denk-)Stil der Spieltheorie ein Mehr an systemischer „Erkenntnis" liefert. Es ist unbestritten, daß die Spieltheorie über die Beschreibung der Konsequenzen von Kriegsfolgen als Resultat strategischer Interaktion in Interessenkonflikten mit dazu beigetragen hat, daß „große" Territorialkriege nach dem Zweiten Weltkrieg vermieden werden konnten.

Spieltheoretisches Denken hilft Risiken nicht nur zu erkennen, sondern auch zu vermeiden

Wenn man bedenkt, daß in der katholischen Kirche seit langen Zeiten ein Spiel (Rededuell) zwischen dem advocatus dei und dem advocatus diaboli über die Heiligsprechung von Personen entscheidet und beim Roulettespiel oder Kartenspiel immer „Spiele" im Spiel sind, kann der Begriff Spieltheorie schon etwas in die Irre führen. Hier ist die englische Sprache durch „Game Theory" exakter. Im Englischen erfaßt „play" kindliche Spiele, „gamble" Glücksspiele und „game" strategische Spiele. Der Begriff Spieltheorie „verdankt" seinen Namen der schlichten Tat-

Nicht jedes „Spiel" ist strategisch

sache, daß Brettspiele ein wichtiges Anschauungsobjekt sind, um spieltheoretische Begrifflichkeiten und strategisches Verhalten zu illustrieren. Da ist die Spieltheorie in guter Gesellschaft, denn der Mensch denkt und versteht seit den Anfängen der Geschichte in komplexitätsreduzierenden (Gedanken-)Bildern. So ist für Henry Kissinger die Weltpolitik auch „nur" mit einem Schachbrett vergleichbar, und die komplizierte Quantenlogik verdeutlicht das Bild von Schrödingers berühmter Katze: Bevor man in den blickdichten Schrödinger-Käfig schaut, muß die Katze ein ziemlich „trauriges" Dasein als Wahrscheinlichkeit führen. Erst wenn sich der Beobachter entschließt, einen Blick in den Käfig zu werfen, entscheidet sich, ob die Katze tot oder lebendig ist.

Die Spieltheorie hat zwar nichts mit Katzen, aber um so mehr mit Wahrscheinlichkeiten und Bildern zu tun. In den Bildern der Spieltheorie kommen in einheitlichen formalen Systemen (Spielen) Netzwerkspieler mit kooperativen und/oder nichtkooperativen Absichten und dem Ziel Frieden und/oder Krieg zusammen. Im Schmelztiegel des Spiels verbinden sich dann die verschiedensten strategischen Absichten mit unterschiedlichsten Kenntnissen und Vorinformationen über die jeweilige Situation und über die Chancen der Kontrahenten. Möglicherweise sind sich die Spieler im klaren darüber, wohin die Reise gehen soll, doch ob sie die Reiseroute zum gewünschten Ziel auch finden, entscheidet sich erst in der komplizierten Interessen-Gemengelage des Spiels. Im Spiel haben sie erst einmal alle Hände voll zu tun, sich per „coup d'oeil" ein Bild von der Lage zu verschaffen. Sie müssen ihre eigenen Informationen ordnen und gegebenenfalls der Situation anpassen, und sie haben zu entscheiden, ob neue Informationen strategisch, wichtig oder unwichtig sind, wobei sie den (Gedanken-)Rahmen des Spiels quasi als „get rid of waste through game thinking"-Mechanismus nutzen können. In diesem Informationschaos lebt natürlich kein Spieler wie auf einer Insel; isolierte Lösungen sind daher unter der ganzheitlichen Perspektive der Spieltheorie keine dauerhafte Alternative für Netzwerkarrangements.

Dazu ein Beispiel aus der Krankenhauspraxis: Dort kann es zur Einsparung von Kosten im Laborbereich durchaus optimal sein, einen täglichen Annahmeschluß festzulegen, um ein mehrfaches Anfahren der Analysemaschinen für Blutproben zu vermeiden. Hat das verspätete Eintreffen von Blutproben im Labor jedoch zur Folge, daß OP-Termine verschoben werden und manche Patienten deshalb länger im Krankenhaus bleiben müssen, können die Kosten im Krankenhaus-Netzwerk um ein Mehrfaches die Kosten des nochmaligen Anfahrens der Maschinen übersteigen. Diese systemischen Effekte (Informationen) werden bei isolierter Beobachtung jedoch oft nicht erkannt.

> **Man darf Prozesse nicht so weit zerlegen, daß Zusammenhänge (Ordnungen) nicht mehr erkennbar sind. Unter einer spieltheoretischen Perspektive besteht dieses Risiko nicht, da Wertschöpfungsketten als Folgen verbundener Spiele systemisch reflektiert werden**

Daß bei der Netzwerkkoordination hauptsächlich Informationen zu organisieren sind bzw. (Informations-)Spiele gespielt werden, zeigen auch TQM, Lean-Philosophien, Reengineering, Time-Based Competition usw., die zum Großteil auf der Neugestaltung von Informationstechnologien basieren. Daß die (Neu-)Gestaltung von Informationstechnologien nur eine notwendige, aber keinesfalls hinreichende Bedingung zur Koordination vorher unabhängiger Aktivitäten in Prozessen ist, zeigt die Praxis. Gerade im Krankenhaus stößt Change Management durch das komplexe Datenmanagement auf eine erste Barriere. Eine zweite Barriere ist die Non-profit-Philosophie mit ihrer ethisch-moralischen Dimension. Die Identifikation und Bewertung von Kernprozessen sowie diese unterstützende Sekundär- und Tertiärprozesse (Medikamentenversorgung, Bettenlogistik, Hotelleistungen usw.) sind eine dritte Barriere. Sie alle sind jedoch durch unsichtbare Informationsnetzwerke verknüpft. Daß Informationen in Netzwerken der Dreh- und Angelpunkt sind, zeigt auch die Entwicklung neuer Strukturen bei der NATO. Diese neuen prozeßorientierten Sicherheitsstrukturen ähneln immer weniger einem klassischen Militärbündnis, sondern nähern sich flexiblen Formen institutioneller Kooperation. Ein Weg für diese Kooperationen, Unsicherheit zu reduzieren, ist die glaubwürdige Bereitstellung von Information, die es allen Teilnehmern erlaubt, zwischen „guten" und „schlechten" Partnern zu unterscheiden. Die damit verbundene Intensivierung der Kooperation und Kommunikation unter den Spielern stellt erhöhte Anforderungen an das Informationsmanagement. Es wird zu einer Basis für Krisenmanagement, Konfliktprävention, Friedenserhaltung und Friedensschaffung. Kurzum, Informationsmanagement dient der Förderung gemeinsamer Werte, und Spiele sind eine Organisationsform für wertschöpfenden Informationstransfer.

In Netzwerken bestimmt Informationstransfer Spielerverhalten und Spielverlauf. Spiele wirken wie eine Informationsbörse, an der sich erst über das Engagement der Spieler ungewohnte Perspektiven durch die Verknüpfung „alter" und „neuer" Informationen ergeben (können)

In Managementphilosophien transformieren Prozeßkategorisierungen die Netzwerke jedoch nicht nur in das für Veränderungen notwendige Prozeßsystem; das Netzwerk ist zusätzlich noch auf ein transparentes Informationsfundament zu stellen. Dadurch sind Informationen dann der zentrale Kern, um den die Aktivitäten der Spieler angeordnet sind. Dringen in die Netzwerke neue Informationen ein oder führt der „overload" an Information zu Informationspathologien, werden informationsbasierte Fluktuationen zu Abweichungen von Normen (Ordnungen). Information wird zum Störfaktor, und Netzwerkspieler halten die Büchse der Pandora in den Händen, wenn sie um einen handlungsleitenden (Informations-)Pool von „Ungleichgewichten" versammelt sind. Mit dem Management in der Rolle von Netzwerkservern ist jedes Netzwerk ein strategisches Informations- und Kommunikationssystem. Darin ist das Management wie alle anderen Spieler auf der Suche nach neuen Gleichgewichten in Gestalt von zukunftsorientierten Ordnungskonzepten (Spielregeln). In diesen Anpassungsprozessen reagieren die Netzwerkspieler durch ihr Verhalten auf das Wechselspiel der Prozesse; und die Prozesse beeinflussen wiederum das Spielerverhalten. In Krankenhaus-Netzwerken sind Informationen sogar ein (über)lebensnotwendiges Interaktionsproblem medizinischer Leistungsprozesse; generell sind Innovationen in Netzwerken erst das Resultat geregelten rückgekoppelten Informationstransfers.

Die unsichtbaren Kräftefelder des offenen Informationsflusses sind die Quellen der Wandlungsfähigkeit, ohne die Netzwerke zum Opfer der Entropiegesetze werden. Die Dynamik des Netzwerkes basiert also auf dem Phänomen strategischer Information, für das die (Denk-)Muster der Netzwerkspieler wieder die Software sind. Wie in allen Netzwerkwelten begegnen uns auch beim Informationstransfer im Krankenhaus Machiavelli, Sunzi, das Chamäleon und unser schlauer Fuchs auf Schritt und Tritt. Aufgrund der berufsständischen Versäulung hat strategisches Informationsverhalten im Krankenhaus sogar eine Tradition als Macht- und Führungsinstrument. Dabei zeigt sich „group thinking" als selektiver Informationstransfer in der Bevorzugung von Leistungsbereichen durch Chefärzte, die als Fach- und Machtpromotoren wie Veto-Spieler agieren. Dadurch sind Wandlungsprozesse im Krankenhaus oft personenzentriert. Wird eine Spielregel etwa durch Modifikationen in Diagnostik und Therapie umgestaltet, verändern sich schnell die darüber zu koordinierenden Spiele. Die Spieler passen sich möglicherweise jedoch viel langsamer an. Dieses Informationsszenario erschwert die Implementierung von Spielregelsystemen, die wie das

- High Involvement Management auf offenem Arbeitsklima
- das Management der Virtuellen Organisation auf Vertrauensverhältnissen
- das Management der Lernenden Organisation auf systemischem Lernen
- das Lean-Management auf Problembearbeitung im Team
- das TQM auf Kaizen und
- das Time-Based Competition Management auf Breakthrough-Teams zur Entwicklung problemorientierter Beschleunigungsstrategien

basieren.

In jedem Netzwerk sind die Spieler daher unter den Unschärfen dynamisch rückgekoppelter Regelkreise über den Informationsfluß nicht nur zu einem Erfolgs-, sondern auch zu einem Risikoverbund verzahnt. Mit Szenarien als Rahmen wahrgenommener Umweltrealitäten ist Change Management als Prozeßmanagement auch Szenarienmanagement. Die Szenarien sind dann die sich verändernden Spielfelder, auf denen die Spiele des Wandels stattfinden.

Szenarien sind die Spiele. Spiele sind untereinander verzahnt. Die Betrachtung von Teilspielen birgt Risiken. Spiele von heute beeinflussen andere Spiele von heute und Spiele von morgen. (Denk-)Grenzen von Spielern und reale Spielgrenzen sind nicht identisch

Gleichgewichte: Verhaltenssteuernde Neuronen der Spieler

In Netzwerken ist ein umfassendes Informationssystem das verbindende Element in und zwischen den Netzwerkspielen. Eine Vielzahl von Informationsketten hält das Netzwerk in Bewegung, wobei jede Kette nur so stark ist wie ihr schwächstes Glied. Neuronale Netze und Fuzzy Logic sind geeignete Instrumente zur Organisation der informationstechnischen Verknüpfung und für das Design von Netzwerktopologien. Die Systembeherrschung erfordert jedoch Kontrolle, Steuerung und Regelung durch Machtausübung. Mangelnde Transparenz und Informationsasymmetrie zwischen den Netzwerkkomponenten sowie zwischen Netzwerk und Öffentlichkeit (Netzwerkumwelt) sind oft Auslöser für das Herausbilden von Aufgabenrigiditäten, Blockierungspotentialen und der Dominanz partikulärer Interessengruppen. Dabei werden durch die Spieler Informationen subjektiv erfaßt, verarbeitet und weitergegeben, was die Neuronen im Gehirn übernehmen. Dieses dynamisch selektive System gleicht einem neuronalen Dschungel, in dem sich Gruppen von Neuronenzellen ständig gegenseitig beeinflussen und überprüfen. Das Phänomen des (Zusammen-)Spiels schafft in jedem Moment kongruente Bilder, in denen das strategische Denken und die Wertesysteme der Spieler verborgen liegen. Hier liegt die Zentrale der Bewußtseinsentwicklung, die dafür verantwortlich ist, daß Reize „intern" bewertet und manche Wahrnehmungen zur Erinnerung werden. Salopp gesprochen, entstehen so die Werturteile, wonach bestimmte Situationen „gefühlsmäßig" bewertet werden, bevor sie „rational" analysiert wurden. So entscheidet sich auch, ob man über Spiele überhaupt „methodisch" nachdenkt und möglicherweise versucht, sie zu verändern, bzw. ob man glaubt, das „richtige" oder irgendein Spiel zu spielen.

> **Der strukturierte (Gedanken-)Rahmen der Spiele hilft den Spielern nicht nur „richtige" Spiele zu finden, sondern in „richtigen" Spielen auch „richtige" Entscheidungen zu treffen**

Erst über Informationen werden Netzwerkmacht und Netzwerk-Performance transportiert. Informationsbesitz („private information") eröffnet Spielern die Chance zum situationsbedingten selektiven (strategischen) Informationstransfer, der neben einer strategischen Positionierung im Netzwerk auch einen wertschöpfenden Vorsprung im internen Netzwerkwettbewerb sichern kann. Die Qualität des Informationsaustausches (Kommunikation), die erst die Umsetzung von Visionen oder Leitideen ermöglicht, wird für das Netzwerk als Ganzes somit zum entscheidenden Wettbewerbsfaktor. Kompetenzstreitigkeiten, unterschiedliche Auffassungen über

Budgetregelungen, Zieldivergenzen und Rollendissens führen als alltägliches Merkmal der Tagesroutine in Netzwerken schnell zu Wettbewerbsnachteilen. In diesen Prozessen (Spielen), in denen Spieler (Sender von Information) potentiellen Nachfragern (Empfänger der Information) das „Gut" Information mit dem Ziel anbieten, im Austausch eine Gegenleistung (gewünschte Informationswirkung) zu erhalten, muß eine qualitätsgesicherte, akzeptierte, stabile und flexible, die Spieler vernetzende Ordnung gefunden werden. Diese Ordnung ist im Idealfall das Gleichgewicht des die Situation erfassenden Spiels. Salopp formuliert, muß das die Handlungen der Spieler koordinierende Gleichgewicht jeden der durch Interaktion untereinander verbundenen Spieler soweit wie möglich zufriedenstellen.

Gleichgewichte in Spielen sind geeignete verhaltenssteuernde Ordnungen (Spielregeln)

Erst diese Eigenschaften machen das Gleichgewicht zu einem sinnstiftenden Instrument der Netzwerkkoordination. Geheime Netzwerkarrangements, Drohpotentiale, Widerstände usw. können durch Gleichgewichte neutralisiert werden, wenn für die konkrete (Entscheidungs-)Situation das „richtige" Spiel gefunden wird. Dabei wird Konflikten nicht aus dem Weg gegangen, da das Gleichgewicht erst durch das vom Eigeninteresse geleitete Engagement der Spieler zustande kommt. Spieltheoretisches Risikomanagement, das mittels (Spiel-)Strategien die Entscheidungsprozesse der Spieler zwischen dem Abwägen von Chancen und Risiken steuert, ist kein übertriebenes Harmoniedenken oder ein Schmusekurs, der nur durch die seichten Gewässer des Netzwerkwandels führt. Da Spielergebnisse als realisierte Risiken den Netzwerkkurs bestimmen, kann es durchaus möglich sein, daß Spieler in den Verhandlungen keine wechselseitig vorteilhafte Einigung erzielen und der „worst case" der Drohstrategie zum Zuge kommt. In diesem Fall ist der „Drohpunkt" auch das Gleichgewicht, was illustriert, daß spieltheoretisches Risikomanagement alles andere als eine reibungslose „Verbeamtung" des Entscheidungsprozesses ist. Inwieweit solche Drohgleichgewichte glaubwürdig sind, steht vorerst noch auf einem anderen Blatt.

Gleichgewichte von Spielen bestimmen als realisierte Chancen und Risiken den Netzwerkkurs. Der Weg zum Gleichgewicht ist die organisierte Suche des Kurses

Das Management ist aufgrund seiner Definitions- und Gestaltungskompetenz für die Spielregeln in diesem Szenario ein Spieler mit großer Regulierungsmacht. Es muß in den Spielen und bei der Suche nach Gleichgewichten durch „geschicktes" strategisches Verhalten „leadership" erlangen. Im Gleichgewicht spiegelt sich dann der Wille der Spieler, Wege in die vom Gleichgewicht gewiesene Richtung zu beschreiten. Gleichgewichte werden jedoch nicht von einem „Manager-Uhrmacher" im stillen Kämmerlein ausgetüftelt; die Spieler sind selbst dafür verantwortlich. Durch Spiele als Organisationsprinzip des Denkens und Handelns wissen sie aber, *wie* man diese Wege geht. Erfolg oder Mißerfolg zeigen sich dann in der Wertschöpfung, die jeder Spieler im Gleichgewicht erhält. Das Management ist als Change Agent und Designer des Wandels dabei jedoch immer etwas „mehr" für die Ausprägung von Gleichgewichten (Netzwerkkultur) verantwortlich.

Das Management muß durch „leadership" die Gleichgewichte beeinflussen

Unter der Prämisse, daß morgen alles besser läuft als heute, ist das Finden und Realisieren von Gleichgewichten in Spielen natürlich eine Illusion. Das kann die Spieltheorie wie jede andere Philosophie oder Theorie zur Netzwerkkoordination nicht leisten. Was sie sehr wohl leisten kann, ist, die Checkpoints für den „richtigen" Weg im Sinne Laotses zu identifizieren. Dadurch werden die Spieler für den „richtigen" Weg sensibilisiert. Unter der Spielperspektive „quellen" Entscheidungen, der Hefe eines Teigs vergleichbar, auf; sie werden nicht mehr nur einfach „gemacht". Spieltheoretisch fundierte Entscheidungen sind das Resultat „kreativen" Durchspielens von Konsequenzenketten, die ganz im Sinne Laotses „Beweise Sachlichkeit, begrüße Schlichtheit" frei von babylonischem Sprachengewirr sind. Das ist mehr, als viele andere als „Befreiungsschläge" angekündigte Philosophien zur Netzwerkkoordination leisten (können). Die Spieltheorie ist also keiner der vielen „Quantensprünge" – allzu viele läßt die Quantenphysik auch gar nicht zu –, sondern eine „tool box", die sich entlang der Prozesse bereitstellen läßt. Durch Prozeßbegleitung und Wirkung vor Ort liegen in der Spieltheorie die Chancen, einen von den Spielern getragenen Verbesserungsprozeß (Change Management) anzuregen, dessen Kern an sich schon Goethe mit den Worten umschrieb: „Die Mängel aufdecken ist nicht genug; ja man hat unrecht, solches zu tun, wenn man nicht zugleich das Mittel zu dem besseren Zustande anzugeben weiß." Das Mittel zum besseren Zustand ist im Idealfall die (formalisierte) spieltheoretische (Gleichgewichts-)Strategie, die über die dahintersteckende (Denk-)Logik bereits erste Schritte in die „richtige" Richtung zuläßt. Als Verbesserung in kleinen Schritten hat die Spieltheorie durch spieltheoretisches Denken einen Zwilling, und der heißt Kaizen. Als Resultat harter mathematischer Logik hat sie ebenfalls einen Zwilling, und der heißt Reengineering.

Kaizen ist spieltheoretisches Denken. Reengineering ist spieltheoretische Analytik

Salopp gesprochen, bevorzugen Gleichgewichte besondere Strategien, die quasi den Interessendissens der Spieler unter geringstmöglichem Wertschöpfungsverlust für das Netzwerk auspendeln, wobei folgende Zusammenhänge bestehen:

1. Die erlaubten Spielzüge in einem Spiel bestimmen die Spielregeln. Durch das Spiel sind die möglichen Rahmenbedingungen und der jeweilige Informationsstand bzw. das Informationsszenario festgelegt. Mit ihren Spielzügen (Verhalten) sichern die Spieler ihre Wertschöpfung, wohinter sich Gehälter, Prestige usw. verstecken können.

2. Eine Strategie ist ein Maßnahmenkatalog für alle Eventualitäten, die im Spiel auftauchen können. Die Strategie ist eine vollständige Darstellung von festgelegten Aktionen unter Beachtung aller möglichen Entwicklungen der Umwelt und aller Entscheidungen der anderen Spieler. Dadurch legt ein Spieler auch Aktionen für solche Spielsituationen fest, die sich während des tatsächlichen Spielverlaufs gar nicht realisieren. Ein Spieler versucht also auf alles im systemischen Zusammenhang vorbereitet zu sein. Da alle Spieler so vorgehen, liefert das strategische Verhalten der Spieler über den (Gedanken-)Rahmen des Spiels die größtmögliche Reichweite, um den Wandel in den Netzwerkinnenwelten und der Netzwerkperipherie aus einer holistischen Perspektive zu bewältigen. Das ganzheitliche Strategieverständnis bedingt die Art und Weise, *wie* das Netzwerk durch Spielerverhalten auf Veränderungen des konkreten, institutionellen Designs (offene Spielregeln) und auf Veränderungen der Netzwerkpsychologie (verdeckte Spielregeln) reagiert. Das liefert die Orientierungspunkte zur Beeinflussung der Spiele über Regelveränderungen.

3. Wie das bekannte **Nash-Gleichgewicht** besagt, stellen in diesem Zustand alle Akteure gemeinsam fest, daß das strategische Verhalten der Mitspieler sie zwingt, auf der einmal gewählten Strategie zu beharren. Weil diese Erfahrung alle Spieler gemeinsam betrifft, wird kein Spieler sein Verhalten ändern. Der Ausgleich des Interessendissenses erfolgt über den Anreiz, einen Zustand nicht mehr verändern zu wollen, was die „best practice" für den Augenblick ist.

4. Für den größten Teil der (Netzwerk-)Spiele existieren immer solche Gleichgewichte, und Laotses „Der Weg ist das Ziel" muß im Idealfall in Erfüllung gehen. Die Realisierung des Idealfalls ist in der Praxis sicherlich nicht immer möglich. Viel wichtiger ist, daß es Sicherheit gebende Orientierungspunkte auf dem Weg in die Zukunft gibt und daß Change Management nicht „planloses"

Fischen im Trüben ist. Zur Erreichung dieses Ziels bieten sich möglicherweise mehrere Wege an, die sich jedoch durch das Drehen an der Abstraktions-schraube der Spiele reduzieren lassen. Das spieltheoretische Denken bleibt da-bei immer dasselbe, lediglich der Konsens wird über Umwege erreicht.

Das Nash-Gleichgewicht ist die „best practice" des Augenblicks

Bleiben wir beim spieltheoretischen Denken. **Da die Spieler in Gedanken und nicht notwendigerweise mit „Block und Kugelschreiber" kalkulieren müssen, wie andere Spieler auf ihr Abweichen vom Gleichgewicht reagieren, agieren die Spieler vernetzt, eigenverantwortlich und ganzheitlich unter dem schwächsten äußeren Zwang.** Spieltheoretisches Szenarienmanagement ist also keine Angelegenheit des „command and control". Es ist durch „second order con-trol" und „third order control" erweitert, wobei in der militärischen Variante der Schwerpunkt auf der ersten Komponente liegt. Jeder Spieler unterliegt einer Sorg-faltspflicht, die ihn zwingt, sich mit der Situation gedanklich im größtmöglichen systemischen Zusammenhang auseinanderzusetzen. Die Spieler lernen so nicht nur das Denken und Handeln ihrer Mitspieler, sondern auch sich selbst und das Netzwerk mit seiner Netzwerkpsychologie besser kennen. **In diesen wechselseiti-gen Gleichgewichts-Denkprozessen, in denen es im konkreten Spiel um die Wertschöpfung (Auszahlung) für jeden einzelnen Spieler geht, ist ständige (Qualitäts-)Verbesserung sowohl im Handeln als auch in der Kommunikati-on aufgrund verbundener Eigeninteressen aller Spieler eine logische Konse-quenz.** Hier zeigt sich die Notwendigkeit der „leadership" des Managements, wenn unter dem Leitbild „Qualitätssicherung" Spiele bis auf Teamebenen proji-ziert werden.

Spieltheoretische Gleichgewichtsstrategien sind unter ihren Leitbildern durch Interessen- und Handlungskonsens qualitätsgesichert. Das „changing the game" des Change Managements wird zum „searching equilibrium strategies". Da in jedem Netzwerk die „Köpfe" der Spieler und damit spezielle Erfahrungen so-wie spezielles Wissen die Gleichgewichtsstrategien formen, ergeben die qualitäts-gesicherten Muster differenzierter, einzigartiger und wertbeständiger Geschäfts-tätigkeiten ein Separationsprofil im Wettbewerb. Spieltheoretisches Denken wird zum Kernprozeß und bietet Schutz vor „Me-Too"-Strategien der Konkurrenz. Für Henry Kissinger galt sogar in seiner Schachbrett-Spielversion der Weltpolitik schlicht und ergreifend: „Equilibrium is the name of the game."

Durch spieltheoretische Gleichgewichtsstrategien vernetztes Denken erhöht die Realisationschancen für qualitäts- gesichertes Change Management

Spieltheoretisch denken heißt denken in rückgekoppelten systemischen Zusammenhängen. Orientiert sich ein Spieler an einer bestimmten Gleichgewichtsstrategie, ist dieser Pfad über das Spielfeld momentan der Weg der bestmöglichen Wertschöpfung und des geringsten Risikos. Da das für alle Spieler gilt, betreiben sie vernetzte Risikovermeidung.

Spieltheoretisches Risikomanagement folgt (sucht) Gleichgewichtsstrategien

Auch abseits dieses Gleichgewichtspfades erhält sich jedoch ein Spieler ständig den systematischen „Blick" für die Eventualitäten seiner Umwelt. Das ist ein (über)lebenswichtiger Punkt, da ein Spieler nicht nur ein Spiel, sondern eine Vielzahl von Spielen spielen muß. Die Gleichgewichtsstrategie in einem Spiel ist daher nicht das den Blick für abseits liegende Netzwerkrealitäten verengende Nonplusultra des Netzwerklebens. Kein Spieler kann mehr isoliert in seiner kleinen Netzwerkwelt leben, wobei er sich dieser Tatsache durchaus bewußt ist. In Gedanken spielt ein Spieler nämlich ständig eine Vielzahl von Spielen, indem er zur Chancenwitterung die systemische Radarüberwachung seines Umfeldes betreibt. Jeder Spieler versetzt sich ständig in die Perspektiven anderer Spieler und verschafft sich Vorstellungen, wie diese auf seinen Strategienwechsel reagieren würden. Das verhindert die „geistige" Versteinerung des Netzwerkes. In den Spielen abseits des Gleichgewichtspfades werden Chancen und Risiken ständig neu gemischt, wobei die Spieler aber aufgrund ihres Sensoriums für schwache Signale dieses Mischen durch „monitoring" im Blick behalten. Da das alle Spieler machen, werden sie nicht nur für die „Probleme" des Netzwerkes sensibilisiert. Systemische Risiken werden schneller erkannt und im Spielerverbund möglicherweise schon vor Ort im Team eliminiert, bevor sie ihre zerstörerischen Kräfte im Netzwerk entwickeln können.

Für den einzelnen Spieler sind jene Spiele verbunden, die er in seinen Vorstellungen für verbunden hält. Werden diese Vorstellungen durch das Management beeinflußt, verändern sich die tatsächlich gespielten Spiele. Unabhängig davon, ob ein Spieler das will oder nicht, ist er über Signalgebungen in eine Vielzahl von Spielen eingebunden, womit er sich der Beeinflussung seiner Vorstellungen nicht entziehen kann. Die Kunst des Managements ist die Beeinflussung dieser Vorstellungen im Sinne eines „quo vadis" der Netzwerke.

Es sind jene Spiele verbunden, die Spieler für verbunden halten. Beeinflußt das Management diese Vorstellungen, wird das tatsächliche Netzwerkspiel verändert

Deshalb sind „visionäre" Manager als aktive Spielgestalter und „Veränderer" von Spielen auf den Pfaden abseits des Gleichgewichtes unterwegs, um, wie die Spieler denkend, Chancen und Risiken zu erkennen. Die Gedankenwelt der Spieltheorie gibt diesen Pfaden Konturen, was die Gefahr reduziert, die „falschen" Spiele zu spielen. Es kann gewissermaßen „getestet" werden, ob man die Spieler nicht über Regelveränderungen „unter Angabe von Mark und Pfennig" zum Beschreiten neuer Wege veranlassen kann. Abseits des Gleichgewichtspfades liegen dann Schumpeters Triebfedern des Fortschritts als „Prozesse der kreativen Zerstörung" der „alten" Gleichgewichte. Da spieltheoretisches Denken keine „realen" Spielgrenzen und Tabuzonen respektiert, sitzen alle Spieler gemeinsam im Change-Management-Boot. Damit unterstützt spieltheoretisches Denken den Wandel ganz im Sinne von Tomasi di Lampedusa: „Wenn wir wollen, daß alles so bleibt, dann ist es nötig, daß sich alles verändert."

Die Hebel zur Veränderung von Spielen sind Information, Spieler, Strategien, Wertschöpfung und Spielregeln

Quintessenz

- Spiele reduzieren nach einer (mathematischen) Bauanleitung die Komplexität der (Entscheidungs-)Situation systemisch auf strategisch relevante Schlüsselfaktoren. Spiele sind der (Gedanken-)Rahmen der Realität
- Spielregeln geben Spielen eine Ordnung. Sie erfassen offene und „verdeckte" Netzwerkspielregeln. Spielregeln bestimmen, was erlaubt und was nicht erlaubt ist, was an Informationen verfügbar ist, wie lange Spiele dauern usw.
- In Spielen wird die „Sprache" der Spieltheorie gesprochen. Das babylonische Sprachengewirr entfällt; die Spieler sind über die gemeinsame Sprache zusätzlich vernetzt. Jeder Spieler beeinflußt durch sein Spielverhalten den Spielverlauf
- Spieler spielen eine Vielzahl untereinander verzahnter Spiele. Die Spielbausteine sind Information, Strategie, Spieler, Spielregeln und Wertschöpfung (Auszahlung). Soll ein Spiel verändert werden, müssen die Bausteine verändert werden. Das verändert die Wahrnehmung der Spieler. Das Wissen, Spiele verändern zu können, ist entscheidend. Die Spieltheorie ist das Angebot für alle Spieler, Veränderungen „methodisch" zu (durch)denken und dann praktisch per Strategie umzusetzen
- Jeder Spieler verfolgt das Ziel, seine Spiele mit seinen Zielen zu spielen und zu gewinnen. Wie Spiele „gewonnen" werden, ist eine Frage des Arrangements. Das Management muß als (Haupt-)Gestalter der Spielbausteine „leadership" in den Spielen erlangen
- Spieltheoretisches Denken ist Kaizen; spieltheoretische Analytik ist Reengineering. Gleichgewichtsstrategien sind „best practices" und führen zu qualitätsgesichertem Change Management. Sie liefern für jedes Spiel das unter der Spielsituation bestmögliche Resultat für alle Spieler. Als „best practice" sind sie stabil, akzeptiert und flexibel

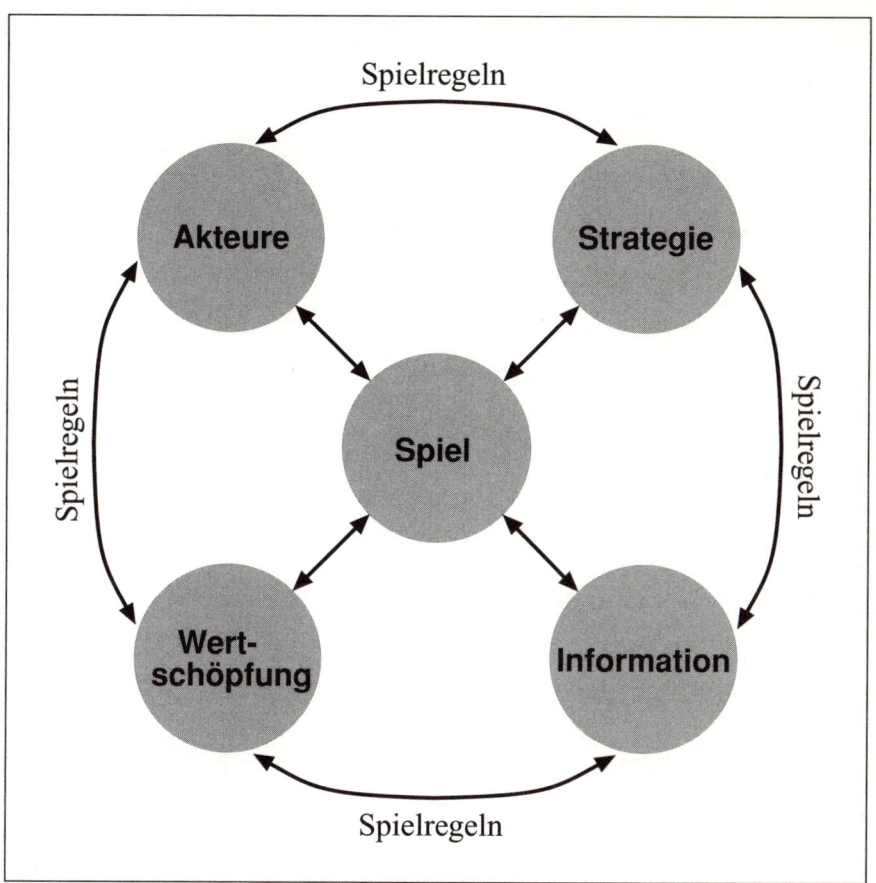

„Das Gegenteil von Spiel ist nicht Ernst, sondern ... Wirklichkeit.“

Sigmund Freud

VI. Szenarienwelten der Spieltheorie

Zentralthemen

- Wie reflektieren Spielszenarien die Realität?
- Wie zeigen sich in Spielszenarien Chancen und Risiken?
- Wie werden Denk-, Komplexitäts- und Wahrnehmungsfallen überwunden?
- Wie koordinieren Spiele das Spielerverhalten?

In alltäglichen (Entscheidungs-)Situationen denken und handeln Spieler nicht isoliert; wechselseitig ist bei jeder Entscheidung das Bewußtsein über das Verhalten der anderen Spieler immer dabei. Gerade dadurch handeln Spieler aber erst strategisch. Dabei versuchen die über Spiele zusammengeschweißten Akteure im Regelfall gleichzeitig, aber nicht unbedingt gemeinsam, ihre größtmögliche Wertschöpfung zu realisieren. Selbst wenn die Spieler anfangs wissen, was andere Spieler im Schilde führen, können sie in den Toleranzgrenzen der Spielregeln gemeinsam (kooperativ) oder gegeneinander (nichtkooperativ) vorgehen. Unabhängig von der Art und Weise, wie die gesetzten Ziele erreicht werden können, ist die ganzheitliche, systemische Perspektive in der Praxis wie auch in spieltheoretischen Szenarien ein markantes Merkmal. Die durch das Verhalten anderer Spiele bewirkte Ungewißheit über die Zukunft wird im (Gedanken-)Rahmen der Spiele jedoch nicht mehr passiv als eine „gottgegebene“ Ingredienz der (Entscheidungs-)Situation hingenommen. Das Arsenal der Spieltheorie enthält nämlich die Bausteine für ein Sensorium und die Instrumente für ein „monitoring“, was es den Spielern ermöglicht, den Unsicherheiten verursachenden Absichten anderer Spieler auf die Spur zu kommen.

Spieltheoretische Szenarien kommen über die Absichten der Spieler den Unsicherheiten der Zukunft auf die Spur. Spieltheoretische Strategien zeigen Wege der Zukunftsbewältigung. Spieltheoretisches Risikomanagement identifiziert die Potentiale zum Eingehen höherer Risiken zur Verbesserung der Wettbewerbsposition

Damit in Netzwerkkriegen „Siege" durch „geeignetes" strategisches Verhalten nicht (nur) Pyrrhus-Siege sind, müssen die Spieler im Vorfeld klären,

- ob Konkurrenten ausgeschaltet werden soll(t)en, um das eigene (Über-)Leben zu sichern, oder ob „Leben und leben lassen" die bessere Alternative ist
- ob bei der Fixierung auf Kernprozesse die drohende Gefahr der Selbstüberschätzung nicht ein zu hoher Preis ist, der die Vorteile aus wahrnehmbarem Kundennutzen, Netzwerkspezifität, Nichtsubstituierbarkeit und Nichtimitierbarkeit überwiegt
- ob Spieler, die heute das Rennen um Marktanteile gewinnen, auch morgen die Sieger sind
- wie die Rollen (über)lebensfähiger Wettbewerber aussehen
- ob zum Erhalt qualitätsgesicherter Leistungsspektren die Kooperation (mit Zulieferern) nicht die bessere Alternative gegenüber dem kurzfristigen Vorteil von Preisdiktaten ist.

In den Netzwerkinnenwelten müssen sich die Spieler Klarheit darüber verschaffen,

- ob Downsizing, Lean-Konzepte, Reengineering usw. nicht mehr Ängste als Nutzen erzeugen
- was es für Netzwerkspieler bedeutet, Risiken auf sich zu nehmen
- wie „faire", den Netzwerknutzen erhöhende Preisleistungspakete zur Bewältigung des Wandels zu schnüren sind
- wie der scheinbare „Widerspruch" zwischen dem Ziel, Macht-Ungleichgewichte in der Netzwerkperipherie zu erzeugen, und dem Ziel, Macht-Gleichgewichte in den Netzwerkinnenwelten zu erzeugen, aufzulösen ist oder wie mit diesem „Widerspruch" umzugehen ist usw.

Diese Fragen sind nicht per kochbuchartiger Rezepte zu lösen. Jedes Spiel ist anders, und die Spieler müssen sich fragen,

- ob sie die „richtigen" Spiele spielen
- wie sie die Spiele gestalten soll(t)en
- ob sich die Veränderung von Spielen lohnt oder nicht usw.

Können sie diese Fragen nicht beantworten, wissen sie nicht, welche Spiele sie spielen, und der Netzwerkerfolg ist gefährdet. Bei all diesen Fragen ist das Strategiedesign betroffen, das wiederum eng mit einer aktiven und der Situation angepaßten Gestaltung der Netzwerkarchitektur (-Kultur) verzahnt ist. Da es bei Strategien auch um die Formulierung selbst vorgegebener Netzwerkziele geht, müssen sich Netzwerkspieler in (Spiel-)Situationen auf eine „Operation" Risiko einstellen. Das ist ein schwieriges Unterfangen, da Netzwerke bei der Duchführung dieser „Operation" zur Spielgestaltung auf die Informationsversorgung in einem sich immer mehr lockernden Beziehungsgeflecht angewiesen sind. Dieses funktioniert um so unzuverlässiger, je weniger die Netzwerkpartner informationsrelevante Hintergründe einschätzen können. Deshalb kann kein Spieler angeben, auf welchem Risikoniveau er sich auf ein „Geschäft" einläßt, womit es allerdings auch niemals eine Strategie geben kann, die mit Gewißheit das Risiko in Sicherheit transformiert.

Netzwerkdynamik bedeutet Informationstransfer. In Informationsnetzwerken gibt es keine Strategien, auch keine spieltheoretischen, die Risiko in Sicherheit transformieren

Um sich im Informationschaos der Netzwerke zu orientieren, müssen sich Spieler wechselseitig erst einmal „etwas" unterstellen (können), worauf sich dann ihre Erwartungen für die Zukunft gründen (können). Die Spieler fragen sich, welche Spiele andere Spieler spielen, um eine erste „Erwartungssicherheit" durch Anhaltspunkte über Personen, Hintergründe und Entwicklungstendenzen zu bekommen. Selbstverständlich hofft dabei jeder Spieler, das „richtige" Spiel (Strategie) im „richtigen" Spiel zu spielen. Etwas salopp formuliert, steigen Spieler in Spiele ein, wenn sie dadurch eine Verbesserung ihrer eigenen Positionen erwarten. Deshalb werden geeignete (Mit-)Spieler gesucht, die quasi gegen Prämien (Wertschöpfung) bereit sind, Risiken zu übernehmen. Die (Gleichgewichts-)Strategie des Spiels pendelt dann wechselseitig die Interessen der Spieler auf einem (noch) für alle Beteiligten akzeptierbaren Risiko-Tragfähigkeits-Level aus. Dahinter versteckt sich ein wichtiger Aspekt spieltheoretischen Risikomanagements. Aus der systemischen Perspektive der Spieltheorie ist den Spielern bewußt, daß Risiken zwar „diversifiziert" und getragen werden müssen; sie wissen jedoch auch, daß Risiken nicht „aus der Welt geschafft" werden können. Die Spieler erkennen, daß durch ihr Verhalten per (Gleichgewichts-)Strategie die Risiken nur für den Augenblick des Spiels entlang des (Gleichgewichts-)Pfades „gezähmt" sind. Die spieltheoretische Perspektive sorgt dafür, daß bei der „Risikoverteilung" per (Gleichgewichts-)Strategie die (systemische) Sensibilität der Spieler für das „gezähmte"

Risiko gewahrt bleibt. Genau diese systemische Sensibilität können „traditionelle" Methoden des Risikomanagements nicht nutzen, da sie die Risiken per mechanischer Findung der „Risikoverteilung" technisch (weg)diversifizieren (müssen). Das ist ein gravierender Unterschied zur spieltheoretischen Perspektive, wo jeder Spieler ständig das eigene Handeln im (vernetzten) Spiegel des Handelns aller Spieler beobachtet. Jeder Spieler beobachtet das Spiel somit auch abseits des Gleichgewichtspfades und „sieht" dadurch, wie das Risiko und damit die Chancen verteilt sind.

Traditionelles Risikomanagement erhöht per „technischer" Risikodiversifikation die Risikobereitschaft in von Spielern „ungeprüften" Bereichen. Spieltheoretisches Risikomanagement beobachtet dagegen systemisch alle (Teil-)Spiele

Vergleichen wir das Gleichgewichtsspiel zum besseren Verständnis mit einem Orgelspiel. Die Partitur ist das Gleichgewicht, das dem Organisten (Spieler) das Ziehen der Register vorschreibt. Zieht der Organist die richtigen Register, realisiert sich das Gleichgewicht; das Spiel verläuft aus seiner Sicht wie geplant. Zieht der Organist falsche Register, kommt es aus seiner Sicht zu Störungen. Fällt der Strom aus, kommt es ohne Verschulden des Organisten möglicherweise sogar zum Chaos. Für den Stromausfall ist ein Spieler sicherlich nicht verantwortlich, das sind die Risiken des Lebens. Inwieweit der Spieler jedoch für das Ziehen der falschen Register verantwortlich ist, liegt in seiner Auffassung vom Spiel begründet: Zieht er bewußt die falschen Register? Hat er nur eine „zittrige" Hand und hat sich ganz einfach beim Registerzug vertan? Ist er in eine Wahrnehmungsfalle getappt? Es ist die Aufgabe der anderen Spieler, sich ein Bild davon zu machen, wie das Verhalten des Organisten einzuschätzen ist. Genau dadurch, daß sich Spieler beim Ziel, das Spiel per (Gleichgewichts-)Strategie über die Runden zu bringen, „irren" können, ist das Risiko nicht aus der Welt. Es wird in den „Köpfen" der Spieler ständig weiter beobachtet. Das ist ein wesentlicher Unterschied zu „traditionellem" Risikomanagement, wo beispielsweise bei Banken die Risiken durch Portefeuillestrategien „technisch" (weg)diversifiziert werden. Bei spieltheoretischem Risikomanagement sind die Spieler mißtrauischer gegenüber den „Wirklichkeiten" durch Spiele, auf die sie sich beziehen (können), um sich „neue" eigene Wirklichkeiten zu schaffen. Konkret zeigen sich diese Probleme bei der Abschätzung des Risikotransfers, wenn strategische Allianzen zu verhandeln sind, wo zwei unterschiedliche Kooperationsverträge zur Debatte stehen, die jeweils unterschiedliche Vorteile kodifizieren, und wo beide Spieler auf die Durchsetzung des für sie vorteilhafteren Vertrages bestehen. Genauso sind die Risiken abzuschätzen, die entstehen können, wenn nach einer Preiserhöhung die (Mit-) Wettbewerber ebenfalls die Preise erhöhen.

Bei spieltheoretischem Risikomanagement sind Spieler nicht „blind" gegenüber den sie umgebenden Risikostrukturen durch das Verhalten anderer Spieler

Die Seeschlacht im Bismarck-Archipel

Operationen gegen Midway, Guadalcanal, die Salomonen sowie Neuguinea waren im Zweiten Weltkrieg auf dem pazifischen Kriegsschauplatz wichtige Teilziele im Rahmen der alliierten Strategie des „Insel-Springens" zur Rückeroberung des Pazifiks. Ein wichtiger Meilenstein auf dem Weg des alliierten Oberkommandierenden General MacArthur nach den Philippinen war die Rückeroberung der Nordhälfte Neuguineas. Den mächtigen „Tokio-Express" der Japaner zum „Entgleisen" zu bringen, war ein wichtiges strategisches (Teil-)Ziel. Während die Operationen Admiral Halseys gegen die Salomonen liefen, drang gleichzeitig MacArthur über Neuguinea in Richtung Rabaul vor. Japanische Schiffe auf dem weiten Weg von Rabaul nach den japanischen Niederlassungen im Gebiet von Lae-Salamania mußten zum Teil am Tag das offene Meer passieren. Vor diesem Szenario kam es für die Japaner zum Drama in der Bismarck-See.

Während des Vormarsches auf der Nordhälfte von Neuguinea erhielt MacArthur Anfang 1943 Geheimdienstmeldungen, daß die Japaner einen Konvoi zusammenstellten, um ihre Präsenz auf der Insel zu verstärken. Dem japanischen Geleitzug standen zwei Routen zur Verfügung. Die Schiffe konnten die kürzere Nordroute, an der Insel Neubritannien vorbei, mit einer Fahrzeit von zwei Tagen wählen. Alternativ stand die längere Südroute mit einer Fahrzeit von drei Tagen zur Verfügung. MacArtur gab dem Kommandierenden der alliierten Luftwaffe im Südpazifik, General Kenney, den Befehl, den japanischen Geleitzug unter dem Kommando von Admiral Kimura anzugreifen. Kenney stand vor der Entscheidung, den Großteil seiner Aufklärung entweder auf der Nordroute oder auf der Südroute einzusetzen. Sein Ziel war es, möglichst viele Tage zum Angriff zur Verfügung zu haben, weshalb der japanische Konvoi schnellstmöglich zu lokalisieren war. Der „Nutzen" in Kenneys Kalkül bestand aus dem „Gewinn" an Angriffstagen, der „Nutzen" in Kimuras Kalkül bestand aus dem „Gewinn" des Nichtentdeckens durch Kenneys Luftwaffe. Dadurch entsprechen Kenneys Angriffstage genau den Verlusttagen Kimuras. Sichteten die Aufklärer den Konvoi nicht, verloren die Bomber einen Angriffstag.

Versetzen wir uns in die Situation von General Kenney. Er kennt Kimuras Ziel, den Konvoi sicher vor Luftangriffen über das offene Meer zu führen. Deshalb denkt er strategisch und überlegt, wie er an Stelle Kimuras entscheiden würde. Die offizielle Einsatzdoktrin der US-Streitkräfte orientierte sich damals wie heute nicht an den Absichten des Feindes, sondern an dessen Kapazitäten. Die US-Doktrin unterstellte ein „worst case"-Szenario und orientierte sich am Schlimmsten, was der Feind tun *könnte,* und nicht daran, was er am ehesten tun *würde.* In diesem Denken, daß der Gegner den schmerzhaftesten Gegenzug findet, wird jede Strategie des Gegners nach dem schlechtestmöglichen Ergebnis bewertet. Dieser pessimistischen Einstellung der Alliierten stand im Zweiten Weltkrieg die entgegengesetzte Doktrin des deutschen Generalstabs gegenüber.

Wenden wir uns wieder Kenney zu, der also mit dem Schlimmsten rechnete, was heißt, daß der Konvoi in der kürzesten Zeit sein Ziel erreichen würde. Das Bismarck-See-Szenario Kenneys reflektiert ein Spiel:

- Die **Spieler** sind bekannt (Kenney, Kimura)
- Die **Informationen** sind bekannt (Fahrt- und Aufklärungsrouten mit Fahrt- und Flugzeiten)
- Die **Strategien** sind bekannt (wähle bzw. suche Norden oder Süden)
- Die **Wertschöpfung** ist bekannt (die Angriffstage Kenneys sind die Verlusttage Kimuras)
- Die **Spielregeln** sind bekannt (unter bestimmten Bedingungen muß Kenney den Geleitzug angreifen; unter bestimmten Bedingungen muß Kimura den Geleitzug ans Ziel führen)
- Beide Spieler kennen wechselseitig ihr Spiel (beide Spieler kennen wechselseitig die strategischen Alternativen
- Beide Spieler kennen wechselseitig die verfolgten Absichten.

Die vernetzte strategische (Entscheidungs-)Situation beider Befehlshaber faßt die umseitige Abbildung zusammen.

Kimura hatte die Wahl zwischen dem linken Zweig des Baumes (wähle die Nordroute) und dem rechten Zweig (wähle die Südroute). Jeder Zweig Kimuras führte zu einem Entscheidungspunkt für Kenney. Selbst bei der hohen Professionalität des amerikanischen Geheimdienstes, die dieser kurz zuvor beim Abschuß des japanischen Oberkommandierenden Yamamoto in Süd-Bougainville unter Beweis gestellt hatte, war Kenney der Kurs von Kimuras Konvoi nicht bekannt. Die Unsicherheit Kenneys illustriert die grau-schattierte Ellipse. Kenney konnte daher entweder den linken Zweig des Baumes (suche auf der Nordroute) oder den rechten Zweig (suche auf der Südroute) wählen. Hatten beide Befehlshaber ihre Entscheidungen getroffen, realisierte sich eine der Strategienwahl entsprechende Wertschöpfung (Auszahlung).

Wie entschieden die beiden Befehlshaber? Kenney verfolgte das Ziel, die Tage der Bombardierung des japanischen Geleitzuges zu maximieren. Suchte er im Norden, standen ihm in jedem Fall zwei Tage zur Bombardierung zur Verfü-

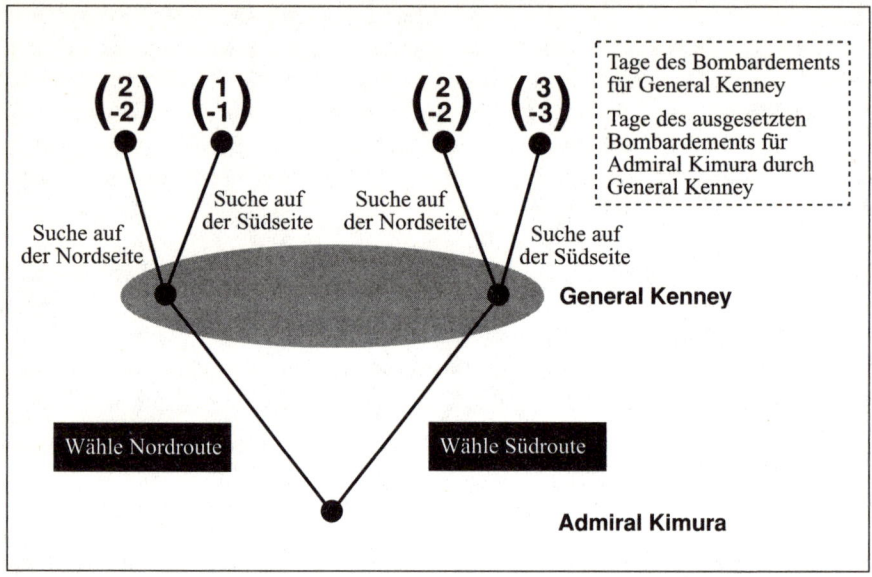

gung; ganz egal, wie sich Kimura nun entscheiden sollte. Ließ Kenney im Süden suchen, bekam er möglicherweise nur einen Angriffstag, wenn sich Kimura für die Nordroute entschied. Wählte Kimura jedoch die Südroute, standen Kenney drei Angriffstage zur Verfügung. **Im Einklang mit der Militärdoktrin mußte Kenney versuchen, die minimale Zahl der Tage, an denen er Kimuras Konvoi bombardieren konnte zu maximieren.** Kenney mußte daher im Norden suchen. **Kimura hingegen mußte das Ziel verfolgen, die maximale Anzahl der Tage, die der Konvoi alliierten Luftangriffen ausgesetzt war, zu minimieren.** Er würde daher die Nordroute wählen, um seinen Konvoi so kurz wie möglich dem Risiko alliierter Bombardements auszusetzen und um die japanischen Truppen im Norden Neuguineas so schnell wie möglich zu entlasten.

Beide Spieler suchten einen Handlungsverlauf, der im „worst case" ein bestmögliches Resultat lieferte. Jeder Spieler verfolgte das Ziel, die beste Wertschöpfung in der Situation zu realisieren, in der sein Kontrahent seinen besten und für ihn schlimmstmöglichen Zug machte. Beide Spieler wollten unabhängig vom Verhalten des Kontrahenten unnötige Verluste vermeiden. Beide Befehlshaber entschieden sich für die Nordroute, und es kam zur Seeschlacht im Bismarck-Archipel. Kimura verlor alle Transporter und über die Hälfte der Sicherungsstreitkräfte. Dieses japanische Debakel hatte weitreichende militärstrategische Konsequenzen. Das japanische Hauptquartier entschied, weitere Verstärkungen nur noch in U-Booten und Leichtern – kleinen flachgebauten Schiffen – nach Neuguinea zu überführen. Die Leichter wurden zu einer buchstäblich leichten Beute der alliierten Schnellboote. Im Zusammenhang mit der Schlacht in der Bismarck-See traf der japanische Admiral Koga zudem eine taktische (Fehl-)Entscheidung, die strategische Konsequenzen hatte. Koga setzte einen Großteil der trägergestützten Luftwaffe für Landeinsätze ein, wobei die Japaner hohe Verluste erlitten. Japanische Träger mußten deshalb zur Ausbildung neuer Piloten nach Japan zurückkehren. Bei Midway verloren die Japaner weitere vier Träger, was die operative Schlagkraft der japanischen Seestreitkräfte an der Wende des Pazifikkrieges zugunsten der Alliierten kriegsentscheidend schwächte. Ohne ausreichende trägergestütze Luftsicherung wurden danach in kürzester Zeit große Teile der modernsten japanischen Großkampfschiffe versenkt.

Die Wirkungen im Spielverbund waren größer als im „isolierten" Bismarck-Archipel-Spiel

Diese Situation des direkten Interessengegensatzes (Nullsummenspiel) ist nicht nur auf militärische Bereiche beschränkt. Der Optionshandel ist beispielsweise ein Nullsummenspiel, in dem einem unbegrenzten Gewinnpotential des Long Call (Käufer des Call) das unbegrenzte Verlustpotential des Short Call (Verkäufer des Call) gegenübersteht. Der maximale Verlust des Long Call entspricht dabei dem maximalen Gewinn des Short Call. In „Optionsspielen" hat ein Spieler, der eine Option kauft, eine Long Position; der Spieler, der eine Option verkauft, hat eine Short Position. Ein Call ist eine Kaufoption, die das Recht beinhaltet, einen Basiswert (Aktie) zu einem im voraus bestimmten fixen Ausübungspreis („strike prize") während der Laufzeit (amerikanische Option) oder nur am Ende der Laufzeit (europäische Option) zu kaufen. Ein Put ist eine Verkaufsoption. Bleiben die Transaktionskosten unberücksichtigt, sind auch Futures-Geschäfte Nullsummenspiele, da die Verluste des einen Spielers die Gewinne des anderen sind. Im Gegensatz zu Optionen sind Futures-Kontrakte verbindliche Vereinbarungen zwischen zwei Spielern. Die Long Position verpflichtet dazu, bei Fälligkeit des Futures-Kontraktes den vereinbarten Preis zu zahlen und die Lieferung des zugrundeliegenden Objektes hinzunehmen. Die korrespondierende Short Position verpflichtet zur Lieferung des zugrundeliegenden Objektes gegen Erhalt des vereinbarten Preises. Damit geht bei Futures auch der Inhaber einer Long Position eine Verpflichtung ein, was bei Optionen nicht der Fall ist.

Nullsummenspiele sind nicht nur auf militärstrategische Fragen beschränkt

Benchmarking im Krankenhaus

Das Gesundheitsstrukturgesetz ersetzte im Krankenhaussektor das Selbstkostendeckungsprinzip durch neue, wettbewerbsorientierte Entgeltsysteme. Bei Abrechnung der Krankenhausleistungen durch ein System von Fallpauschalen, Sonderentgelten, Abteilungs- und (Basis-)Pflegesätzen soll nun eine prospektive Preisgestaltung die Rationalisierung der Krankenhausbetriebsführung fördern. Durch diese wirtschaftlichen Anreize wird die effiziente Erbringung fallbezogener Leistungen zur Realisierung positiver Betriebsergebnisse zum Managementziel. Zusätzlich erlaubt der Gesetzgeber mit der Funktionalreform im Rahme des GSG den Krankenhäusern, Patienten nicht nur stationär zu behandeln, sondern auch ambulant zu operieren sowie vor- und nachstationäre Leistungen zu erbringen. Jedes Krankenhaus hat autonom zu entscheiden, ob und in welchem Umfang es die neuen Leistungen in das Angebotsspektrum aufnimmt. Besonders beim ambulanten Operieren sehen Krankenhäuser einem intensiven Wettbewerb nicht nur untereinander, sondern auch mit dem Niederlassungsbereich entgegen. Dadurch werden Entscheidungen über das Leistungsspektrum zu einer erfolgskritischen Kernfrage bei der Positionierung im Wettbewerb.

Eine praktikable, in der Industrie erfolgreich erprobte Alternative, die Positionen in den Spielen des schärfer werdenden Wettbewerbs zu verbessern, bietet das Benchmarking. Dabei ist unter einem Benchmark ein Vergleichsobjekt zu verstehen. Vereinfacht gesagt, ist Benchmarking eine Managementstrategie der Orientierung an den Bestleistungen vergleichbarer (Mit-)Wettbewerber. Für Krankenhäuser wird Benchmarking zunehmend relevant, falls zukünftig Bestleistungen von Modellkrankenhäusern als Qualitäts- und Kostenstandards die Verhandlungsbasis für die Anpassung und Fortschreibung von Fallpauschalen und Sonderentgelten liefern (sollten). Entschließen sich Krankenhäuser im stationären Bereich zum Benchmarking, bieten sich entlang der Patientenversorgungs- und Behandlungsprozesse (Fall-Wertschöpfungskette) bei der Aufnahme, der Diagnostik, den präoperativen Stationen, der OP-Ablaufplanung, den postoperativen Stationen und dem Entlassungsprocedere eine Vielzahl von Ansatzpunkten für ein internes, funktionales oder Wettbewerbs-Benchmarking.

Stehen im medizinischen Bereich fallbezogene Benchmarks im Zentrum, werden Prozesse und Leistungen erfasst, die per Fallpauschale abgegolten werden. Stehen dagegen fallunabhängige Benchmarks im Zentrum, werden mit dem Röntgen oder mit ambulantem Operieren ganze Leistungsbereiche, die mit vielen Prozessen (Spielen) des Kliniknetzwerkes systemisch verzahnt sind, erfasst. Das kompetitive Benchmarking eignet sich dann gut für ambulantes Operieren, da im Gegensatz zur stationären Leistungserstellung beim ambulanten Operieren die Kostenstrukturen und zeitlichen Dimensionen besser abgegrenzt und weniger komplex sind. Beim ambulanten Operieren werden auch nur relativ einfache Eingriffe vorgenommen, bei denen keine Komplikationen zu erwarten sind. Vor dem prozeßorientierten, fallbezogenen Entgeltsystem des GSG stehen beim fallbezogenen Benchmarking als Zielgrößen die Kosten (pro Fall), die Zeit (Verweildauer pro Fall) und die Qualität (Struktur-, Prozeß- und Ergebnisqualität) zur Auswahl. Kombinationen „harter" und „weicher" Benchmarks erfassen als „technical quality" und „interpersonal quality" die Qualität medizinischen Handelns und subjektive Aspekte medizinischer Behandlungen. In Deutschland sind „harte", kardinal meßbare Benchmarks ansatzweise vorhanden, wohingegen „weiche" Benchmarks (Patientenbefragung) größtenteils noch im Entwicklungsstadium sind.

Dieses Szenario illustriert den zu erwartenden Komplexitätsschub für die Netzwerkinnenwelten der Krankenhäuser beim Entschluß zur Einführung von Benchmarking. Bei einer Pro- oder Kontra-Entscheidung über Benchmarking gerät das Krankenhausmanagement auch zunehmend unter äußeren Zeitdruck. Erstens reduziert der Gesetzgeber die Halbwertzeiten zur Orientierung in der Gesundheitspolitik. Zweitens erkennen (Mit-)Wettbewerber, daß eine Finanzierung durch extern vorgegebene Entgeltformen bei gleichzeitiger Öffnung der Krankenhäuser in Richtung nichtstationärer Versorgungsformen eine Umstellung der Managementpraxis erfordert. Die kontinuierliche Suche nach Verbesserungen im Preis-/Leistungsverhältnis wird daher zu einem die Krankenhäuser vernetzenden Managementziel. Installieren (Mit-)Wettbewerber TQM und Benchmarking als Managementpraktiken, können sich durch Konsens unter den Spielern „clinical pathways" (Standardisierungen klinischer Abläufe für bestimmte Krankheitsfälle in definierten Patientengruppen) im Case Management entwickeln. Dadurch besteht jedoch die Gefahr der Verbindlichkeit dieser „pathways" als „clinical practice guidelines" (Standards für Diagnostik und Therapie bei bestimmten Behandlungsarten). Sind Krankenhäuser beim Wandel der Managementparadigmen nicht mit von der Partie, können schnell entscheidende Meter im Wettbewerb verloren werden.

Die Veränderungsbereitschaft und die Suche nach „best practices" wird somit zu einer (Über-)Lebensfrage für Krankenhäuser im Wettbewerb. Entschließt sich das Management zum Benchmarking, sind Chancen und Risiken abzuwägen, die eine Installation dieses neuen Spielregelsystems im Krankenhausnetzwerk verursachen kann. Es entstehen schwer prognostizierbare neue Netzwerkspiele, und traditionelle Netzwerkspiele werden verändert, was die Reichweite dieses neuen Spielregelsystems in den verbundenen Spielen des Krankenhausnetzwerkes illustriert. Die komplizierte berufsgruppenspezifische (Macht-)Balance der Netzwerkarithmetik wird gestört, wenn das neue Spielregelsystem mit den etablierten offenen und „verdeckten" Spielregelsystemen des Krankenhauses kollidiert. In den Netzwerknischen beginnt das Chamäleon der „Unberechenbarkeit" sein (Farben-)Spiel, und der schlaue Fuchs wird in seinem Netzwerkbau aufgescheucht. Erfolg oder Mißerfolg beim Einführen von Benchmarking hängen am seidenen Faden der Spielerakzeptanz.

Das Management steckt in einer Zwickmühle. Einerseits ist Benchmarking ein praktikables Instrument zur Sicherung der Wettbewerbsposition, andererseits kann ein gescheitertes Benchmarking-Projekt die Wettbewerbsposition durch negative Patientenwahrnehmung verschlechtern. In dieser Situation entschließt sich das Management am besten zu einer Vorwärtsstrategie, um die Spielregeln im Spiel „Implementation von Benchmarking" aktiv zu gestalten. Es ist das Ziel, Benchmarking nicht unter dem Risiko des Scheiterns per „command and control" im Krankenhausnetzwerk einzuführen. Die „Köpfe" der Spieler aus Verwaltung, Technik, Pflege und Ärzteschaft sollen ebenso wie die Patienten als Träger für diese Managementpraktik gewonnen werden, um die patientenorientierte Abstimmung zwischen Stationen und klinischer Infrastruktur zu verbessern. Wie kann eine solche Implementationsstrategie aussehen? Um einen überschaubaren Rahmen zu erhalten, beschränken wir uns einmal nur auf eine „Schwarzweißlogik" und verkürzen die tatsächlichen Prozesse und Wechselwirkungen.

Versetzen wir uns dazu in die Situation eines Krankenhauses A. Mit einem Krankenhaus B als Partner wird ein fallbezogenes Benchmarking über die Benchmarks X und Y aus dem vom Gesetzgeber verbindlich vorgeschriebenen Katalog für ambulantes Operieren vereinbart. Die Entscheidung fällt auf ein kompetitives Benchmarking, was darauf basiert, daß die komparativen Vorteile beider Partner bei unterschiedlichen Leistungen wechselseitig auf die Partner übertragbar sind. Hinter dieser Vereinbarung versteckt sich die Brisanz der Benchmarking-Philosophie, da beide Partner gleichzeitig konkurrieren und kooperieren müssen.

Krankenhaus A hat das bessere Benchmark X; Krankenhaus B das bessere Benchmark Y

Mit den Krankenhäusern A und B sind die Spieler identifiziert. Wir stehen in einer strategischen (Entscheidungs-)Situation, da erfolgreiches Benchmarking vom wechselseitigen Verhalten beider Spieler abhängt. Wir benötigen ein vom Netzwerkumfeld unabhängiges und ausbaufähiges „Schema", um nicht in das Dilemma zu einfacher Denkweisen über Kooperation und Konkurrenz zu geraten. Zum Festlegen unserer Strategie brauchen wir eine möglichst transparente (Entscheidungs-)Situation. Als (Gedanken-)Rahmen der Realität suchen wir daher das „richtige" Spiel, wobei wir jedoch nur Erfolg haben, wenn wir dieses Spiel dann auch mit der „richtigen" Strategie spielen. Dieses Spiel muß im systemischen Zusammenhang ein „Schema" zum Abschätzen der Folgen unserer Entscheidungen und der Entscheidungen unseres Benchmarking-Partners liefern. Dazu müssen wir unsere eigenen Strategiealternativen und die Strategiealternativen unseres Partners (er)kennen. Wir reduzieren deshalb das Benchmarking auf seinen strategisch relevanten, zwischen den Spielern auch kommunizierbaren Kern.

Im „Benchmarking-Spiel" sind die Krankenhäuser A und B die Spieler

Der Kern des Benchmarking ist der Informationstransfer. Wir müssen den Spieler B möglicherweise über Interna des Kernprozesses X informieren; umgekehrt muß der Spieler B uns möglicherweise über Interna des Kernprozesses Y informieren. Für den Erfolg von Benchmarking ist vertrauensvoller Informationstransfer der zentrale Kernbaustein. Beim Informationsaustausch müssen wir erkennen, ob Anreize für strategischen Informationstransfer im Sinne der Übermittlung wahrer oder falscher Informationsinhalte Elemente der Spielerstrategien sind bzw. sein können. Hier muß also die Meßlatte der Seriosität (Wahrheit) angelegt werden. Das Resultat aus dieser (subjektiven) Messung legt unsere Informationsstrategie und damit unser strategisches Verhalten im „Benchmarking-Spiel" fest, was über Erfolg oder Mißerfolg bei der Implementation von Benchmarking als Managementpraktik entscheidet. Mit anderen Worten, die Spieler entscheiden wechselseitig über die verschiedenen Ausprägungen des Spielergebnisses im Sinne des Gewinnens oder Verlierens im „Benchmarking-Spiel". Wir fragen uns daher, welche Art und Weise des Informationstransfers welche Wertschöpfung liefert. Zur Einschätzung der Chancen und Risiken durch Benchmarking müssen wir zuerst einmal erkennen, was wir und unser Benchmarking-Partner in allen möglichen Realisationen des Spiels an Wertschöpfung in das Spiel einbringen und aus dem Spiel an Wertschöpfung herausnehmen können.

Strategischer Informationstransfer ist der kritische Punkt beim „Benchmarking-Spiel"

Wie wir erwartet auch Spieler B durch wahrheitsgemäßen Informationstransfer der Interna des Partners Verbesserungen seiner „schwachen" Benchmarks. Die durch Benchmarking erzielte Wirkung auf die eigene Prozeß-Performance wird über die „zusätzliche" Wertschöpfung gemessen. Dazu muß sich jeder Spieler ein Bild davon machen, wie sich die „Übergabe" und „Verwendung" von Information auch über die Wertschöpfung spiegelt. Ein Spieler wird sich zur Übermittlung einer falschen Information über sein Benchmark entschließen, wenn er glaubt, daß ihm durch die Übermittlung der Wahrheit Nachteile entstehen. Dieser Situation sind sich beide Spieler bewußt, wenn sie über ihre möglichen Wertschöpfungen ihr strategisches (Informations-)Verhalten festlegen und versuchen, den Anreizen des Partners für die Art und Weise seiner Informationspolitik (Strategie) auf die Spur zu kommen.

• Informieren beide Spieler jeweils falsch über ihre Benchmarks, behalten sie ihre „alten" Wettbewerbsvorteile. Sagen wir, unsere Wertschöpfung ist in diesem Fall 2. Dieser Fall entspricht einem Status quo bzw. der Lose-Lose-Variante (engl. lose = verlieren, scheitern) im „Benchmarking-Spiel". Kein Spieler verbessert sich, der Sinngehalt des Benchmarking wird wechselseitig verfehlt.

• Informieren wir wahrheitsgemäß über unser Benchmark X, und Spieler B informiert uns falsch über sein Benchmark Y, verlieren wir unseren Wettbewerbsvorteil bei X und erzielen keine Wertschöpfung bei Y. Spieler B hätte sich in diesem Informationsszenario alle Vorteile gesichert. Sagen wir, unsere Wertschöpfung sinkt im Vergleich zur Status-quo-Situation auf 1. Dieser Fall ist die Lose-Win-Variante (engl. win = gewinnen, siegen) des „Benchmarking-Spiels". Unsere Wertschöpfung hat sich zugunsten von Spieler B verschlechtert.

• Informieren wir Spieler B wahrheitsgemäß über unser Benchmark X, und erhalten wir wahrheitsgemäße Informationen von Spieler B über sein Benchmark Y, verbessert sich die Wertschöpfung für beide Spieler. Sagen wir, unsere Wertschöpfung steigt im Vergleich zur Status-quo-Situation auf 3. Dieser Fall ist die Win-Win-Variante des „Benchmarking-Spiels". Beide Spieler können ihre Wertschöpfung verbessern, der Sinngehalt des Benchmarking wird wechselseitig nutzbar.

• Informiert uns Spieler B wahrheitsgemäß über sein Benchmark Y, während wir ihn jedoch falsch über unser Benchmark X informieren, hat Spieler B zu seinen Lasten unsere Prozeß-Performance gestärkt. Wir haben nichts über unser Know-how beim Benchmark X preisgegeben und können zusätzlich das Know- how des Spielers B bei der Leistung Y nutzen. Sagen wir, unsere Wertschöpfung steigt gegenüber der Win-Win-Situation auf 4. Dieser Fall ist die Win-Lose-Variante des „Benchmarking-Spiels". Wir sichern uns alle Vorteile zu Lasten des Spielers B.

Das folgende Schema illustriert die Wertschöpfung der einzelnen Spieler beim Zusammentreffen der verschiedenen strategischen Verhaltensmuster. Der erste Klammerausdruck entspricht der Wertschöpfung von Spieler A. Dieses Schema „realisiert" sich, da Spieler B genau wie wir im (Gedanken-)Rahmen des Spiels eine Analyse des „Benchmarking-Spiels" durchführt.

	Spieler B	
	Y (wahr)	Y (falsch)
X (wahr)	(3,3)	(1,4)
X (falsch)	(4,1)	(2,2)

Wertschöpfungen der Spieler im „Benchmarking-Spiel"

Wie legen die Spieler ihre Informationspolitik (Strategie), die über Erfolg oder Mißerfolg des Benchmarking entscheidet, fest? Uns stehen die Strategien X (wahr) und X (falsch) zur Verfügung. Spieler B stehen die Strategien Y (wahr) und Y (falsch) zur Verfügung.

Die Strategiealternativen für Spieler A sind X(wahr) und X(falsch); die Strategiealternativen für Spieler B sind Y(wahr) und Y(falsch). Beide Spieler legen unabhängig voneinander ihr strategisches Verhalten fest

Unter diesen Spielregeln wird das zu Beginn begrifflich „diffuse" Benchmarking-Szenario transparent. Die zwischen den Spielern zuerst „formfreien" Verhandlungen über Benchmarking erhalten über das Spiel eine Struktur. Unter diesen Spielregeln werden die Konsequenzen eigenen und fremden Verhaltens durchschaubar, da die Spieler die Reaktionen des Partners auf eigene Aktionen antizipieren können. Es wird erkennbar, wie die Spieler das „Benchmarking-Spiel" wahrnehmen. Wir können uns in die Situation unseres Benchmarking-Partners versetzen und uns fragen, wie er aus seiner Sicht das Spiel sieht. In der gleichen Art und Weise analysiert auch Spieler B die strategische (Entscheidungs-)Situation und nimmt uns unter die Lupe. Durch das Schema erkennen die Spieler wechselseitig im systemischen Zusammenhang, was ein Spieler, je nach getroffener Strategienwahl, beim „Benchmarking-Spiel" an gemeinsamer Wertschöpfung einbringen bzw. herausnehmen kann.

Unsere Strategienauswahl ist einfach. Mit Hilfe des Schemas erkennen wir, daß wir bei X (falsch) immer eine höhere Wertschöpfung erzielen als bei X (wahr).

Wir entscheiden uns für X (falsch) und übermitteln falsche Informationen über unser Benchmark X. Die gleiche Entscheidung trifft allerdings auch Spieler B für sein Benchmark Y. Die wechselseitige Falschinformation entspricht einem Nash-Gleichgewicht. Kein Spieler hat einen Grund, davon abzuweichen, weil er keine höhere Wertschöpfung realisieren kann, wenn der andere Spieler an seiner Nash-Strategie festhält. In diesem Zustand stellen die Spieler wechselseitig fest, daß das strategische Verhalten der Mitspieler sie zwingt, auf der einmal gewählten Nash-Strategie zu beharren. Diese Erfahrung trifft alle zugleich, und kein Spieler wird sein Verhalten einseitig ändern. Somit mündet das als Kooperation zwischen den Spielern gedachte Benchmarking in der Lose-Lose-Situation des Status quo. Bei der Implementation von Benchmarking als Managementpraktik hätte man in diesem Fall außer Kosten und Störungen im Netzwerkgefüge keine wahrnehmbare Wertschöpfung. An dieser Stelle ist der Widerstand der Netzwerkspieler gegen eine Einführung von Benchmarking als Managementpraktik sogar gerechtfertigt. Eine Einführung per „command and control" würde aufgrund der fehlenden wertschöpfenden Legitimation für das Management zu „unübersehbaren" Risiken in den verbundenen Netzwerkspielen führen. Das Management hat somit momentan keine überzeugenden Argumente, um die „Köpfe" der Netzwerkspieler für Benchmarking zu gewinnen. Haben unser Fuchs oder das Chamäleon ihr Spiel des Festhaltens an alten Bräuchen etwa doch gewonnen?

Unter „falschen" Spielregeln scheitert Benchmarking als Managementpraktik

Vor der drohenden Gefahr eines Scheiterns des Benchmarking-Projektes nutzen wir die Chance, die uns die Spieltheorie bietet, um das „Benchmarking-Spiel" erst einmal aus der Vogelperspektive zu betrachten. Treten wir einen Schritt zurück und machen wir uns klar, was zu diesem Lose-Lose-Resultat geführt hat:

- Wir haben durch spieltheoretische (Gedanken-)Logik ein Resultat unter bestimmten Spielregeln erzielt
- Wir haben eine „geraffte" Darstellung mit nur zwei Spielern und nicht mehrseitige Benchmarking-Verträge gewählt, was die tatsächlichen Prozesse und Wechselwirkungen verkürzt. Die Fuzzy-Perspektive von „ungewollten" Fehlern beim Informationstransfer oder das „Nur-ein-bißchen-preisgeben-Dürfen" von Information aufgrund des im medizinischen Bereich sensiblen Datenschutzes usw. wurden in diesem Spiel nicht erfaßt. Um mehr Sicherheit in diesen Grauzonen des Informationstransfers zu erhalten, müßten wir in einem anderen Spiel schon etwas fester an der (mathematischen) Abstraktionsschraube drehen

- Wir erkennen aber bereits in diesem „einfachen" Spiel kommunizierbare Gründe, warum Benchmarking kein Patentrezept, kein simpel umzusetzender Prinzipienkatalog oder gar ein „quick fix" zur Bewältigung des Wandels ist. Die Komplexität der Netzwerkpsychologie und die Ausgestaltung der „Kooperation" zwischen den Partnern kann nicht ignoriert werden
- Wir finden Ursachen, warum Benchmarking kontraproduktiv wirkt und falsche Spuren legt.

Einer wertschöpfungsvernichtenden Polemisierung und Polarisierung wurde schon im Vorfeld der Nährboden entzogen, was die Pro- und Kontra-Argumentationen versachlicht. Das „Wertschöpfungsschema" unseres „einfachen" Spiels weiß jedoch einen Ausweg. Es illustriert, unter welchen Bedingungen im Sinne des gemeinsamen „richtigen" strategischen (Informations-)Verhaltens der Spieler in einem anderen Spiel unter anderen Spielregeln Win-Win-Konstellationen realisiert werden könnten. Wir müssen daher mit unserem Benchmarking-Partner gemeinsam ein neues Spiel mit neuen Spielregeln finden, das unter Konsens der Spieler in Laotses Richtung der Win-Win-Lösung führt. Die Möglichkeit dazu besteht, denn beide Spieler haben die Gründe für Lose-Lose und die Hebel zur Veränderung im „Benchmarking-Spiel" wechselseitig identifiziert. Im neuen Spiel müssen die Spielregeln sicherstellen, daß die Spieler wechselseitig und für jeden Spieler kontrollierbar Vertrauen (Reputation) als zuverlässige Partner aufbauen können. Dazu wird es notwendig, im Rahmen von Spielen etwas methodischer nach der Bedeutung von Reputation aus einer nicht organisationspsychologisch-/soziologischen Perspektive zu fragen. Hinter der Reputation von Spielern verstecken sich nämlich auch die geheimen Netzwerkspielregeln, die oft durch die vielen unternehmensinternen Ausprägungen der Managementphilosophien bis zur Karikatur verzerrt sind.

Vergewissern wir uns noch einmal der Eckdaten unseres Benchmarking-Szenarios. Es ist das Managementziel, durch eine überzeugende und transparente Implementationsstrategie für Benchmarking die Distanz zur Netzwerkbasis zu verkürzen. Als Teil des Netzwerkganzen kann das Management aufgrund der Netzwerkpsychologie bei diesem Projekt jedoch nicht die Sicherheit einer militärischen Umsetzungspräzision per „command and control" voraussetzen. Im Gegensatz zum Militär ist das Management ziviler Netzwerke ausschließlich auf die „freiwillige" Trägerschaft durch die Netzwerkspieler angewiesen. Isolierter Aktionismus ist daher keine Alternative; gemeinsame Reflexion und Analyse im systemischen Zusammenhang sind gefragt. Ein zielorientiertes „changing the rules of the game" erhöht im (Gedanken-)Rahmen von Spielen die gedankliche Disziplin, um neue Wege zu finden, da die kritischen Punkte und die Hebel zur Veränderung des Spiels den Spielern wechselseitig bekannt sind.

Zielorientiertes „Changing the rules of the game" weist Wege in Richtung eines „Win-Win-Benchmarking"

Die Spieler A und B haben bisher wechselseitig erkannt, daß beim Wettbewerbs-Benchmarking der einmalige Informationstransfer keine für beide Spieler positive Wertschöpfung liefert, da kein Anreiz besteht, Interna wahrheitsgemäß zu offenbaren. Daher müssen die Spieler nicht nur verstehen, sondern auch begreifen, daß (erfolgreiches) Benchmarking ein kontinuierlicher Verbesserungsprozeß ist, der auf lange Sicht zu betreiben und in Netzwerken zu implementieren ist. Dabei ist zu präzisieren, was unter „langer Sicht" zu verstehen und wie diese zu operationalisieren ist, da kein Prozeß eine „never-ending story" ist. Die Spieler haben jedoch schon wechselseitig den erfolgskritischen Baustein erkannt. Dem „Konkurrenten" ist offen und ehrlich gegenüberzutreten, um gegenseitig Nutzen aus den „best practices" des jeweils anderen zu ziehen. Wie kann ein solcher Prozeß des gegenseitigen Vertrauens eingeleitet werden?

Unter dem Zeitaspekt ist unser „Benchmarking-Spiel" mehrmals hintereinander zu spielen. Das neue Spiel ist sozusagen eine mehrfache Wiederholung des „alten" Spiels, wobei die Spieler (möglicherweise) Geschehnisse in vorherigen Spielrunden mit in Betracht ziehen (können), wenn sie zu entscheiden haben, in welcher Art und Weise sie ihre Benchmarks X und Y übermitteln. So können die Spieler wechselseitig die „Ehrlichkeit" des Partners überprüfen und müssen nicht mehr nur an dessen „Ehrlichkeit" glauben. Darüber hinaus kann Fehlverhalten berechtigt sanktioniert und bei wiederholtem Fehlverhalten die Kooperation auch berechtigt aufgekündigt werden. Werden solche „outside options" für die Spieler erkennbar und möglicherweise sogar auch noch quantifizierbar, erhält der Benchmarking-Prozeß ein die „Berührungsängste" der Spieler reduzierendes Sicherheitsnetz, da erkennbare Orientierungspunkte am Wegrand des Prozesses liegen. Jeder Spieler muß nun plötzlich Chancen und Risiken des Fehlverhaltens vor einem komplexeren Systemzusammenhang reflektieren. Das neue Spiel hat im Vergleich zum „alten" Spiel seine qualitative Dimension gewechselt, da nun die Kooperation und damit der eigentliche Sinngehalt des Benchmarking im Mittelpunkt steht. Über die „Benchmark-Runden" kann sich für alle Spieler erkenn- und überprüfbar Vertrauen aufbauen, und die Spieler sehen plötzlich die Vorteile und damit die Anreize (Wertschöpfung) von längerfristig wahrheitsgemäßem Informationstransfer. Hier liegt ein Anstoß für vertrauensvolles Benchmarking, der in den „Köpfen" der Spieler auch wahrnehmbar ist bzw. erst wahrnehmbar gemacht werden muß.

Wiederholte, miteinander verzahnte Spiele richten den Blick auf Kooperation

Im Vergleich zum „alten" Spiel sind im neuen Spiel Wertschöpfung, Strategien, Informationen und Spielregeln verändert. Es wurde also an vier Hebeln „gezogen", um das neue Spiel zu finden. Durch einen Griff in den Werkzeug- und Ideenkasten der Spieltheorie, der auf der Bereitschaft der Spieler zur Teilnahme am Benchmarking basiert, lassen sich Goodwill bzw. Vertrauen (Reputation) in die Strategien der Spieler für die Spieler wechselseitig wahrnehmbar „einbauen". Hier darf nicht der technisch-mathematische Aspekt der Machbarkeit im Vordergrund stehen. Im Bewußtsein der Spieler muß die (prinzipielle) Existenz eines operationalisierbaren Sicherheitsäquivalents verankert werden, was beim Benchmarking-Prozeß ganz im Sinne von Laotses „Der Weg ist das Ziel" das Akzeptanzlevel durch die Spieler erhöht. Hier wäre das Management als Coach und Promotor gefordert. Während des Spielverlaufs liegt es dann in der Hand jedes einzelnen Spielers, ob er eigenverantwortlich, aber nicht mehr unerkannt den Goodwill oder das Vertrauen des anderen Spielers enttäuscht. Das ist allein schon aus Prestigegründen für jeden ein starker Anreiz, sein Verhalten (Denken) und Handeln in Richtung Kooperation zu orientieren. Die Bewußtwerdung dieser Aspekte durch die Spieler ist eine wichtige Voraussetzung für die erfolgreiche Implementierung interner Netzwerk-Benchmarks.

Gleichzeitig besteht die Chance, im Lauf des Benchmarking-Prozesses anfänglich positive oder negative Einstellungen zum Benchmarking je nach Harmonie zwischen den Spielern abzubauen oder zu verstärken. Damit ist das Risiko der Enttäuschung durch Fehlinformationen des Partners jedoch nicht aus der Welt geschafft; es wird per Risikomanagement jedoch ständig wechselseitig beobachtet. Die Strategien sind gleichzeitig ein Sensorium und dienen dem „monitoring", da sie anzeigen, wann sich eine kritische „Risikomasse" aufschaukelt. Damit kann der „Zufall" der Enttäuschung einem Spieler sogar zur Hilfe kommen, da er auf diesen Zufall „vorbereitet" ist. In diesen neuen Spielen mit kontrollierbarer Vertrauensbildung aus Eigeninitiative kann kooperatives Verhalten eine Gleichgewichtsstrategie sein. Damit besteht die Chance, dauerhaft das für beide Spieler wertschöpfende Win-Win aus dem Willen der Spieler heraus zu installieren. Das erhöht die Implementationschance für vertrauensbildendes Benchmarking als Managementpraktik zwischen den Spielern A und B. Darüber hinaus können die Zeitpunkte eingegrenzt werden, wann sich Spieler gegen Ende des vereinbarten Benchmarking-Zeitraumes zum Umsteuern der Strategie in Richtung eines falschen Informationstransfers entschließen könnten. Das würde auch mehr Transparenz bei der Frage nach der „langen Sicht" schaffen. Sind die kritischen Zeitpunkte für ein gemeinsames wertschöpfendes Benchmarking erkennbar, könnten schon im zeitlichen Vorfeld der Breaks den Benchmarking-Prozeß sichernde Vereinbarungen getroffen werden. Sollte eine solche Vereinbarung scheitern, werden die Spieler dennoch nicht überraschend von der „neuen" Informationspolitik getroffen. Der Wechsel der Informationspolitik wird zum kalkulierbaren Risiko, und jeder Spieler kann verhindern, einseitig noch wertvolle Interna preiszugeben.

Voraussetzungen für erfolgreiche Benchmarking-Prozesse sind identifizierbar

Die spieltheoretische (Gedanken-)Logik eröffnet somit schon in „einfachen" Spielen durch die gemeinsame Suche der Spieler nach neuen Spielregeln in neuen Spielen neue Handlungsmöglichkeiten. Es ergeben sich Orientierungspunkte, die wechselseitig kommunizierbar, kontrollierbar, stabil und transparent sind. Kritische Stellen werden identifizierbar, und es liegt im Entscheidungsspielraum eines jeden Spielers, ob sie überwunden oder zu Sollbruchstellen werden. Unter dem schwächsten „Zwang" zur Gemeinsamkeit durch das Engagement in Spielen müssen unser Chamäleon und unser schlauer Fuchs den Rückzug in tiefere Netzwerkgrauzonen der „Unberechenbarkeit" antreten. Wird an der Abstraktionsschraube gedreht, kann ihnen die Spieltheorie aber auch dahin folgen, womit die „Jäger" zu „Gejagten" werden. Erreichen kann die Spieltheorie unser Chamäleon und unseren Fuchs nie. Sie ist aber dafür verantwortlich, daß Chamäleon und Fuchs nicht mehr unbezwingbar als Netzwerkstörungen allgegenwärtig sind.

Durch den (Gedanken-)Rahmen des „Benchmarking-Spiels" lassen sich auch die begrifflichen Unschärfen im Zielsystem Benchmarking durch Konzentration auf strategisch relevante Kerne reduzieren. Beim Benchmarking als einem durch die Netzwerkspieler akzeptierten kontinuierlichen Verbesserungsprozeß erhöht sich so die Chance,

- daß ein neues Wertesystem entsteht
- daß die Sensibilität der Netzwerkspieler für den Wandel auch bzw. gerade bei einem internen Benchmarking gesteigert wird
- daß sich der Blickwinkel für die Notwendigkeit des Wandels und damit die Akzeptanz zur Bewältigung des Wandels erhöht
- daß die Netzwerkspieler die Netzwerk-Ziele klarer erkennen
- daß sich durch die Übernahme und das Streben nach „best practices" die Qualität in den verbundenen Netzwerkspielen erhöht, was die Qualität der gesamten Netzwerk-Performance steigert.

Das einfache Schema mit der unbefriedigenden „Lose-Lose-Lösung" zeigt, daß es etwas Besseres gibt, wodurch die Bedeutung von Kooperation vielleicht erst

„richtig" erkannt wird. Möglicherweise bekommen so die oft strapazierten Begriffe Mission und Vision etwas mehr an kommunizierbarer Schärfe.

Für unser Projekt „Implementation von Benchmarking" bedeutet das, daß wir mit unseren Netzwerkspielern in einem transparenten begrifflichen Rahmen über Vor- und Nachteile sowie über Chancen und Risiken des Benchmarking kommunizieren können. Die Spieltheorie liefert hierbei den disziplinierten und strukturierten gedanklichen „support". Dabei steht nicht die mathematische Technik im Mittelpunkt, sondern die spieltheoretische (Denk-)Logik auf der Basis der Atome des Spiels, die alle möglichen Interaktionen und Konsequenzen auch ohne das formale Instrumentarium der Spieltheorie spiegeln. Auf dieser Basis können wir ganz im Sinne des „Carpe diem" (Nütze die Stunde) von Horaz versuchen, die „Köpfe" der Spieler für Benchmarking zu gewinnen. Wir schneiden das mystische Gestrüpp und das babylonische Sprachengewirr um das Benchmarking zurück und liefern die Sicherheit und das Vertrauenerweckende von nachprüfbaren Fakten. So können die Spieler erst erkennen, daß man nur Erfolg hat, wenn auch andere Erfolg haben, wobei ihnen die Möglichkeit offensteht, durch eigenes Engagement die Belastbarkeit unserer Präsentation an für sie kritischen Stellen zu überprüfen. Erst so können sich wechselseitig festgefahrene (Denk-)Schemata in Richtung der gemeinsamen Vorwärtsorientierung lockern. Auf diese Art und Weise wird die Implementation von Benchmarking kein isolierter Aktionismus. Im (Gedanken-)Rahmen des Spiels wird für die Spieler erkennbar, mit welchen Konsequenzen Veränderungen der Spielregeln des „Benchmarking-Spiels" verbunden sind und wie die damit verzahnten Netzwerkspiele betroffen sein können. Kurzum, spieltheoretisches Szenarienmanagement zeigt einen gangbaren Weg in Richtung wertschöpfender Verbesserungen für alle Beteiligten.

Es wäre jedoch falsch zu glauben, daß mit der Spieltheorie ein mechanischer Spielregelgenerator gefunden ist, der per Knopdruck das befreiende Patentrezept für alle kritischen Netzwerklagen liefert. Letztendlich geben Regeln den Spielen auch nur Ordnungen, die nicht, selbst wenn es auf Anhieb die „richtigen" sein sollten, per „command and control" durchgesetzt werden können. Die Spieltheorie illustriert die Konsequenzen und ermöglicht die Abschätzung von eigenen Aktionen und von Aktionen anderer Spieler im systemischen Zusammenhang. Sie ist ein Instrument logischer Überzeugungsarbeit, das wertschöpfend nutzbare Symmetrien zwischen den Spielern identifiziert und Wege zeigt, wie Spiele durch Wahrnehmungsveränderung der Spieler in die „richtige" Richtung führen können. Im „methodischen" Nachdenken über die Veränderung des Spiels in die „richtige" Richtung auf der Basis von (Spiel-)Atomen liegt die Chance für das Management, als Teilnehmer an allen Netzwerkspielen und als (Haupt-)Gestalter der Spielregeln der „Unberechenbarkeit" des Wandels hin und wieder ein Schnippchen zu schlagen. Kommt es dabei zu einem spieltheoretisch unterstützten Realisierungsmanagement durch Prozeß-Teams, Qualitätszirkel, Infomärkte usw., könnten unser Fuchs und das Chamäleon sogar durch ihr Festhalten an alten Bräuchen ernsthaft in Schwierigkeiten geraten.

> **Spieltheoretisches Szenarienmanagement ist kein mechanischer Spielregelgenerator, der auf Knopfdruck die „richtigen" Patentrezepte zur Bewältigung des Wandels liefert. Die Spieltheorie bietet einen logisch strukturierten und gedanklich disziplinierten „support" im systemischen Zusammenhang. Als (Denk-)Logik nutzt sie ohne ihr formales Instrumentarium die „Köpfe" der Spieler. Gemeinsames „methodisches" (Nach-)Denken über Spiele verändert die Atome der Spiele, und neue Spiele entstehen. Ganz im Sinne von Laotses „Der Weg ist das Ziel" hilft die Spieltheorie die „richtigen" Orientierungspunkte zur zielorientierten Bewältigung des Wandels zu finden**

Vertragsdesign: Alternative im Risikomanagement der Banken

Wenn wir uns an die Pascal-Welten erinnern, schlüpfen die Netzwerkspieler und das Management als Teil des Ganzen in Rollen sich mehr oder weniger gut koordinierender Risikotransporteure. Sie werden zu Spielern in Lotterien. In der Netzwerkpraxis werden Entscheidungen wie „Wetten" mit „unsicheren" Konsequenzen in der Zukunft im fremden Auftrag abgeschlossen. Die Spieler riskieren ihre „Wetten" bei Entscheidungen über die Kapitalstruktur, beim Einschätzen von Marktchancen sowie beim Vereinbaren strategischer Allianzen und Joint-ventures. Die Auszahlungen ihrer „Wetten" gehen dann allerdings im Regelfall als Gewinne oder Verluste auf die „große" Netzwerkrechnung. Dabei nutzen die Spieler in den „verdeckten" und offenen Netzwerklotterien „kurzfristig" entstandene Chancen und Risiken, wodurch sie die Grenzen der Netzwerkinnenwelten nicht nur ständig überschreiten, sondern auch verändern. Durch ihre „Wetten" beschreiten die Spieler jedoch auch Pfade abseits der durch Netzwerkplanung und Netzwerkstrategie markierten Wege (Spielregeln). Erst die vielen „kleinen" Netzwerkwetten subsummieren sich zur das Netzwerkleben bestimmenden „großen" Netzwerklotterie, und der „strategisch geplante" Netzwerkkurs wird als Resultat einer

„gigantischen" Netzwerkwette im Sinne von Novalis' „Spielen ist Experimentieren mit dem Zufall" ziemlich „unstrategisch" bestimmt.

Im Kern müssen sich auch Banken und Investoren über die Art und Weise des Risikotransfers einigen, wenn sie in Kreditverhandlungen stehen. Dadurch werden die Verhandlungspartner zu Spielern in (Wett-)Szenarien, in denen beide Partner ihre „Wetten" auf die Zukunft abschließen. Dabei suchen die Investoren (Mit-)Spieler, die gegen Zahlung von Prämien bereit sind, die in den Investitionsprojekten versteckt liegenden Risiken zu übernehmen. Manchmal sind Investoren sehr erfinderisch, um diese Risiken vor den Augen des Risikomanagements der Banken zu verbergen. Beim Tempo des Wandels könnte sich eine Bank bei der Suche nach Orientierung zur Einschätzung und Entdeckung dieser Risiken an Mark Twains „Voraussagen sind sehr schwierig, besonders über die Zukunft" erinnert fühlen. Vor diesem Szenario weist die Spieltheorie für das Risikomanagement der Banken praktikable Wege, um Insolvenzrisiken durch „geeignetes" Kontraktdesign „kreativ", wertschöpfend und vor allem auch glaubhaft in den Dienst der Kreditsicherung zu stellen.

Die Spieltheorie weist „kreative" Wege für Risikomanagement durch Kontraktdesign

Versetzen wir uns kurz in die Lage einer Bank, die nach neuen Wegen („Visionen") zur Kundenbindung durch kreatives Kreditvertragsdesign sucht. Sie verfolgt dabei mit dem „neuen" Kontraktdesign mehrere Ziele:
- Durch „weiches" Kontraktdesign („third order control") sollen die Monitoring-Kosten gesenkt werden
- Der zu findende (Gedanken-)Rahmen soll zum „(Durch-)Spielen" auch komplexerer Alternativen ausbaufähig sein
- Wechselseitig akzeptiert und das Vertrauen der Spieler untereinander stärkend, sollen die Interessen zwischen Bank und Investoren über das Risikomanagement der Bank koordiniert werden
- Bei Reduzierung des Insolvenzrisikos und größtmöglicher Wertschöpfung der Bank sind Qualitätssicherungskriterien zu erfüllen
- Die Komplexität der Kreditarrangements soll auf wenige, „sicher" zwischen den Partnern kommunizierbare, strategische Kernfaktoren reduziert werden.

Das gesteckte Projektziel der Bank schweißt die Vertragspartner in einer strategischen (Entscheidungs-)Situation zusammen. Um Chancen, Risiken und Konsequenzen dieses „neuen" Weges nicht nur zu erkennen, sondern auch zu bewerten, sucht die Bank ein geeignetes „Schema". Sie wählt, sich an die Warnung des Konfuzius, „Wenn die Begriffe sich verwirren, ist die Welt in Unordnung", erinnernd, ein (Spiel-)Szenario. Die Bank vertraut darauf, daß mit (Mit-)Spielern, die die (Denk-)Regeln der Spieltheorie beherrschen, ein gemeinsames (Nach-)Denken mit Konsequenzen praktischer Art möglich ist. Sind die Atome des „Kreditkontraktdesign-Spiels" gefunden, illustrieren sie,

- wie durch Veränderung dieser Atome „alte" Spiele „kundengerecht" an neue Spiele anzupassen sind
- wie sich bei Veränderungen des Spiels die Chancen und Risiken der Bank und des Investors verändern
- mit welchen Konsequenzen die Spieler wechselseitig bei gewählten strategischen Verhaltensmustern rechnen müssen
- wie Spiele erstens sich verändernden institutionellen Rahmenbedingungen anzupassen sind; zweitens, in welchem Maß die Spielergebnisse von konkreten institutionellen Details abhängen, und drittens, wie diese Details schon im zeitlichen Vorfeld zu identifizieren sind
- wie aus dem Spiel heraus neue Strategien entwickelt werden können
- wie auch Investoren erkennen (können), daß nur eigenes Engagement gemeinsame Erfolge sichert.

Die Bank nutzt das (Spiel-)Szenario also nicht nur als Sensorium für sich verändernde Kundenwünsche und als Monitoring-Instrument zur Entwicklung „optimaler" Kontraktdesigns. Das Spielszenario ist für sie als Präsentationsrahmen des „neuen" Produktes auch ein Marketinginstrument gegenüber Wettbewerbern und Investoren.

Um die Komplexität beim Spieldesign drastisch zu reduzieren, werden Wirkungszusammenhänge und Prozesse bei unserer Referenzbank sehr stark vereinfacht, so daß

- nur ein Investor mit einer Bank und keinem Bankkonsortium verhandelt
- ein spezielles Informationsszenario zugrunde liegt
- der Investor nur die Wahl zwischen einer Investitionspolitik mit hohem und einer mit niedrigem Risiko hat, wobei beide Projekte den gleichen Mitteleinsatz erfordern und das Risikoprojekt höhere Einzahlungen liefern (kann)
- der Investor nur im Inland tätig ist, womit Kurssicherungsprobleme (Swaps) entfallen
- die Kapitalstruktur des Investors keine Rolle spielt.

Strategische Aspekte des Kreditkontraktes und daraus resultierende Ansatzpunkte des Risikomanagements stehen im Zentrum. Reduziert die Bank unter diesen Annahmen die Komplexität der Kreditverhandlungen auf den strategisch relevanten Kern, spielt sie in ihrer Wahrnehmung das richtige Spiel, in dem sie dann die „richtigen" Strategien finden muß. Werden die Annahmen der Bank durch den Investor nicht erfüllt, muß sie ein anderes Spiel spielen. Wir machen uns die Sache einfach und führen die Bank mit dem richtigen Investor im dadurch aus der Sicht der Bank richtigen Spiel zusammen. Die Bank wechselt nun die Perspektive. Sie versetzt sich unter dem Ziel, ein für den Investor akzeptables, jedoch ihr Insolvenzrisiko reduzierendes „Preis-/Leistungspaket" zu schnüren, in die Lage des Investors.

Spieltheoretisches Szenarienmanagement basiert auf Identifikation der Atome des „richtigen" Spiels und kreativem Spieldesign beim „Abbilden" der Situation durch Spiele

Verhandeln Bank und Investor über Kreditverträge, muß die Bank im Regelfall ihre Spiele in einem Informationsszenario asymmetrischer Information spielen. Die Informationsasymmetrie geht meistens zu ihren Lasten, da Investoren besser über ihre verfügbaren Alternativen (Investitionsprojekte) informiert sind. Die Bank hat daher erst einmal per se zwei Reaktionsmöglichkeiten: Entweder sie akzeptiert den „strategischen" Vorteil des Investors und reagiert selbst darauf strategisch, oder sie muß diesen strategischen Vorteil des Investors verändern. Die Bank kann das Spiel der „Informationsasymmetrie zu ihren Lasten" verändern, in dem sie beispielsweise ebenfalls Unsicherheit gegenüber dem Investor erzeugt. So kann sie den Investor während der Verhandlungen im unklaren darüber lassen, ob sie ein „weicher" oder „harter" Verhandler (Typ) ist. Entschließt sich die Bank zu dieser Verhandlungsstrategie, wird ein Spiel „wechselseitiger Informationsunsicherheit über den Typ der Spieler" gespielt: Der Bank ist der „Typ" des Investors unbekannt; dem Investor ist der „Typ" der Bank unbekannt. In unserem Spiel verzichtet die Bank auf diese „Spielvariante". Sie entschließt sich, im (Verhandlungs-)Spiel mit der einseitigen Unsicherheit zu ihren Lasten umzugehen. Die Bank hat damit das Interesse, ein für den Investor „durchschaubares" Spiel zu spielen, wohingegen der Investor zumindest zu Beginn, einem Chamäleon vergleichbar, für die Bank ein „undurchschaubares" Spiel spielt. Es ist ein Ziel der Bank, durch ihr Risikomanagement den wahren Absichten eines Investors, der nach Machiavellis „Jeder sieht, was du scheinst. Nur wenige fühlen, was du bist" handelt, auf die Spur zu kommen.

Die Rolle des „Chamäleons" erhöht oft nur „scheinbar" strategische Handlungsspielräume

Bei „weichem" Kontraktdesign akzeptiert die Bank also die Qualitätsunsicherheit über den Typ des Investors beim Vertragsabschluß. Ihr ist es zunächst einmal

„egal", welcher Investitionspolitik der Investor folgen wird. Zusätzlich akzeptiert die Bank eine Verhaltensunsicherheit über den Investor. Sie verzichtet nämlich darauf, Kontrolloptionen über die vertragsgemäße Verwendung der Kreditmittel nach deren Auszahlung auszuhandeln. Die Bank „entspannt" durch Verzicht auf „command and control" die Verhandlungsatmosphäre und signalisiert „Respekt" gegenüber der Souveränität unternehmerischer Entscheidungen. Sie basiert ihre Strategie ganz bewußt auf dem Risiko des „moral hazard", da dem Investor die Chance gelassen wird, eigenverantwortlich das Risiko des Investitionsprogramms zu erhöhen. Im Sinn Einsteins „Wenn eine Idee nicht zunächst als absurd erscheint, taugt sie nichts" setzt die Bank auf die Glaubwürdigkeit und Leistungsfähigkeit der Spieltheorie und skizziert dem Investor im (Gedanken-)Rahmen eines Spiels in den Verhandlungen das folgende, für beide Spieler wechselseitig überprüfbare Szenario. Kann die Bank ihr Verhandlungsziel erreichen? Tells Aufforderung „Hier gilt es, Schütze, deine Kunst zu zeigen" folgend, schreitet sie zur Tat.

(Gedanken-)Rahmen der Spiele zeigen, ob absurde (kreative) Ideen tatsächlich absurd (kreativ) sind

Um Einsichten mit Vorhersagepotential in das (strategische) Denken des Investors zu gewinnen, identifiziert die Bank erst einmal die Atome des Spiels. Die **Spieler** sind die Bank und der Investor, der als Chamäleon in zwei (Verhandlungs-)Typen auftreten kann. Die Typen des Investors sind mit den beiden Investitionsprojekten X und Y gekoppelt, wobei das Projekt Y das höhere Investitionsrisiko und damit das für die Bank höhere Insolvenzrisiko trägt. Beide Projekte erfordern den gleichen im Kreditvertrag auszuhandelnden Mitteleinsatz. Die Bank muß davon ausgehen, daß sie die Projektwahl (den Typ) des Investors nicht beobachten kann. Das von der Bank vermutete Insolvenzrisiko bestimmt die vom Investor zu zahlende Prämie (Zins). Damit sind die **Strategien** der Spieler festgelegt: Der Investor bestimmt die Projektauswahl; die Bank bestimmt die Zins- und Tilgungskonditionen. Die Bank erkennt den machiavellistischen Anreiz des Hochrisikoinvestors (Y), sich als Niedrigrisikoinvestor (X) zu tarnen, um die „günstigere" Prämie des Niedrigrisikoinvestors (X) abzuschöpfen. Sie erkennt aber auch, daß ein Niedrigrisikoinvestor" (X) keinen Anreiz hat, die Bank über seinen Typ zu täuschen. Im Erkennen des „richtigen", die Verhandlungen führenden Investortyps versteckt sich das Risiko der Bank. Dadurch steht das **Informationsszenario** fest: Dem Investor ist bekannt, mit welchem Banktyp er verhandelt; der Bank ist der Investortyp unbekannt. Die **Wertschöpfungen** der Spieler sind ebenfalls bekannt: Die Bank erhält den im Kontrakt zu vereinbarenden Zinsen- und Tilgungsdienst; der Investor erhält die Differenz aus den Einzahlungen des gewählten Projektes, abzüglich des Zinsen- und Tilgungsdienstes. Wählt der Investor das sichere Projekt (X), kann er mit Sicherheit den Zinsen- und Tilgungsdienst erfüllen. Wählt er das Risikoprojekt (Y), ist die verbleibende Differenz zwar größer, aber unsicher, womit der Fall eintreten kann, daß er den Zinsen- und Tilgungsdienst nicht immer erfüllen kann. Die „richtige" Einschätzung des Investors über die „Sicherheit" dieser Differenz aus dem Risikoprojekt bestimmt letztendlich seine Investitionspolitik, in deren Wahl sich das Risiko des Investors versteckt. Dieses Risiko würde der Investor jedoch gern als „getarnter" Niedrigrisikoinvestor auf die Bank überwälzen. Unter diesen **Spielregeln** ist das „Kontraktdesign-Spiel" bei einseitigem Informationsnachteil zu Lasten der Bank zu spielen.

Aus Sicht der Bank ist nun das Wesentliche der Bank-Investor-Beziehung bekannt, und das Entscheidende ist als strategisch relevanter Kern durch das Spiel erfaßt. Der gefundene (Denk-)Rahmen kann jedoch zu Resultaten führen, die möglicherweise nur über „neue" Spiele erfaßt werden (können). Die Bank muß jetzt durch Festlegung ihrer Strategie die Frage des „Wie" der Spielgestaltung lösen. Dabei verfolgt sie auch das Ziel, dem Investor deutlich zu machen, daß im „freiwilligen" Verzicht auf „moral hazard" der wertschöpfende Vorteil beider Spieler liegt. Kurzum, die Bank ist an einer „Win-Win-Lösung" interessiert und will den Investor im Spielszenario davon überzeugen. Aus der Perspektive Machiavellis hätte sie dann die Machtquellen (Spielregeln) des Spiels zu ihren Gunsten (um)gestaltet.

> **Atome des Spiels legen unter den Annahmen über das Spiel als strategisch relevantem Kern alle Interaktionen der Spieler fest. Verändern sich die Annahmen, verändert sich über Veränderung der Spielatome das Spiel. Beim Spieldesign soll(te) man dem Rat Einsteins folgen: „Alles sollte so einfach wie möglich, aber nicht einfacher gemacht werden"**

Die Verhandlungsstrategie der Bank orientiert sich an folgendem Kalkül: Im Spielszenario muß der Investor erstens erkennen, daß der Verzicht auf „moral hazard" nicht verlorene Chancen (Opportunitätskosten), sondern Investitionen in die Reputation als „gutes" Kreditrisiko bedeutet. Zweitens muß er erkennen, daß nur diese Reputation durch günstigere Zinstilgungsmixes honoriert wird. Erkennt der Investor diesen Zusammenhang zwischen seinem Verhalten und seiner Wertschöpfung, „macht" aber die Bank das Spiel. Sie gewinnt durch ihr strategisches Verhalten den gewünschten Einfluß auf die Investitionspolitik des Investors, wobei der Investor allerdings die Verantwortung für Erfolg oder Mißerfolg des Kreditarrangements trägt. Für den Aufbau von Reputation zeichnet er nämlich allein verantwortlich; die Bank läßt ihm für Investitionen in seine Reputation dabei aber alle Freiheiten. Die Bank hat auf diese Art und Weise, ohne das Insolvenzrisiko aus den Augen zu verlieren, den „vermeintlich" strategischen Informationsnachteil zu ihren Lasten durch das Erkennen des strategischen Kerns des Investorkalküls nicht nur kompensiert. Sie hat diesen „Nachteil" sogar als zusätzliches „Prestigerisiko" in das strategische Kalkül des Investors eingebracht. Aus dem vorgefundenen Spiel heraus hat die Bank, wie der Investor denkend, kreativ eine neue wertschöpfende Strategie unter der Devise „Man hat nur Erfolg, wenn auch andere erfolgreich sind" entwickelt.

> **„Weiches" Kontraktdesign erweitert die strategischen Alternativen der Bank. Sie kann das Verhalten des Investors beeinflussen. Für Hochrisikoinvestoren verliert die indirekte Strategie des Sunzi durch für alle Spieler wahrnehmbaren Prestigeverlust an Attraktivität**

Ziehen wir ein kurzes Zwischenfazit:
• Die Bank hat sich als Antwort auf den Wettbewerb durch das (Spiel-)Szenario ein „Instrumentarium" der Strategieentwicklung verschafft. Nicht statisch, sondern flexibel kann sie ihre Entscheidungen (das „Wie") beim Zinstilgungsmix über das „strategische" Investorverhalten transparent und für den Investor auch begreifbar legitimieren. Das Spiel ist dabei der (Gedanken-)Rahmen, der allen beteiligten Akteuren hilft, zur Verfügung stehende Informationen zu nutzen und Informationslücken zu schließen
• Die Bank verfolgt durch Differenzierung der Investoren eine kundenorientierte Kreditpolitik. Sie bestimmt den Zinstilgungsmix (kunden)individuell, also auf den Investor zugeschnitten, und nicht per „unreflektiertem" Durchschnitt
• Die Bank zeigt dem Investor die „Marschrichtung" zum Win-Win-Arrangement. Der Investor trägt allerdings die Verantwortung für die erfolgreiche Beschreitung dieses Weges. Dadurch offeriert die Bank jedem Investor „exakt" das günstigste Angebot
• Die Bank erkennt für sich selbst, wann und wie Investoren das Angebot verstehen. Sie sichert sich auch die Chance zur Verbesserung des Angebots durch die Fähigkeit zur situativen Anpassung. Dazu muß sie möglicherweise an der Abstraktionsschraube des Spiels drehen oder neue Spiele kreieren
• Die Bank nutzt verborgene Potentiale zum Kontraktdesign, die sich erst beim Erkennen des strategischen Kerngehalts vom Kreditarrangement in der gedanklichen Disziplin des Spiels zeigen.

Damit zeigt sich die spieltheoretische Denklogik als eine Art Denkökonomie. Die Bank gewinnt nicht nur Einsichten in ihre Umwelt, sondern auch in sich selbst. Das fördert erstens ihre Fähigkeit, sonst verborgen gebliebene systemische Zusammenhänge zu erkennen. Zweitens wird die Fähigkeit gefördert, danach zu handeln.

> ## Die Spieltheorie ist das Angebot einer „Sprache" der Erkenntnis der Zusammenhänge, nicht des „Für-wahr-Haltens"

Begleiten wir unsere Bank noch etwas weiter auf dem Weg, den Absichten von Investoren durch kundenorientiertes Kontraktdesign auf die Spur zu kommen. Zunächst einmal ist dem Investor das „Reputationskriterium" zu illustrieren. Die Bank wählt einen einfachen Weg und bestimmt die Reputation des guten Kreditrisikos als die Tatsache, daß der Investor seine Verpflichtungen aus dem Kreditarrangement erfüllt. Nun schlüpft die Bank möglicherweise in die Rolle Machiavellis. Sie offeriert als Kreditauszahlungsmodus Kredittranchen, wobei die Auszahlung folgender Tranchen von der Erfüllung des Zinsen- und Tilgungsdienstes der vorhergehenden Tranchen durch den Investor abhängt. Dadurch grenzt die Bank erstens das Risiko ein und verschafft sich zweitens ein Reservoir, um noch flexibel auf „Verfehlungen" des Investors reagieren zu können, ohne das gesamte Kreditarrangement aufs Spiel setzen zu müssen.

Unter diesen Spielregeln offeriert die Bank dann einen durch etwas komplizierteres Risikomanagement abgesicherten „Nash-Gleichgewicht-Zinstilgungsmix". Dieser Mix liefert für die Bank und den Investor die bestmöglichen Wertschöpfungen unter den Spielregeln des Spiels. Damit macht sich die Bank vor Abschluß des Vertrages ein detailliertes Bild über mögliche Ereignisse, die noch gar nicht stattgefunden haben. Dadurch verfügt sie über ein Sensorium, das sie in die Lage versetzt, die verschiedensten Risikopfade, die der Investor beschreitet, zu verfolgen. In dieser „Eventualplanung" per Nash-Gleichgewicht sind nicht nur „Marschrichtungen" für die Kreditverhandlungen, sondern auch erforderliche Maßnahmen zur Lenkung (Steuerung) des „gezähmten" Risikokalküls spezifiziert. Die Risikoentwicklung beim Investor wird niemals aus den Augen verloren, da das über das Verhalten des Investors ins Spiel getragene Risiko nicht einfach „technisch" (weg)diversifiziert wird. Aus Sicht der Bank basiert der Zinstilgungsmix auf „optimal" ausbalancierten (Risiko-)Wahrscheinlichkeiten über das Investorverhalten. Das heißt nicht, daß die Bank das Spiel einfach per Knopfdruck spielen kann und sicher über die Runden bringt. Sie schließt aber ihre „Wette" auf die Zukunft „optimal" vorbereitet ab. Die Wettauszahlung bestimmt hingegen erst die freie Entscheidung des Investors. Die Bank erhält sich in diesem Spiel per empfindlicher „Fernaufklärung" über den Tranchen-Modus ihre „outside option", falls der Investor „zu stark" und nicht mehr korrigierbar auf Wege abseits des „Gleichgewichtspfades" geraten sollte.

> **Durch spieltheoretisches Risikomanagement ist die Bank ständig auf den Eintritt des „worst case" vorbereitet. Der Risikofall trifft die Bank nicht überraschend. Das Kontraktdesign ist bei größtmöglicher Wertschöpfung der Spieler qualitätsgesichert**

In diesem schon nicht mehr ganz so einfachen Spiel muß die Bank am Anfang der Kreditverhandlungen die „richtige" Einschätzung über die Typen der Investoren treffen, was Psychologie und Intuition mit spieltheoretischem Denken verbindet. Der Bank kommt allerdings die Tatsache zur Hilfe, daß Investoren ihren Typ oft in mit dem „Kontraktdesign-Spiel" verbundenen Spielen offenbaren (müssen), womit Marktbeobachtungen erste Hinweise auf das Investorenprofil liefern (können). Hat die Bank ihre Einschätzung getroffen, legt sie sequentiell ihre Zinstilgungspolitik fest: Sie offeriert für die Starttranche auf der Basis ihrer Einschätzung, ob sie mit einem Niedrigrisikoinvestor oder Hochrisikoinvestor verhandelt, einen fixen Zinstilgungsmix. Für die weiteren Tranchen bilden jedoch „bedingte" Zinstilgungsmixes die Basis. Die Auszahlung dieser Tranchen ist von der Erfüllung der Verpflichtungen des Investors aus dem Kreditarrangement abhängig. Der Investor bekommt nur eine neue Tranche, wenn er die vorhergehende Tranche vertragsgemäß bedient hat.

Durch dieses Kontraktdesign hat die Bank aus eigener Kraft, aus dem Spiel heraus, ihren strategischen Handlungsspielraum erweitert. Zu Beginn der Kreditverhandlungen konnte sie nur zwischen den Alternativen „richtig" oder „falsch" bei der Einschätzung der Investoren X und Y wählen. Nun kann die Bank jedoch erst einmal abwarten, wie der Investor das Kreditarrangement realisieren wird. Das erhöht die Chance zum Abschluß des Kreditvertrages. Die Bank steht nicht sofort unter dem ultimativen Druck einer Risikoentscheidung mit möglicherweise irreversiblen Konsequenzen in der Kundenwahrnehmung, wenn sie Fehler bei der Einschätzung des Investors macht. Für die Bank ist zwar die Mittelverwendung durch den Investor unkontrollierbar, durch die Kontrolle über seine Einzahlungen bleibt sie jedoch seiner Risikoeinstellung auf der Spur. Mit zunehmender Spieldauer ist daher nicht auszuschließen, daß sich der Investor mehr oder weniger an der Meßlatte der Reputation als gutes Kreditrisiko orientieren wird. Dabei kann der Investor auch erkennen, daß das Angebot der Bank um so „günstiger" ausfällt, je besser seine Reputation wird. Die Checkpoints, die der Bank diesen Sinneswandel des Hochrisikoinvestors anzeigen, liefert das Risikomanagement.

Orientiert sich das strategische Verhalten des Investors am *bewußten* Aufbau der Reputation, nimmt er das Spiel im Sinne der Bank wahr. Die Bank hat ihr Ziel durch „weiches" Kontraktdesign erreicht. Die Grauzone um den Investor erhält somit durch aktive Spielgestaltung der Bank ihre Konturen, wobei von der Bank

- Kommandieren durch Kommunizieren
- mechanisches Korrigieren durch Kreativität und
- Kontrollieren durch Konsens

ersetzt wurden.

Der Investor macht sich wie die Bank im (Gedanken-) Rahmen des Spiels vor Beginn des Investitionsprojektes sein Bild über seine Alternativen.

Im (Gedanken-)Rahmen des Spiels lassen sich im vorhinein die „kritischen" Punkte für strategisches Verhalten transparent kommunizieren. Der Hochrisikoinvestor (Y) muß sich entscheiden, ob er ein machiavellistisches „Spiel" im von der Bank offerierten Spiel spielen will bzw. kann. An der für ihn erkennbaren Wertschöpfung kann er zwischen für ihn „richtigem" und „falschem" Spielverhalten differenzieren. Der Investor hat die Chance zu erkennen, daß er durch einen „günstigen" Zinstilgungsmix nicht mehr an Wertschöpfung aus dem Spiel herausnehmen kann, als er bereit ist, während des Spiels an sich aufbauender Reputation „einzuzahlen". Dieses Faktum kann sein (Investitions-)Verhalten nicht nur beeinflussen, sondern sogar verändern. Die Bank hat zumindest die Sicherheit, im jeweils richtigen Spiel um den größtmöglichen Geschäftserfolg zu spielen. Durch ihre qualitätsgesicherte Strategie ist ihre Kreditpolitik auch gegenüber Interessengruppen („Shareholder", „Stakeholder") im eigenen Netzwerk legitimiert. Die Bank hat somit das Feld bereitet, die „Lose-Win-Situation" des Anfangs in eine „Win-Win-Situation" zu wandeln.

(Gedanken-)Rahmen der Spiele können ungünstige in günstige Konstellationen wandeln

Die Bank gibt in unserem Kontraktdesign-Spiel den Kreditverhandlungen durch die Spielregeln eine kreative und ausbaufähige Ordnung. Sie übt keinen „direkten"

Zwang auf den Investor aus, der sein Spiel spielen kann, wie er es für „richtig" hält. Das die „Investorenmacht" ausgleichende „Machtpotential" der Bank liegt durch Einflußnahme auf das Investorverhalten in den systemischen Wirkungen der Spielregeln verborgen. Wechselseitig verstanden und akzeptiert, bietet das Spiel den Rahmen, in dem sich durch Spiegelung des Verhaltens der Spieler an ihren Wertschöpfungen egozentrische in allozentrische Sichtweisen wandeln können. Unter dieser (Spiel-)Perspektive wird das (Spiel-)Ergebnis erst als Resultat des Zusammenspiels verstanden, in dem jeder Spieler das Ziel verfolgt, sich selbst und die Umwelt im Zusammenspiel zu erkennen. Jeder Spieler hat die Chance, durch aktives und kreatives Engagement neue Strategien und Spielregeln zu finden, um seine Wertschöpfung zu verbessern. Dahinter versteckt sich nicht nur der Anreiz zur aktiven Teilnahme am Spiel, sondern auch der Anreiz zur Qualitätssicherung im Spiel. Da sich jeder Spieler der Tatsache bewußt ist, daß Regeln den Spielen nur eine momentane Ordnung und nicht eine bis in die „Ewigkeit" zementierte Struktur geben, entstehen keine dauerhaften „Scheinrealitäten", die unter Reibungsverlusten mechanisches (Fehl-)Verhalten und (Fehl-)Entscheidungen legitimieren.

In unserem Kontraktdesign-Spiel hat die Bank auf Wertschöpfung vernichtendes „command and control" sowie „monitoring" vor Ort verzichtet und statt dessen durch „weiches" Kontraktdesign ihren Einfluß (Macht) auf das Verhalten des Investors ausgeübt. Dabei bleibt der Investor aber ständig in der Rolle eines Spielgestalters, da er jederzeit ein anderes Spiel mit der Bank spielen kann. Erkennt er beim methodischen Nachdenken über das Spiel die „Punkte", die er gern verändern möchte, wird er mit der Bank im (Gedanken-)Rahmen der Spiele ein neues konsensfähiges Spiel finden, womit er sogar die Rolle eines (Spiel-)Machers spielt. Da die Spieltheorie keine „Allzweckwaffe" zur Vernichtung jedweder Art von Unsicherheit ist, kann auch in diesem Szenario trotz spieltheoretischem (Nach-)Denken nicht mit Sicherheit ausgeschlossen werden, daß die Bank auf einen Hochrisikoinvestor trifft, der Machiavellis Fürst gelesen hat und sich nach der Devise verhält: „Die Menschen sind so anfällig und hängen so sehr vom Augenblick ab, daß einer, der sie täuschen will, stets jemanden findet, der sich täuschen läßt." Durch spieltheoretisches Risikomanagement sieht die Bank jedoch auch dem Auftritt eines solchen Spielers gelassen(er) entgegen.

Ein Golfkriegsszenario

Die Sicherheitskrise am Persischen Golf ging in ihre „heiße" Phase, als Ende November 1990 der Sicherheitsrat der Vereinten Nationen die Resolution 678 verabschiedete. Damit wurde Saddam Hussein mit Mitte Januar 1991 ein letzter Termin gesetzt, um seine Streitkräfte aus Kuwait abzuziehen. Ab November verstärkten sich neben dem Truppenaufmarsch der Alliierten in Saudi-Arabien dann auch noch einmal die diplomatischen Aktivitäten. Es kam zu Angeboten und Gegenangeboten, der amerikanische Außenminister Baker und der irakische Außenminister Tarik Aziz führten ein persönliches Gespräch, UNO-Generalsekretär Perez de Cuellar absolvierte einen Blitzbesuch in Bagdad, und der französische Präsident unternahm kurz vor Ausbruch des Krieges einen letzten Interventionsversuch.

Das „große" Spiel „Sicherheitskrise am Golf" zerfällt in viele verzahnte, von verschiedenen Interessen gesteuerte politische (Teil-)Spiele

Mitte Januar 1991 hatten sich die irakischen Streitkräfte nicht nur nicht zurückgezogen; sie waren sogar noch verstärkt worden. Damit stellte sich Saddam bei Ablauf des Ultimatums demonstrativ gegen das multinationale Krisenmanagement eines Bündnisses aus über 30 Nationen, das vom über 280.000 Mann starken US-Kontingent bis zu den 500 Mann aus Senegal reichte. Einen Tag nach Ablauf des Ultimatums traten die Alliierten an und begannen mit schweren Luftangriffen die Offensive. Angriffe des Irak auf Saudi-Arabien bewiesen jedoch, daß die irakischen Streitkräfte zu begrenzten Gegenschlägen durchaus in der Lage waren. Die mobilen russischen Scud-Raketen, die bis zuletzt ein Unsicherheitsfaktor blieben, schlugen in Tel Aviv, Haifa, Riad und Dahran ein. Da sie durch die alliierte Luftwaffe nicht ausgeschaltet werden konnten, wurde aus dem irakischen Drohpotential nicht nur eine ernstzunehmende reale Bedrohung. Es zeigten sich durch die Scud-Raketen auch gewisse Grenzen der alliierten Luftstreitkräfte. Mit dem Fortschreiten der Kämpfe begann sich dann auch, nicht zuletzt durch das Scud-Risiko, die öffentliche Meinung weltweit zu ändern. Die Zweifel an der Notwendigkeit der alliierten Bombenangriffe wuchsen. Wollten die USA als die Macht mit der Entscheidungsgewalt am Golf den Irak aus der Liste der Militärmächte der Welt herausbombardieren? Oder ging es den USA „nur" darum, zu garantieren, daß der Irak nie wieder imstande sein sollte, Krieg zu führen? Gerade gegenüber dem „Gericht" der öffentlichen Meinung waren die Amerikaner seit dem Vietnamkrieg besonders sensibilisiert. Schon damals bestimmte nämlich die Öffentlichkeit ganz entschieden die Spielregeln der USA, wohingegen die nordvietnamesische Führung die Öffentlichkeit politisch nicht zu beachten brauchte. Die amerikanische Öffentlichkeit beurteilte den Vietnamkrieg in erster Linie nach den Verlusten und nicht nach den Erfolgen der Streitkräfte. Für Nordvietnam war daher jedes Gefecht mit Verlusten der Amerikaner ein weiterer Schritt zum Sieg, da Menschenverluste politisch nicht zählten. Damit wurde die amerikanische Öffentlichkeit ganz im Sinne Sunzis „indirekter" Strategie zu einem wichtigen Verbündeten Nordvietnams.

Die Nichtausschaltung der Scud-Raketen veränderte die Wahrnehmung der Spieler über das Golfszenario. Alles, was die Alliierten taten, aber auch alles, was sie unterließen, sendete Signale. Diese Signale veränderten die Auffassungen der Spieler vom Spiel. Was die Spieler dann kollektiv für das Spiel halten, ist aber erst das tatsächliche Spiel. Diese Auffassungen sind zu berücksichtigen, wenn man erkennen will, welches Spiel wirklich gespielt wird. Erst darauf können die Strategien basieren, um das Spiel zu verändern

In der arabischen Welt war man sich relativ einig in der Beurteilung der Situation. Unabhängig von Erklärungen der politischen Führung war man überzeugt davon, daß die USA die irakische Infrastruktur so nachhaltig zerstören wollten, daß diese aufsässige arabische Nation nie wieder eine Funktion als Regionalmacht gegen die Interessen der USA spielen konnte. Nach arabischer Auffassung wollten die USA mit militärischen Mitteln die offenen Spielregeln am Golf durch das Auswechseln von Spielern zu ihren Gunsten unter dem Deckmantel des UNO-Mandats verändern. Saddam erschien „plötzlich" als der einzige arabische Führer, der das getan hatte, was er angekündigt hatte. Er trotzte nicht nur den Bemühungen der Weltgemeinschaft, ihn zum Rückzug aus „seiner" 19. Provinz zu zwingen. Mehr noch, er setzte seine Macht auch unter Risiko für die Sache der Palästinenser ein. In der arabischen Welt machte sich daher langsam Verachtung für die alliierten Bombardements breit. Diese Auffassung wollte Saddam verstärken, um nicht nur die Auffassungen der Araber über die Alliierten zu verändern, sondern um damit auch die „verdeckten" Spielregelsysteme der Allianz, die für Saddam, aber gegen die USA arbeiteten, verstärkt ins Spiel zu bringen.

Wie und wann sind handlungsleitende Auffassungen im Spiel zu verändern?

Gerade auf dem Spielfeld der psychologischen Kriegsführung erwies sich Saddam als ein geschickter Spieler. Ein kurzer Blick auf die Determinanten der irakischen Politikstrategie zeigt die Bedeutung dieser „indirekten" Strategiekomponente. Die irakische Politikstrategie basierte auf vier Pfeilern: Mit der Annexion Kuwaits

- konnte der Irak seine wirtschaftlichen Probleme lösen, weil das Emirat über gewaltige in- und ausländische Kapitalanlagen verfügte

- wurde die seestrategische Lage verbessert, weil der Irak nur über einen schmalen Zugang zum Persischen Golf ohne Tiefseehafen verfügte
- beherrschte der Irak fast 20% der globalen Erdölreserven, was ein beträchtliches, weltweit einsetzbares Drohpotential (Öl als Waffe) darstellt
- wurde das feudalistische Regime in Kuwait gestürzt, was ein Grundziel der laizistisch-nationalistischen Baath-Ideologie war.

Saddam hatte allerdings die internationale Reaktion auf seine einseitige Spielregelveränderung am Persischen Golf unterschätzt. Das globale Netzwerk ließ ihm keine Chance mehr, sich ohne Gesichtsverlust aus dem Spiel zurückzuziehen. In dieser Situation, in der für Saddam die dauerhafte Einverleibung Kuwaits in weite Ferne gerückt war, wechselte er auf das psychologische Spielfeld, womit er das Spiel für die Alliierten undurchsichtig gestaltete. Es war sein Ziel, auch bei einem militärischen Mißerfolg als psychologischer Sieger das Spielfeld zu verlassen. Auf diesem Schachzug, in dem Saddams Wert (Auszahlung) des Konfliktes lag, basierte auch die irakische Kriegsstrategie. Der Irak setzte, strategisch in der Defensive, auf eine statische Verteidigung Kuwaits bei einer tiefen offenen rechten Flanke. Nur im Raum Basra standen mit den Republikanischen Garden ernstzunehmende operative (strategische) Reserven zur Verfügung. Die irakische Kriegsstrategie beruhte, bei Entblößung der Grenzen zu Iran, Syrien und der Türkei, auf

- den von der UNO für die Alliierten festgelegten Spielregeln, die nur die Rückeroberung Kuwaits erlaubten, wo aus irakischer Sicht mit dem Schwerpunkt der Kampfhandlungen zu rechnen war
- den Stellungskriegserfahrungen des Irak im Iran-Irak-Konflikt und
- der Annahme, daß eine statisch offensive Strategie dem zu erwartenden Frontalangriff der Alliierten so lange standhalten würde, daß sich eine endgültige Entscheidung vermeiden ließ.

Unter diesen Bedingungen hätte der Irak den Alliierten an der irakisch-kuwaitischen Grenze einen verlustreichen Stellungskrieg liefern können, wobei es den Alliierten ja per UNO-Mandat verboten war, eine Offensive im Irak vorzutragen. Unter diesen Spielregeln hätte der Irak letztendlich das Spiel bestimmt, und auch bei einem schrittweisen Rückzug auf die Grenzstellungen wäre für Saddam der Sieg in der Niederlage perfekt gewesen.

Vorgegebene Spiele akzeptieren bedeutet vorgegebene Spielräume akzeptieren, womit oft falsche Spiele gespielt werden. Erfolg kommt nur aus einer aktiven Gestaltung des Spiels, indem man das Spiel macht, das man spielen will, und nicht das Spiel spielt, das man vorfindet

Diese militärische „idée de maneuvre" ergänzte Saddam um die psychologische Komponente – mit dem Ziel, das Spiel der Alliierten in (Teil-)Spiele zu zerlegen, um deren Strategie über den Druck der öffentlichen Meinung im „großen" Spiel zu stören. Varianten dieser Strategie waren die Ausdehnung des Krieges durch die Raketenangriffe auf Israel, wobei immer die Gefahr bestand, daß der Irak B- und C-Waffen einsetzt; Inbrandsetzung der Ölquellen; Ausrufung des Heiligen Krieges oder Geiselpolitik. Vor dem Hintergrund der traditionellen arabischen Ressentiments gegen den Westen war es ein weiteres Ziel Saddams, das „militärische Spiel" mit anderen, neuen (Teil-)Spielen zu verzahnen, indem er den militärischen Konflikt auf den Nebenkriegsschauplatz eines „Kulturkampfes" zog. Saddam wurde dann auch kurzfristig zu einem panarabischen Führer hochstilisiert, was nicht nur wieder Interessen arabischer Allianzpartner störte, sondern auch ein schnelles Handeln der Alliierten erforderlich machte.

> **Um eigene Spiele zu gewinnen, muß verhindert werden, daß Spielregeln des Gegners über Verstärkungseffekte in verzahnten (Teil-)Spielen eigene strategische Optionen begrenzen**

Bei der irakischen Strategie lag der entscheidende Fehler darin, daß sich Saddam nur auf die Besetzung Kuwaits beschränkte, wodurch er den Alliierten unter dem Kommando von US-General Schwarzkopf die strategischen Basen in den Anrainerstaaten überließ. Ein weiterer folgenschwerer Fehler war, daß die irakische Verteidigung, auf ihre Luftstreitkräfte weitestgehend verzichtend, in der „Desert Storm"-Phase fast nur auf bodengebundene Systeme gestützt war, die von den Alliierten durch eigene Schwerpunktsetzung ausgeschaltet werden konnten. Das politische amerikanische Krisenmanagement basierte auf den Pfeilern,

- deutlich zu machen, daß ein nationaler Alleingang nur wenn unbedingt notwendig unternommen würde
- die UNO aktiv in das Krisenmanagement einzubeziehen, womit diplomatische, wirtschaftliche und militärische Maßnahmen auf einer völkerrechtlichen Basis standen, sowie
- zunächst eine politische Lösung zu favorisieren.

Das militärische Krisenmanagement war durch die Rahmenbedingungen der Brüchigkeit der Allianz und der ungünstigen klimatischen Bedingungen determiniert. Damit war ein schneller massiver Schlag durch treffsichere Distanzwaffen (Marschflugkörper) eine erfolgversprechende strategische Alternative. In der Phase

„Desert Shield" war die Abgrenzung des Kriegsschauplatzes geplant. In der Phase „Desert Storm" war die „joint and combined operation" geplant, die vorsah,

- die Fähigkeiten des Irak zur operativen Kriegsführung zu reduzieren, womit bei Dezimierung der irakischen Streitkräfte die Luftherrschaft zu erringen war
- die Landoffensive unter dem Schutz der Luftwaffe vorzubereiten sowie eine
- Entscheidung mit einer massiven Landoffensive unter größtmöglicher Luftwaffenunterstützung zu suchen.

Dazu war geplant, die irakische Front weiträumig zu umgehen, um den Gegner zu stellen und entscheidend zu schlagen. So sollte ein verlustreicher, vor der Öffentlichkeit schwer zu legitimierender Stellungskrieg vermieden werden.

Spiele entscheiden oft wechselnde öffentliche Meinungen. Strategien hängen damit von zu beeinflussenden Auffassungen der Öffentlichkeit ab. Durch das „Gericht" der öffentlichen Meinung sind Spiele zum grenzenlosen Wirkungs-(Risiko-)Verbund verzahnt

Ein Blick auf die (Spiel-)Komplexität des Golfszenarios zeigt die aus Saddams psychologischer Kriegsführung resultierenden komplizierten (Teil-)Spiele der Allianzpartner. So demonstrierten die Briten, wohl nicht zuletzt wegen der zunehmenden Bedeutung Deutschlands durch die Wiedervereinigung, einen vorbehaltlosen anglo-amerikanischen Schulterschluß. Der Golfkrieg bot ihnen die Chance, sich gegenüber den USA als zuverlässiger europäischer Partner zu profilieren, womit gleichzeitig den europäischen Partnern deutliche Signale der Distanz gegenüber einer europäischen Verteidigungsidentität im Rahmen einer zukünftigen NATO-Strategie gesandt wurden. Auch für Frankreich war die deutsche Wiedervereinigung mit einem Verlust an Macht und Einfluß verbunden. Traditionell besaß aber gerade Frankreich die guten Kontakte zum arabischen Lager, was sich in einer meistens proarabischen Außenpolitik zeigte, die jedoch die israelische Komponente niemals außer acht ließ. Frankreich sah sich daher selbst als ein Mittler zwischen den Lagern, womit sich die zwar sichtbare, aber dennoch zurückhaltende französische Rolle im Golfkrieg erklärt.

Im arabischen Lager hielt die beschworene arabische Identität nur so lange, bis es zum „Rütli-Schwur" kam und eigenstaatliche Interessen berührt wurden. So war Ägypten, nach dem Camp-David-Abkommen in der innerarabischen Isolation, daran interessiert, über das Engagement im Golfkrieg das Verhältnis zum Westen weiter zu verbessern, aber gleichzeitig auch den Anspruch auf die arabische

Führungsrolle nicht nur zu erneuern, sondern auch zu untermauern. Syrien war wohl aufgrund des Ausfalls der UdSSR zur Teilnahme am Golfkrieg bereit, wobei der Einsatz der syrischen Verbände jedoch – unter Signalwirkung für die arabische Welt – auf den Schutz der Heiligen Stätten konzentriert war. Kritisch war auch die Lage für Saudi-Arabien, das als Hüter der Heiligen Stätten „Ungläubige" ins Land rufen mußte. Das Hilfeersuchen Saudi-Arabiens an die USA und an Großbritannien unterstrich den multinationalen Charakter des Krisenmanagements, wobei den arabischen Interessen durch die exponierte Stellung eines saudischen Generals in der alliierten Kommandostruktur Rechnung getragen wurde. Der Iran konnte abwarten, da er als nicht direkt betroffene Partei bei der sich abzeichnenden Niederlage des Irak mit einer Stärkung seiner Machtposition am Golf rechnen konnte. Mit Risiken war dafür das Verhalten Israels verbunden, da Saddam mehrfach mit der Zerstörung von halb Israel gedroht hatte, falls es jemals wieder zu einem Präventivschlag wie 1981 gegen den Osirak-Reaktor kommen sollte. Israel mußte aber vor dem Hintergrund der Palästinenserfrage um fast jeden Preis verhindern, daß sich der Golfkrieg horizontal ausweitete. Das heißt, daß ein von Saddam gewünschtes Junktim zwischen dem israelisch-arabischen Konflikt und dem Golfkrieg zu verhindern war. Aus diesem Grund konnte und hat sich Israel auf die amerikanischen Sicherheitsgarantien verlassen, selbst dann, als die irakischen Scud-Raketen in Israel einschlugen. Diese (Teil-)Spiele waren allesamt kompliziert miteinander verzahnt. Man braucht nur an die Rolle Jordaniens zu denken, das den Golfkrieg sowie den israelisch-palästinensischen Konflikt immer verbunden sah und einen starken Irak als Gegengewicht zu Israel favorisierte, wobei für Jordanien die Saudis seit 1924 sogar als die Thronräuber der Haschemiten galten.

> **Selbst unter einem offenen konsensualen Ziel aller Spieler sind gedankliche Grenzen von Spielen keine wirklichen Grenzen der Spiele. Das Golfszenario schuf nur für einen bestimmten Zeitraum einen gemeinsamen Spielraum. Spielregeln legten den Spielern Beschränkungen auf, die Spiele verbanden, welche sonst getrennt sind**

Verlassen wir die (Teil-)Spielwelten des Golfszenarios, und wenden wir uns noch einmal General Schwarzkopf zu, der als durch die Politik legitimierter Veto-Spieler mit der Beherrschung der Spielregeln vor Ort einen direkten Hebel zur Veränderung der Spielräume aller Spieler in den Händen hielt. Schwarzkopf nutzte zur Spielgestaltung die dritte Dimension, indem er auf den Luftkrieg sowie auf Aufklärung aus dem Weltraum setzte. Im Sinn perikleischer Strategie griff er dort an, wo er überlegen war, wobei der Irak vollends erdgebunden war, nachdem dessen Luftwaffe zum größten Teil in den Iran ausgeflogen war. Dadurch wurde dem Irak der Willen der Allianz aufgezwungen, wobei die alliierte Luftwaffe die gewünschte Voraussetzung zum Vernichtungsschlag gegen die kampfkräftigen Führungs- und Leitsysteme sowie die strategischen Reserven des Irak schaffte. Schwarzkopfs strategischer Vorteil resultierte aus der Begrenzung des Schlachtfeldes, den gesicherten Luftbasen und Aufmarschräumen sowie einer überlegenen Technologie mit den F117A-Tarnkappen-Jagdbombern (Stealth). Dabei begleiteten von Anbeginn des Golfkriegs viele „Operation Research Teams" die Operationsplanung und -durchführung der Alliierten, so daß zu jedem Zeitpunkt die Operationsrisiken „hochgerechnet" werden konnten. Der Grad der Ablauf- und Aufbauorganisation der Alliierten, die sich aufgrund der irakischen Schwäche im „Best-case"-Szenario fast ungestört entfalten konnte, zeigte sich etwa in umfangreichen „Air Task Orders" und „Air Space Coordination Orders".

> **Was Spieler im Spiel erhalten, hängt von der Macht der Spieler ab. Macht zeigt sich in konkurrierenden Ansprüchen auf den zu verteilenden „Kuchen". Die Regeln, die aus Routinen, Sitten, Gesetzen, Verträgen, Mandaten usw. resultieren, sind die Machtquellen**

Trotz der Probleme im militärischen alliierten Netzwerk (UK-Division, US Marine Corps) konnte Schwarzkopf die eigentliche Risikophase in seiner Strategie problemlos überwinden. Dabei hätte der Irak in den Monaten des Aufmarsches zwischen den Phasen „Desert Shield" und „Desert Storm", als nur schwache alliierte Streitkräfte diese Räume schützten, noch zu einem entschlossenen Panzerangriff oder zu einem Luftschlag gegen die strategischen Basen in Saudi-Arabien antreten können. Diesen schlachtentscheidenden Vorteil ergänzten in der „Desert Storm"-Phase dann umfangreiche Täuschungen durch elektronische Störmanöver, wobei die Dislozierung der alliierten Truppen zuerst ganz im Sinne von Saddams strategischem Kalkül auf den von ihm erwarteten Frontalangriff hindeuteten.

Vor diesem Szenario entwickelten sich auf beiden Seiten komplizierte emotionale Prozesse, wobei diese Spielart des Wirkungsverbunds von (Teil-)Spielen die strategischen Handlungsparameter der (Haupt-)Spieler immer weiter einschränkte. Je mehr die USA Erfolg mit dem Schmieden der Anti-Saddam-Allianz hatten, desto weniger konnten sie – dann in der Rolle des Hüters einer neuen (Welt-)Ordnung am Golf – von einer militärischen Lösung abrücken. Genau dasselbe galt für Saddam, der beim neuen Rollenverständnis des Irak als Speerspitze der arabischen Sache und Träger des Heiligen Krieges ebenfalls zur Unnachgiebigkeit gezwungen war. In diesem schicksalhaften Risikoverbund von Chancen und Risiken, in dem jeder Spieler, unter dem Netzwerkzwang des wechselseitigen militärischen Erfolges stehend, die militärische Entscheidung suchen mußte, entstanden in den „think tanks" des Krisenmanagements die verschiedensten Bedrohungs- und Gegendrohungs-Szenarien. Diese reichten, je nach der eingenommenen Perspektive der Strategen, vom glatten Nullsummenspiel bis zu teilweise kooperativen Varianten.

> **Im Krisenmanagement muß das ganze Spiel gesehen werden. Erst dann werden die Wechselwirkungen der (Teil-)Spiele und das breite strategische Repertoire zur Veränderung des Spiels klar erkennbar**

Eine klare Identifizierung der Wechselwirkungen aus den (Teil-)Spielen und die Identifizierung strategischer Alternativen aus der „Vogelperspektive" des Spiels wandeln das Krisenmanagement dann erst zur „all source analysis". Dadurch wird das Risiko vermindert, unter Zeit-, Entscheidungs- und Erfolgsdruck zu schablonenhaft die eine Krise antreibenden Prozesse zu reduzieren, wobei sich auch erst konkrete Risiken in den (möglichen) Konsequenzen von Entscheidungen einzelner im Räderwerk der Krise zeigen. Die Risiken aus Entscheidungen resultieren dann wieder aus der Wahrnehmung oder Auffassung der Strategen von den Spielen, die sich hinter einer Krise verbergen, da jeder Stratege ganz im Sinne Poincarés „erst einmal seine eigenen Bilder im Kopf" hat. Versetzen wir uns in die Lage amerikanischer „think tanks", die im Vorfeld des Golfkriegs mögliche Szenarien konzipieren, so sind unter der Vielzahl an handlungsleitenden Szenarien, die letztendlich erst in politischen Abstimmungsprozessen ausgewählt werden, auch die in der Folge angeführten denkbar. Um die Sache überschaubar zu halten, stellen wir uns im einfachsten denkbaren Szenario „nur" die Aufgabe, den wahren Absichten des Irak aus einer von vielen möglichen Wahrnehmungen der Krise aus der Sicht der USA auf die Spur zu kommen. Dabei hat der Irak die Möglichkeit, Kuwait anzugreifen oder nicht anzugreifen. Die USA haben die Alternativen, Kuwait zu sichern oder nicht zu sichern. Damit liegen die **Strategien** fest, und die USA und der Irak sind die **Spieler.**

- Charakterisiert die Passivität beider Spieler den Status quo, ist dieser für den Irak als den Verfechter der arabischen Sache weniger wünschenswert als für die USA. Der Grund dafür ist, daß die USA als „Hüter" der neuen (Welt-)Ordnung am Golf direkt auf die politisch-wirtschaftliche Karte setzen können, um den Irak durch wirtschaftliche und politische Isolation zu der für ihn unangenehmsten Maßnahme zu zwingen. Sagen wir, die Bewertung in diesem Zustand ist für die USA 4, und für den Irak ist die Bewertung 3.

- Trifft dagegen die Status-quo-Politik der USA auf die Aggressionspolitik des Irak, ist dieser seiner Rolle in der arabischen Welt gerecht geworden. Die USA dagegen wären ihrer weltpolitischen Rolle nicht gerecht geworden. Der Irak hätte sein „(Optimal-)Ziel" erreicht; für die USA wäre jedoch der „worst case" realisiert. Sagen wir, in diesem Zustand ist die Bewertung für die USA –3 und für den Irak ist die Bewertung 5.

- Entschließen sich die USA jedoch zum Engagement am Golf, und der Irak verhält sich passiv, zeigen die „verdeckten" Netzwerkspiele in der Allianz ihre Wirkung. So könnte etwa Saudi-Arabien als Hüter der Heiligen Stätten im arabischen Lager unter Legitimationsdruck für die Stationierung der Allianzstreitkräfte geraten. Dieser Zustand ist für die USA erheblich schlechter als der Status quo, aber besser, als bei einer Status-quo-Politik von der Aggressionspolitik des Irak überrascht zu werden. Sagen wir, die USA bewerten diesen Zustand mit –1. Saddam verliert bei diesem Zustand jedoch die Sympathien in der arabisch-islamischen Welt. Sein „moralischer" Vorteil, aus der Einmischung des Westens am Golf bei gleichzeitiger Sanktionierung der israelischen Besetzung arabischer Territorien durch den Westen ein Junktim zwischen dem Golfkrieg und einer umfassenden Lösung des Nahostkonfliktes zu erreichen, geht verloren. Damit verliert der Irak in diesem Szenario gegenüber allen anderen Zuständen. Sagen wir, die Bewertung für den Irak ist –2.

- Der Zustand, in dem es zum Krieg kommt, bedeutet, daß die USA ihrer Führungsrolle gerecht werden. Dabei müssen sie aber die in der Wahrnehmung der Öffentlichkeit zeitlich nur bedingt gültige militärische Karte ziehen, um den Irak zu den für ihn unangenehmen Maßnahmen (Räumung Kuwaits) zu zwingen. Dieses Ziel hätten die USA aber auch möglicherweise mit dem nichtmilitärischen Mittel der Status-quo-Politik erreichen können. Deshalb ist dieser Zustand aus Sicht der USA weniger „wert" als der Status quo, jedoch mehr „wert" als alle anderen Szenariozustände. Sagen wir, die USA bewerten diesen Zustand mit 1. Für Saddam ist dagegen Krieg selbst bei einer militärischen Niederlage immer mit einem psychologischen Sieg verbunden. Dieser Zustand ist daher höher zu bewerten als die Passivität bei einem amerikanischen Engagement, aber schlechter als alle anderen Zustände dieses Szenarios. Sagen wir, die Bewertung ist 0.

Durch dieses spezielle Wahrnehmungsmuster aus der Sicht amerikanischer Strategen sind die **Auszahlungen (Wertschöpfungen)** im Spiel identifiziert. Die **Spielregeln** bestimmen politische Prozesse sowie geographische Bedingungen, und die

Information wird dadurch bestimmt, daß im Szenario unseres Strategen die Spieler ihre gegenseitigen Absichten kennen, was jedoch nur selten der Fall ist. Wir erhalten daher das folgende einfache Schema.

		IRAK	
		nicht angreifen	angreifen
USA	nicht sichern	A (4/3)	B (-3/5)
	sichern	C (-1/-2)	D (1/0)

Wie wird dieses Spiel ausgehen? Hinter dieser Frage versteckt sich die Suche nach den Verhaltenskombinationen der Spieler, die sich bei nach ihren eigenen Vorteilen strebenden Spielern selbst stabilisieren. Wenn ein Spieler dabei die Vermutung hat, daß der andere Spieler mit einer größeren Wahrscheinlichkeit eine seiner Strategien vorziehen könnte, dann hat er selbst einen Grund, die dieser Strategie entsprechende eigene Strategie ins Gefecht zu führen. Dieser Spieler weiß nun aber, daß diese Vermutung den anderen Spieler darin bestärkt, ebenfalls bei dieser Strategie zu bleiben. Hinter diesem „Denken" und „Handeln" versteckt sich der systemische Reflex bzw. der ganzheitliche Aspekt von strategischen Entscheidungssituationen genau in dem Fakt, daß **die Reaktion anderer Parteien auf eigene Entscheidungen prognostiziert und in das eigene Kalkül einbezogen wird.** Weiter ist erkennbar, daß die Gründe für dieses Verhalten in den Wahrnehmungen und Auffassungen eines jeden Spielers vom Spiel liegen. Wir sind hier in der Position eines amerikanischen Strategen, der eine spezielle, durch Informationen und eigene Vorstellungen geprägte Auffassung oder Wahrnehmung vom Spiel „Golfkrieg" in einem Szenario erfaßt. Durch den Willen der Spieler rastet das Spiel dann in einen „Lock-in"-Zustand ein, wobei dieses Einrasten des „Systems" durch die Spieltheorie prognostizierbar ist. Kurzum, in diesem die Realität am Golf reflektierenden Spiel entscheiden sich die Spieler, wie auch in der Realität des Golfkrieges, für das berühmte Nash-Gleichgewicht; das bedeutet Krieg.

Dieses einfache Schema reflektiert aber bereits eine der wesentlichen Komponenten des politischen amerikanischen Krisenmanagements, das immer mit auf eine politische Lösung (Status quo) setzte. Um in diesem „Status-quo-Spiel" den größtmöglichen Wert realisieren zu können, hätten die USA sicherstellen müssen,

daß sie in einem Spiel waren, in dem sie auch für die „richtigen" Spielregeln sorgen konnten. Zu dieser Variante des (Krisen-)Spiels hatten sie dann aber in der
Krisenrealität nicht die Möglichkeit. Die USA mußten das militärische Spiel
wählen, das jedoch auch wieder schnell in politische (Macht-)Spiele (Abbruch der
Offensive) überging. Zusammenfassend läßt sich sagen, daß in diesem Szenario
der Status quo der für alle Seiten günstigste Zustand gewesen wäre. Um diesen
Zustand zu erreichen, hätte die Diplomatie die Auffassung der Spieler über das geeignete Bewegen der (Spiel-)Hebel verändern müssen. Den Weg, um durch Ver-
handlungstaktiken diese Position zu erreichen, illustriert die in der Folge erläuterte
Graphik, in der sich das „Entweder-Oder" der Konfrontation in das „Sowohl-Als-
auch" der Verhandlungen wandelt.

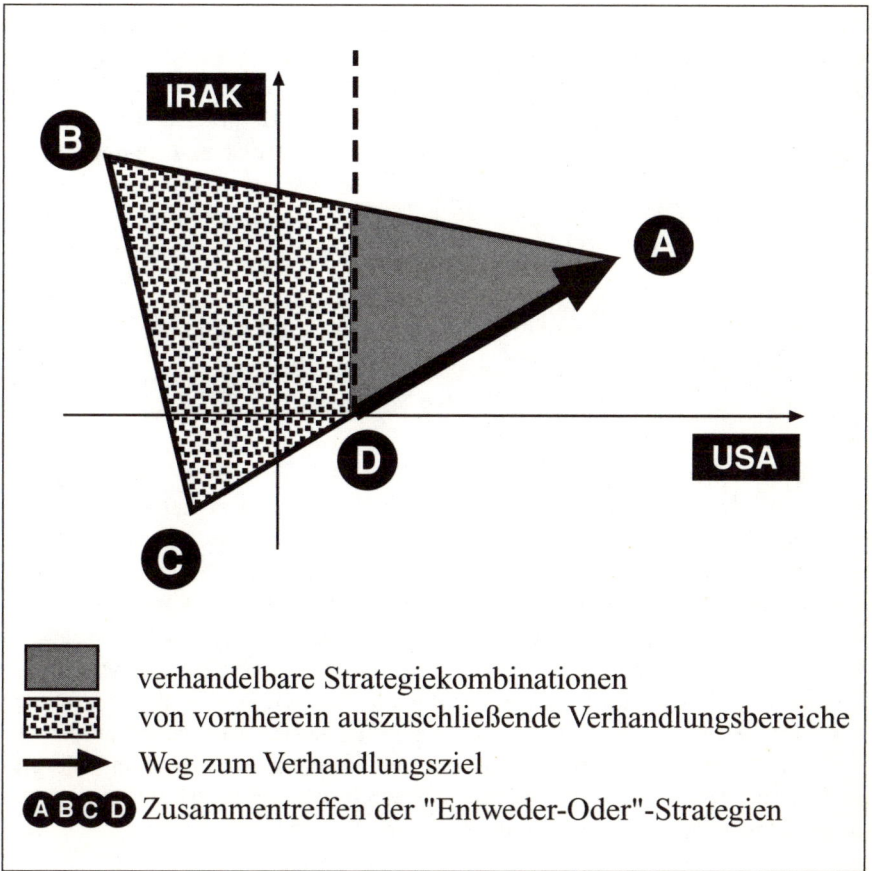

An dieser Stelle kommt Pascal mit seinen möglichen Wegen in die Zukunft ins Spiel, die das Strategierepertoire der Spieler drastisch erweitern. Dabei muß es für das (politische) Krisenmanagement als Moderator das Verhandlungsziel sein, die Wahrnehmung der Spieler vom Diskoordinationsspiel in Richtung eines Koordinationsspiels zu beeinflussen. Das Zusammentreffen der „Entweder-Oder"-Strategien der Spieler symbolisieren dabei die damit verbundenen Werte (Auszahlungen) A, B, C und D. Verhandlungen sind dadurch charakterisiert, daß keiner der Verhandler immer dieselben Aktionen wählen soll(te), wenn die Verhandlungen im Sinne einer Qualitätssicherung vorangetrieben werden sollen. Wenn aber die Spieler bei zielorientierten Verhandlungen nicht immer dasselbe tun können, kann man als (Mit-)Spieler schwer gegen dieses Verhaltensmuster optimieren, da die Spieler wechselseitig ihre Verhandlungsstrategien quasi geheimhalten. So werden plötzlich aus den vier Strategienkombinationen des „Entweder-Oder" unendlich viele Strategienkombinationen des „Sowohl-Als-auch". Diese verstecken sich in der Graphik hinter der grauen Fläche. Folgen die Spieler einer Sowohl-Als-auch-Logik, dann wählen sie nur noch für den jeweiligen Kontrahenten in den Verhandlungsrunden mit einer gewissen Wahrscheinlichkeit mal das eine und mal das andere. Hinter dieser Überlegung verbirgt sich demnach ein das „Entweder-Oder" mit dem „Sowohl-Als-auch" verbindender Weg zu qualitätsgesicherten Verhandlungslösungen.

Wechsel der „Entweder-Oder"- in die „Sowohl-Als-auch"-Perspektive erweitern das strategische Repertoire der Spieler und verändern die Spielfelder

Dieser Weg beginnt damit, daß bestimmte Verhandlungsbereiche von vornherein auszuschließen sind. Diese Verhandlungsbereiche verstecken sich hinter der gepunkteten Fläche. Damit haben Verhandler und Krisenmanagement eine erste Orientierung, um den mit dem Pfeil markierten Weg, der nun zu einem für alle Spieler wahrnehmbaren Verhandlungsziel führen kann, zu beschreiten. Allein schon die Erkenntnis, daß eine solche erreichbare Alternative über wechselseitig kontrollierbare Wege nicht nur existiert, sondern auch realisierbar ist, kann im (Gedanken-)Rahmen des Spiels die Auffassung der Spieler vom Spiel in die richtige Richtung verändern. Damit hätte das (politische) Krisenmanagement ein wichtiges (Teil-)Ziel erreicht. Nebenbei bemerkt ist die gepunktete Fläche auch der Bereich, der dem Fuchs an Aktions-(Spiel-)Raum verlorengeht, wenn man ihm mit der Spieltheorie auf die Spur kommt.

Im Verhandlungsspiel zeigen die Spielatome den Weg zur qualitätsgesicherten Verhandlungslösung. Das Krisenmanagement muß das „alte" Spiel in ein „neues" Spiel wandeln. Dazu hat es die Möglichkeit, über die Hebel des Spiels das Spiel zu verändern. So können neue Spieler (Schlichter) ins Spiel gebracht werden, und die Spielräume und Spielregeln können geeignet verändert werden

Wie bereits erwähnt, haben wir das Golfszenario „nur" aus der speziellen Denk- und Informationsperspektive eines US-Strategen betrachtet. Aus der Vielzahl möglicher Szenarien muß die politische und militärische Führung dann das geeignete Umsetzungsszenario auswählen. Dabei transportieren in einem Spiel die Werte (Auszahlungen) den strategischen Aspekt. Sich verändernde Wertvorstellungen führen durch wechselnde Wahrnehmungen, Auffassungen und Informationen zu sich verändernden Umsetzungsszenarien. Dieser Fall ist bei der politischen Führung der Allianz eingetreten, als die erfolgreiche Offensive per politischer Order aus Washington abgebrochen wurde. Wohl weniger unter dem Eindruck des begrenzten UNO-Mandats, sondern eher unter Berücksichtigung des zukünftigen amerikanisch-arabischen Verhältnisses war damit der Verzicht auf die Zerschlagung des irakischen Staatsgebildes verbunden.

Möglicherweise sollte verhindert werden, daß der Irak in seine Bestandteile schiitischer Süden, sunnitischer Kern und kurdischer Norden zerfiel, mit unkalkulierbaren Risiken aus diesen neuen (Teil-)Spielen. Dieser Zustand hätte das „Golfkriegsspiel" horizontal erweitert, da unweigerlich die Türkei und der Iran ins Spiel gekommen wären. Als die alliierten Truppen nach 1.000 Stunden Luftkrieg und 100 Stunden Landkrieg Anfang März 1991 abzogen, hinterließen sie keine neue stabile (Sicherheits-)Ordnung am Golf. Damit war der Golfkrieg im Sinne von Manstein „ein verlorener Sieg", und er hatte sich auch nicht als Fortsetzung der Politik mit anderen Mitteln für die Zukunft durch eine neue Sicherheitsarchitektur am Golf legitimiert. Daß sich Saddam tatsächlich als psychologischer Sieger fühlte, zeigte sich schon 14 Tage nach Ende des Golfkriegs, als die Republikanischen Garden gegen die Kurden des Irak eingesetzt wurden und Saddam um diesen Kern eine neue irakische Armee formierte.

Statt einer Quintessenz: Eine kleine „Tour d' horizon" durch die Spieltheorie

Schenkt man Berichterstattungen in den Medien Glauben, sind Politik und Wirtschaft ständig auf der Suche nach neuen Wegen aus der Krise bzw. wird versucht, die Spielregeln von Spielen zu durchschauen, zu beeinflussen und zu verändern. Erfolgsrezepte der Vergangenheit haben jedoch ihre Wirkung verloren und können sogar kontraproduktive Kräfte freisetzen. Daher haben befreiende „Zauberworte" wie Innovation als Wegweiser der Neuorientierung Konjunktur. Wenn dann zu allem Unglück auch noch das Selbstverständnis der Akteure beim Wandel der Rahmenbedingungen die gedankliche Anpassung verpaßt, trifft der „befreiende" Zauber auf versteinerte (Denk-)Strukturen. Der Zwang zum erfolgreichen Navigieren auf turbulenten Märkten kann allerdings ziemlich plötzlich einen Wandel dieser (Denk-)Strukturen erfordern, weshalb selbstverschuldetes, versteinertes Denken und nicht die Komplexität des Wandels für die oft postulierten „Quantensprünge" des Denkens verantwortlich ist. (Gedanken-)Sprünge fallen jedoch besonders schwer, wenn man zusätzlich noch in einer Welt der Selbsttäuschung lebt, in der die Überzeugung herrscht, daß man schon auf den Wegen in die innovative Zukunft wandelt, sich dabei aber immer noch an alten (Denk-)Prinzipien orientiert. Wird in solchen (Gedanken-)Welten unreflektiert von systemischen Zusammenhängen per Aktionismus auf den Wandlungsdruck reagiert, kommt es zu den bekannten Fehleinschätzungen. Es entstehen die Wirtschaftskriegsszenarien, wobei auch für nichtmilitärische Netzwerke die (systemische) Erkenntnis des Herzogs von Wellington, „Das größte Unglück ist eine verlorene Schlacht, das zweitgrößte eine gewonnene", gilt. Somit werden weltweit die Karten des Wettbewerbs von neuen Spielern an neuen (Spiel-)Tischen immer schneller gemischt, und eine strategische (Entscheidungs-)Situation jagt die andere. Egal, vor welcher konkreten (Entscheidungs-)Realität die Spieler dabei auch stehen, sind sie unsichtbar durch die Tatsache verbunden, daß kein Spieler prognostizieren kann, ob und in welcher Weise getroffene Entscheidungen auch die gewünschten Verbesserungen bringen. Von den Akteuren meistens nicht erkannt und daher auch nicht genutzt, ist in diesen Spielen die Spieltheorie als (Denk-)Logik fast immer mit von der Partie.

„Quantensprünge" des Denkens sind notwendig, wenn eigenes Denken versteinert (ist)

Verzichten wir an dieser Stelle einmal auf das Nachzeichnen erfolgreicher „Schlachten" der Spieltheorie und auf das Skizzieren von „spieltheoretischen Schlachtfeldern", und tauchen wir noch einmal kurz in ein im Juni 1997 hochaktuelles Wirtschaftsszenario ein. Auf dem Weltwirtschaftsgipfel in Denver brachte US-Präsident Clinton zum Ausdruck, daß Japan einen Handelskonflikt riskiere, wenn der japanische Überschuß im Außenhandel abermals kräftig ansteigen sollte. Wie ist der strategische „Gehalt" dieser Aussage in seinen Wirkungen auf die mit dem „Denver-Spiel" weltweit verknüpften Netzwerkspiele einzuschätzen, wenn das Wissen über die Art und die Zielsetzungen des „Clinton-Spiels" im großen „Denver-Spiel" unscharf ist? Ist die Aussage Clintons

- ein starkes oder schwaches Signal in einem bewußt gegenüber Japan skizzierten Informationsszenario?
- eine Drohung oder eine Warnung?
- aus einer Unaufmerksamkeit heraus entstanden?
- auch für die anderen Partner der USA gedacht und „nur" als Beweis eines „neuen" amerikanischen Selbstbewußtseins zu verstehen?

Egal, welches Spiel Clinton auch zu spielen (ge)dachte: Die Brisanz der Aussage liegt darin, daß die Akteure in einem Spiel, von dem sie nur gestörte oder zufallsabhängige Kenntnisse besitzen, nicht „sicher" wissen (können), was der „Gegner" seinerseits über einen selbst vermutet oder weiß. Besteht Unklarheit über den gemeinsamen Wissenshintergrund der Spieler, können rhetorische Flügelschläge in den verknüpften Netzwerkspielen schnell zu realwirtschaftlichen Stürmen werden.

> **In Spielen müssen sich Spieler Klarheit über Spielfelder und Auffassungen der anderen Spieler vom Spiel verschaffen. Das zwingt zu strukturierter Erfassung der Situation**

Zu den Stürmen kam es dann auch: Der japanische Ministerpräsident Hashimoto konfrontierte Clinton mit einer (Gegen-)Drohung. Er dachte laut darüber nach, daß Japan seine umfangreichen Bestände an US-Staatsanleihen verkaufen und in Gold anlegen könnte, wenn sich die USA nicht um mehr Kooperation an den Devisenmärkten zum Ausgleich der starken Wechselkursschwankungen zwischen Dollar und Yen bemühten. Wie ist nun vor diesem gegenseitigen „Drohszenario" zu entscheiden? Welche Risiken liegen in dem von Clinton „plötzlich" initiierten Spiel, mit dem er die Spielregeln des Denver-Gipfels veränderte, um in seinem „neuen" Spiel neue Chancen zu realisieren? Damit die Spieler nicht in die Irre laufen, müssen sie einen gemeinsamen Wissenshintergrund finden. Darüber hinaus müssen sie kommunizieren (können), daß sie das Spiel kennen. In diesen beiden Unsicherheitsfaktoren liegen die Ursachen für den Tanz auf dem Vulkan der Informationen und Hypothesen, die „irgendwie" einander anzupassen sind.

Spieltheoretische Szenarien trennen glaubwürdige von unglaubwürdigen Drohungen

Wenn die Japaner ihre „Drohung" wahr machen, so führt der Verkauf der Staatsanleihen durch die Japaner zu starken Kursverlusten an den Anleihemärkten, was im Gegenzug die amerikanischen Zinsen nach oben treibt. Das ist der „worst case" für die USA. Da Spieler nicht isoliert von systemischen Zusammenhängen, sondern in verbundenen Spielen ihre Spiele spielen, wird es nun kompliziert, weil andere Spieler das Spielfeld betreten. Per se ist im „worst case" die amerikanische Nationalbank mit von der Partie. Allein die Wahrscheinlichkeit, daß dieser „worst case" eintreten könnte, rief jedoch bereits die Börsenspieler auf das Clinton-/Hashimoto-Spielfeld. Die (Haupt-)Spieler Clinton und Hashimoto wurden in ihrem „eigenen" Spiel langsam zu Randfiguren und verloren gewollt oder ungewollt ihren Einfluß auf das Spiel. An der New Yorker Börse wurde die „Unsicherheit", die der „rhetorische" Clinton-/Hashimoto-Dissens über das zukünftige japanische Anlageverhalten hervorrief, fast in „real time" reflektiert. Der Dow-Jones ging kurzfristig in den „Sturzflug", und die Wall Street erlebte den zweitgrößten Punktverlust ihrer Geschichte. Nicht nur das: Der Dollar geriet weltweit auf den Devisenmärkten sofort unter Druck, wobei verständlicherweise der Nikkei-Index in Tokio am deutlichsten absackte. Ein mögliches Umdenken bei den japanischen Anlagestrategien bringt aber auch die europäischen Finanzplätze wieder ins Spiel. Die europäischen Börsenspieler würden ihre Chancen sicher nutzen (wollen), da sie zuvor von den japanischen Investoren arg gebeutelt wurden: Wegen der vermuteten Risiken der geplanten Währungsunion waren japanische Mittel im großen Stil aus Europa abgezogen und in den USA angelegt worden. Damit ist nun schon eine ganze Reihe von Spielern mit unterschiedlichen Interessen und unterschiedlichen Spielwahrnehmungen im Spiel. Das Clinton-Hashimoto-Spiel droht in den es überlagernden Spielen seine Konturen zu verlieren.

Es gibt keine isolierten Spiele mit isolierten Spielern. Chancen und Risiken eines Spiels zeigen sich oft erst in den mit dem Spiel verknüpften Netzwerkspielen

Vor diesem „Negativszenario", dessen Beherrschung aus dem Ruder zu laufen droht(e), griff man in Japan zum Mittel der Schadensbegrenzung. Der japanische Finanzminister relativierte die Aussagen seines Chefs, und amerikanische Treasuries wurden hochoffiziell als vorteilhaftes, sicheres und wichtiges Anlageinstrument präsentiert. Die Börsenspieler schenkten diesen Ausführungen im „Teilspiel

Börse" nur keinen Glauben. Reduzieren wir an dieser Stelle den Clinton-Hashimoto-Dissens einmal auf seinen strategischen Kern. Wenn Japan seine Drohung wahrmachen würde, müßte es mit einer beträchtlichen Stärkung des Yen rechnen, was der japanischen Exportindustrie erheblichen Schaden zufügen und für die japanische Regierung das „Aus" bedeuten würde. Damit ist die Drohung Hashimotos unglaubwürdig, und die Börsianer haben einen Sturm im Wasserglas veranstaltet. In der emotionalen Distanz eines spieltheoretischen Szenarios ist die Unglaubwürdigkeit der Drohung Hashimotos sofort zu erkennen. Die Börsenspieler hätten jeglichen Aktionismus vermeiden und davon ausgehen können, daß er wahrscheinlich das Ziel verfolgte, den USA zu zeigen, wie verwundbar sie sind.

In den Spielen der Realität gibt es keine Sicherheiten; es gibt nur Wahrscheinlichkeiten

Erinnern wir uns an die Wurzeln der Spieltheorie im Militär. Durch die Spieltheorie wurde versucht, dem Denken des Gegners und damit den Wahrscheinlichkeiten für militärische Aktionen auf die Spur zu kommen. Etwas salopp formuliert, war mit der Analogie zu Spielen ein strukturierter Rahmen zum Erfassen und Spiegeln interaktiver (strategischer) Entscheidungssituationen gefunden, um etwa Fragen zu klären, wie sie bei U-Boot-Strategien, der Kuba-Krise, der Krise im Golf von Tonking oder bei Abrüstungsverhandlungen auftreten (können). Man verfügte mit den Spielen über ein „(Gedanken-)Forum", um die Kunst, den Gegner zu überlisten, zu professionalisieren, wobei auch der Gegner dasselbe Ziel verfolgte. Der „Testfall" spieltheoretisch basierter militärischer Strategien ist dann die militärische Praxis. Das erfolgreiche Bestehen der Tests zeigt sich in der Stabilität nach dem Zweiten Weltkrieg in den Kerngebieten von NATO und Warschauer Pakt. Die militärischen (Gedanken-)Spielen zugrundeliegenden Prinzipien sind jedoch nicht nur auf den militärischen Bereich beschränkt. Man findet sie in der Politik, der Wirtschaft und im täglichen Leben. Mit der (militärischen) Strategie war im (Spiel-)Szenario dann ein Katalog „passender" Handlungsanweisungen (Befehle) gefunden, der im systemischen Zusammenhang erst Chancen eröffnete, die Vor- und Nachteile aus Konfrontation, Kooperation und Eskalation abzuwägen. Voraussetzung ist jedoch immer das Spielen des „richtigen" Spiels im „richtigen" Spiel.

Erst durch spieltheoretische Strategien ist systemisches Abwägen von Alternativen möglich

Im Regelfall sind militärische Strategien das Ergebnis von Gedanken- und Ereignisfolgen, da militärische Entscheidungen nur im Ausnahmefall „von heute auf morgen" getroffen werden. Wegen ihrer weitreichenden physischen und politischen Konsequenzen brauchen sie, dem Aufquellen eines Kuchenteigs vergleichbar, Zeit zum Reifen. (Militärische) Strategien sind daher sequentielle Entscheidungen und folgen dem Schema „Tut Spieler A das, dann tut Spieler B als Reaktion auf das Verhalten von Spieler A dies, und Spieler A tut dann wieder als Reaktion des Verhaltens von Spieler B auf das Verhalten von Spieler A jenes … usw." In diesem (Denk-)Prozeß werden spieltheoretische Strategien durch sich verändernde Informations- und Umweltszenarien ständig in Richtung eines „Gleichgewichtes" im Sinne eines für alle Spieler unter den Spielregeln des Spiels „bestmöglichen" Ergebnisses verbessert. In diesem Spiel ist die „Gleichgewichtsstrategie" als Katalog des „Besten", was Spieler zu bieten haben, dann qualitätsgesichert.

Das Spielen der „Gleichgewichtsstrategie" ist ein Synonym für Qualitätssicherung

Der Weg, um diese Strategien zu finden, ist gleichzeitig auch der Weg zur Qualitätssicherung. Jeder Spieler wird („muß") sich an diesem systemischen Wegweiser orientieren. Dabei offenbart das sequentielle Entscheiden, daß die Spieler in den Raum- und Zeitdimensionen vernetzt sind und daher kein Spieler sein Spiel isoliert spielen kann. Dadurch sitzt ein Spieler in vielen Booten, was ständig seinen „Blick" für systemische Zusammenhänge und Risiken schärft. Müssen Spieler im militärischen Ausnahmefall einmal simultan entscheiden, folgen sie dem Schema „Wenn Spieler A denkt, daß Spieler B denkt … usw.", wodurch dieser „Aktionismus" zumindest denk-qualitätsgesichert ist. Durch diese Schemata erkennen die Spieler jedoch immer, was man unternehmen soll(te), und vor allem auch, was man unterlassen soll(te). Damit haben spieltheoretische Strategien eine doppelte „(Selbst-)Kontrollfunktion": Sie sind ein empfindliches Sensorium und ein Monitoring-Instrumentarium.

Der Weg zur (militärischen) Strategie ist qualitätsgesichert. Im Sinne von Talleyrands „Man muß die Zukunft im Sinn haben und die Vergangenheit in den Akten" richtet man bei spieltheoretischen Strategien den Blick in die Zukunft und zieht Rückschlüsse

Sind (militärische) Strategien festzulegen, bilden Spiele also die hilfreiche Analogie, um über Probleme und deren Konsequenzen (nach)zudenken. Werden die Probleme mit dem Gegner und die Probleme des Gegners erfaßt, werden oft auch erst eigene Probleme erkannt, und Spieler lernen das eigene (militärische) Netzwerk besser kennen. Die „Lösung" des strategischen Problems mit dem Gegner verbessert somit auch ständig die eigene Netzwerk-Performance. Das ist ein wichtiges „Nebenprodukt" einer spieltheoretischen Strategiekonzeption, denn nur als „Klassenbester" und Definitionsführer schreibt man selbst die (Spiel-)Regeln.

Spieltheoretisches Szenarienmanagement verbessert die eigene Netzwerk-Performance

Im (Spiel-)Szenario wird gedanklich die Realität überflügelt, die sich später – vorausgesetzt, das „richtige" Spiel wird gespielt – als eine durch die Spielanalyse erfaßte Strategievariante einstellt. Dadurch sind Spieler nicht nur besser auf die Risiken der Zukunft vorbereitet. Sie haben auch ein besseres Verständnis dafür, wie die Realität aussehen könnte, was wiederum erst die Maßstäbe für das eigene Handeln liefert. Dabei erhöht die „Vogelperspektive" des Spiels die emotionale Distanz der Spieler zu der einem Spielszenario zugrundeliegenden Realität.

Spiele sind eine qualitätsgesicherte Vorbereitung auf die Zukunft. Spiele zeigen erst die neuen Wege in die Zukunft

Im Spiel regeln die Spielatome die über das Spiel zu koordinierende Interaktion der Spieler. Gleichzeitig legen die Spielatome auch den Spielraum aller Spieler fest. Dieser Spielraum bestimmt die Potentiale der Spieler für ihr strategisches Verhalten. Grenzen, Risiken und Chancen eigenen Verhaltens werden erkennbar, und das eigene Machtpotential zur Beeinflussung und Veränderung der Spielregeln kann ausgetestet werden, bevor ernste Schäden in den Netzwerken „angerichtet" werden (können). Jede Veränderung der Spielatome führt dabei zu neuen Spielen, wobei die Spieler aber nun erkennen (können), wie diese Veränderungen vor sich gehen und welche Konsequenzen damit verbunden sind. Damit hat jede (Spiel-)Situation ihre Besonderheiten, was „generelle" Handlungsanweisungen per Spielregelgenerator ausschließt. Die Spieltheorie kann daher kein Kochbuch sein, in dem für jedes Spiel das richtige Rezept steht. Die der Realität angepaßten „richtigen" Spiele müssen die Spieler schon selbst finden. Die Spieltheorie liefert „nur" die Ingredienzen, um die Spiele „genießbar" spielen zu können. Nicht jeder Spieler muß dabei aber mit der gewählten Geschmacksrichtung oder seinem Anteil an dem gemeinsam gebackenen Kuchen zufrieden sein. Ist er unzufrieden, muß er versuchen, das Spiel zu (ver)ändern. Die Spieltheorie weist dazu die Wege. Da die Spieltheorie kein Strategie-Kochbuch ist, können Erfolgsstrategien von heute zu Mißerfolgsstrategien in den Spielen von morgen werden, oder Erfolgsstrategien in Spielen an einem Ort A können zeitgleich Mißerfolgsstrategien in den Spielen an einem Ort B sein. Dadurch sind griffige und verführerisch simple Rezepte sowie „Scheinlösungen" durch die Spieltheorie von selbst ausgeschlossen. Spieltheoretische Strategien sind dynamisch und basieren auf der (Netzwerk-)Individualität der Spieler, wodurch sie nicht nur ein wahrnehmbares, sondern vor allem auch schwer imitierbares Separationsprofil liefern.

Spieltheoretische Strategien sind keine Rezepte für „alles". Spieltheoretisches Szenarienmanagement ist (situations-) spezifische und dynamische Problembewältigung der Spieler

Mit dem Spiel als einem Spiegel neuer (systemischer) Selbstwahrnehmung und als Diagnoseinstrument zur Festlegung von Ursache und Wirkung erweitern sich einfache Mustererkennungsprozesse der Spieler. Das für eine erfolgreiche Spielgestaltung notwendige Lernen verschärft in den (Spiel-)Netzwerken den „neuronalen" Wettbewerb unter den Spielern. Der (militärische) Netzwerk-Talk erfolgt zwar in der Sprache der Spieltheorie, doch zumindest das Finden des „richtigen" Spiels ist keine isolierte Angelegenheit mathematisch versierter (Spiel-)Theoretiker oder eine Sache der Computerakrobatik. Die „richtigen" Spiele können nicht im „stillen Kämmerlein" in Ortsferne der über das Spiel zu erfassenden Realität mit Bleistift und Papier oder mit Laptops gefunden werden. Die Identifikation der Spielatome ist eine Teamaufgabe und nur als von den Spielern verstandene und akzeptierte Teamaufgabe auch lösbar. Nur die „Köpfe" aller Beteiligten können durch ihr Engagement in multifunktionalen Teams die wichtigen Informationen und Einschätzungen über kulturelle Besonderheiten, routiniertes Regelverhalten, menschliche Verhaltensmuster usw. liefern. Auf der Stufe des Spieldesigns ist die Mathematik erst einmal Nebensache, und deren (Nicht-)Beherrschung oder die weitverbreitete Distanz zur Mathematik ist ein Kavaliersdelikt. Kreative Technik und nicht mathematische Technik ist erst einmal gefragt. Wie „gut" oder „schlecht" ein Spiel die zugrundeliegende Realität reflektiert, entscheidet das Spieldesign. Geht eine (Spiel-)Strategie „daneben", dann war nämlich nicht die Spieltheorie falsch, sondern das Spieldesign. Das Spiel hat ganz einfach die Realität nicht „richtig" erfaßt, und die Spielatome wurden nicht richtig spezifiziert bzw. falsch kombiniert. Auch für die Spieltheorie als Strategiepraktik gilt Senecas Weisheit „Einen guten Steuermann erkennt man erst im Sturm", wobei jedoch kein Spiel jemals „alles", was dazugehört, erfassen kann, da eine Vielzahl von Phänomenen „rational" gar nicht zu erklären ist. Für erfolgreiches spieltheoretisches Szenarienmanagement gilt daher auch immer Lessings „Gute Einfälle sind Geschenke des Glücks".

„Richtiges" Spieldesign resultiert aus Teamwork; es kann aber nicht „alles" erfaßt werden

Erst wenn die Spielatome immer wieder neu „zusammengewürfelt" werden, ergeben sich die neuen Chancen – sei es beim „Lösen" politisch-militärischer Konflikte oder bei Entscheidungen über Marktpenetrationsstrategien im nichtmilitärischen Bereich. Unabhängig vom Netzwerkhintergrund ist beim spieltheoretischen Szenarienmanagement immer kreatives, kritisches und vor allem (selb)ständiges (Quer-)Denken gefragt. Dieses Denken darf auch nicht vor dem „group thinking", das sich oft hinter den Netzwerkkulturen verbirgt und falschem, „nur" emotionalem Denken erst den Boden bereitet, haltmachen. Statisches Reglement der eigenen Netzwerkkultur begrenzt die wertschöpfende Reichweite spieltheoretischen Denkens und Handelns, wenn durch „Spiele" die Regeln (Strategien) gefunden werden müssen, um das Verhalten von (Gegen-)Spielern nicht nur zu beeinflussen, sondern auch zu verändern. Spieltheoretisches Szenarienmanagement bedeutet daher im Sinne von Einsteins „Es fehlt uns nicht an Wissen, sondern an Phantasie" auch ständige Veränderung und Veränderungsbereitschaft im eigenen Netzwerk. Spieltheoretisches Szenarienmanagement ist ein Synonym für Veränderung, da nicht nur fremde, sondern auch eigene Widerstände identifiziert und überwunden werden. Wenn man die Spieltheorie in die Praxis umsetzt, betreibt man daher keine abgehobene, unfruchtbare Netzwerkmathematisierung. Es wird ein Veränderungsprogramm mit nicht geringer Reichweite installiert. Da Widerstände überwunden werden, hilft es, mit der täglichen Realität als einem der oft schlimmsten Netzwerkszenarien umzugehen, wobei man jedoch auch mit der Spieltheorie „… keinen Eierkuchen backen kann, ohne ein paar Eier zu zerschlagen" (Napoleon).

Spieltheorie liefert keine Routine-Denkschemata. Denkfallen werden überwunden, und Schnittstellen erwachen aus ihrem Dornröschenschlaf. Denken bei spieltheoretischem Szenarienmanagement die Spieler mit den „Köpfen" der anderen Spieler, entstehen durch „Gleichgewichtsstörungen" im Denken auch (erst) Veränderungen im eigenen Netzwerk

Erinnern wir uns an dieser Stelle noch einmal an Clausewitz, der festgestellt hatte, daß die traditionelle Heerführung Preußens den „revolutionären" Methoden Napoleons unterlegen war. Daraufhin teilte Moltke das preußische Offizierskorps in vier Kategorien ein:

- intelligent und fleißig (Experten);
- dumm und faul (Fußvolk);
- dumm und fleißig (können nicht Wichtiges von Unwichtigem unterscheiden);
- intelligent und faul (erledigen ihre Aufgaben zielorientiert).

Für Moltke wurden die „intelligenten und faulen" und damit kreativen Offiziere zu einer wichtigen Stütze. Zwei Jahrhunderte später sind es die kreativen „Moltke-Offiziere", die in militärischen Spielszenarien zu entscheiden haben, ob

- Reputation auf- oder abgebaut werden soll
- Verhandlungen erfolgreich geführt werden (können), vertagt werden (müssen) oder sogar abzubrechen sind
- Kooperation oder Konfrontation das Ziel ist
- Garantien sinnvoll oder nicht sinnvoll sind
- mit glaubwürdigen oder unglaubwürdigen Spielern verhandelt wird
- Drohungen geeignete und/oder ungeeignete politisch-militärische „Stilmittel" sind
- Informationen strategisch oder nichtstrategisch sind
- Berechenbarkeit oder Unberechenbarkeit strategische Alternativen sind
- Chancen und Risiken (noch) kontrollierbar sind
- Anreize das Verhalten des Gegners beeinflussen können usw.

Halten wir fest, daß die Spieltheorie seit dem Zweiten Weltkrieg fester Bestandteil militärischen Krisenmanagements und militärischen Strategiedesigns ist. Sie ist seit über fünf Jahrzehnten als Strategiepraktik und strategischer (Denk-)Rahmen erprobt und hat sich bewährt. Deshalb ist vor dem militärischen Hintergrund der Spieltheorie zu fragen, ob

- sich militärisches Denken als strategisches Denken von nichtmilitärischem Denken als strategischem Denken unterscheidet?
- „think tanks" am MIT oder bei der Rand Corporation anders als Stäbe in Unternehmen denken?
- sich die (Denk-)Logiken von Spielern in militärischen und nichtmilitärischen Szenarien unterscheiden, wenn kurzfristig Situationen unter anderen Perspektiven zu erfassen sind?

Die Antworten auf diese Fragen müssen **„NEIN"** lauten.

Weiter ist zu fragen, ob

- das Clinton-Hashimoto-Szenario nicht Teil eines allgemeinen (Droh-)Szenarios oder (Droh-)Spiels ist, in dem sich die Spielatome nur der speziellen Situation anpaßten?
- sich militärische (Denk-)Szenarien nicht immer mehr nichtmilitärischen (Denk-)Szenarien annähern, wenn sich erstens bestehende Sicherheitsstrukturen zu prozeßorientierten flexiblen Sicherheitsarchitekturen wandeln und wenn zweitens das Militär, abseits seiner eigentlichen Spielfelder, unter Wettbewerbsbedingungen zunehmend auch „Kämpfe" um die Finanzierung aus immer enger werdenden Staatsbudgets austragen muß?
- in der Fülle militärischer (Denk-)Szenarien nicht auch „Schätze" für strategisches Verhalten in nichtmilitärischen Szenarien verborgen liegen, wenn die Atome der Spiele situativ geeignet angepaßt und kombiniert werden?
- im Sicherheitsbereich durch die Spieltheorie lokalisierte und quantifizierte Begriffe wie „Vertrauen", „Verdacht", „Drohung", Kooperation" und „Konkurrenz" nicht auch im nichtmilitärischem Bereich einen ähnlichen Sinngehalt haben?

Die Antworten auf diese Fragen müssen **„JA"** lauten.

Militärische (Denk-)Szenarien und spieltheoretische (Denk-)Logik sind verbunden. Die Anpassung und Kombination der Atome militärischer Spiele an nichtmilitärische Realitäten erschließt auch jenseits des Militärs Reservoirs für (Denk-)Bilder strategischen Verhaltens

Die Verbindung zwischen den militärischen (Gedanken-)Rahmen und den nichtmilitärischen (Gedanken-)Rahmen fällt leicht, da das (Wahrscheinlichkeits-)Denken das Management beider Netzwerke verbindet. Daß der Wandel in Gestalt der Unsicherheit kein Netzwerk verschont, versteckt sich auch hinter Wilhelm Raabes „Was ist so ein unbedeutendes Gemetzel wie bei Cannae, Leipzig oder Sedan gegen die fort und fort um den Erdball tosenden Schlachten des Daseins?". Deshalb ist es nicht verwunderlich, daß die Spieltheorie durch neue kreative Kombinationen der Spielatome viele zusätzliche Dienstherren im nichtmilitärischen Bereich gefunden hat. Nicht nur, weil sich ursprünglich militärische „think tanks" kommerzialisiert haben, sondern schlicht und einfach die Notwendigkeit, daß auch nichtmilitärische Netzwerke systemische Zwänge in wertschöpfende Synergien umwandeln (müssen), führte dazu, daß

258 · VI. Szenarienwelten der Spieltheorie

- Preis- und Tarifgestaltung,
- Konkurrenzverhalten,
- Auktionen,
- Standortfragen,
- Anlagestrategien für Derivate,
- Zurechnungsverfahren für Sitze in Parlamenten und Ausschüssen,
- Organisationsdesign,
- Geld- und Außenhandelspolitik oder auch
- die Justitiabilität von Gesetzen

spieltheoretisch basiert sind.

So verschieden die Handlungshintergründe dieser Segmente auch sein mögen, so sind sie doch durch ein unsichtbares Band verbunden. Dieses Band heißt strategische Interaktion, und diese gehorcht den Spielregeln der Spieltheorie.

Spieltheoretisches Szenarienmanagement ist ein Synonym für Netzwerkmanagement

Dabei ist den wenigsten Akteuren bekannt, daß die meisten dieser Prinzipien einen militärischen Ursprung haben, worauf sich letztendlich wieder die Relevanz und Leistungsfähigkeit der Spieltheorie gründet(e). Gerade bei der Leistungsfähigkeit der Spieltheorie in militärischen und nichtmilitärischen Netzwerken zeigt sich jedoch ein entscheidender Unterschied. Im militärischen Netzwerk ist die Spieltheorie als Bestandteil der „Command and control"-Kultur schnell und effizient, ohne Wenn und Aber nutzbar. Im nichtmilitärischen Netzwerk mit einer komplizierteren Netzwerkpsychologie durch „Third order control"-Kultur sind zur Nutzung der spieltheoretischen Prinzipien jedoch erst einmal Wahrnehmungs-, Kompetenz-, Implementations- und Flexibilitätsblockaden zu überwinden. Da aber erst die gedankliche Disziplin der Spieltheorie zeigt,

- welche Bandbreite möglicher Strategien zur Bewältigung des Wandels verfügbar ist
- wie das komplizierte Wechselspiel zwischen den Netzwerkspielern in (Gedanken-)Rahmen von Spielen strukturiert zu entflechten ist
- wie in Spielen klar erkennbar die systemische Abschätzung der Folgen eigener und fremder Handlungen möglich wird
- daß Perspektiven anderer Spieler nicht nur gesehen werden müssen, sondern auch als deren mögliche Reaktionen prognostizierbar ins eigene strategische Kalkül einbezogen werden müssen

- an welchen Hebeln wie gezogen werden muß, damit man Spiele aktiv zum eigenen Vorteil verändern kann
- ob (Macht-)Spiele in Netzwerken durch Führungswillen kaschiert sind,

haben nicht nur amerikanische Consultants mittlerweile die Spieltheorie als Managementkonzept identifiziert. Die Spieltheorie kann, um in der Weltpolitik-Spielwelt Kissingers zu bleiben, „Spieler aus bekannten Gefilden in unbekanntes Terrain führen".

„Denken ist die Erkenntnis durch Begriffe."   Immanuel Kant

VII. Die Checkpoints am Wegesrand der Spieltheorie

Die Umwelt wird zunehmend komplexer, wobei Komplexität in diesem Sinnzusammenhang keine leere Worthülse ist, da mit deren Zunahme fast immer Leistungssteigerungen verbunden sind. Die Herkulesaufgabe des Managements besteht vor diesem Szenario darin, den Umgang mit und die Akzeptanz der Komplexität zu lernen. Der Nachteil bei der Lösung dieser Aufgabe liegt darin, daß unser Denken dieser Komplexität meistens nicht entspricht. Ein vielgenutzter Fluchtweg aus dieser Situation ist, sich (selbst) einzureden, daß alles viel einfacher ist, als es in der Wirklichkeit erscheint. Dieser Fluchtweg hat ohne Checkpoints oft den „fatalen" Endpunkt, daß mit komplexen Zusammenhängen dann wirklich so umgegangen wird, als wenn es sie nicht gäbe. Kurzum, die Komplexität wird ignoriert.

> **Eine gefährliche Strategie zum Umgang mit Komplexität ist das Leugnen von Komplexität**

Die Checkpoints, daß dieser „Irrweg" nicht länger ein Irrweg bleiben muß bzw. daß Kreativitätspotentiale aus einer „Verirrung" extrahiert werden können, liefert die Spieltheorie. Als (Denk-)Logik basiert sie auf der Fähigkeit der Spieler zum kritischen und strukturierten Denken. Sie stellt nicht nur eine klare Sprache zum „Netzwerk-Talk" zur Verfügung, sondern liefert auch das Instrumentarium, um die Fähigkeit zum kreativen und disziplinierten Denken zu verbessern. Dadurch entstehen für die Spieler Chancen, die vielschichtige systemische Netzwerkdynamik nicht nur zu begreifen, sondern auch zu handhaben. Hat man erst einmal über „richtige" Spiele ein fundiertes Verständnis der Situation gewonnen, weist die spieltheoretische Strategie dann Maßnahmen, um die gefundenen Wege in der Netzwerkroutine umzusetzen.

Spieltheoretisches Denken bietet Chancen, Situationen „richtig" zu deuten und einzuschätzen. Durch spieltheoretisches Szenarienmanagement steht eine Strategiepraktik zur Verfügung, mit der sich Situationen und damit die Netzwerkarchitektur gestalten oder „managen" lassen

Spieltheoretisches Szenarienmanagement erhält dem Management (den Spielern) die Fähigkeit, offen und flexibel zu bleiben. Mit diesem Sicherheitsäquivalent zur Bewältigung des Wandels als Faustpfand kann mit der abschließenden Bewertung und der Festlegung von Strategien so lange gewartet werden, bis ein systemisch-detailliertes Bild von Realitäten geformt wurde. Unter der systemischen Perspektive der Spieltheorie „verändert" sich jedoch die Rolle und im „best case" auch das Rollenverständnis des Managements. Dieses ist als (Haupt-)Gestalter der Netzwerkspielregeln zwar ein wichtiger, an allen Netzwerkspielen irgendwie beteiligter Spieler; als Teil des Netzwerkganzen ist es aber auch nur wieder ein (Mit-) Spieler unter vielen. Die „Spielkunst" eines Spielers wird im Schmelztiegel des Spiels erst durch das Spielverständnis aller Spieler entlohnt. Wenn dabei die Spieler neue Einsichten aus der Spielperspektive gewinnen (können) und dieses breitere Handlungsspektrum aufgrund differenzierterer Sichtweisen auch nutzen (können), wird spieltheoretisches Szenarienmanagement mit dem Management als Change Agent zum Synonym des Wandels. Daß spieltheoretisches Szenarienmanagement (möglicherweise) sogar eine „Konstante" im Wandel ist, hat einen einfachen Grund: **Die über Spiele erfaßte Realität wird durch Spieler nicht mehr von starren, unveränderlichen, vor dem systemischen Zusammenhang unreflektierten (Denk-)Standpunkten aus interpretiert.**

Die Spieltheorie ist eine „Konstante" im Wandel

Die systemische Perspektive verändert dann auch das „bedrohliche" Bild der Komplexität. Diese ist nicht mehr auf ein Nullsummenspiel unter der für alle Spieler kontraproduktiven Spielregel „Was ich will, kannst du nicht haben" reduziert. Durch Spielszenarien wird für die Spieler deutlich, daß die sture Verteidigung eigener komfortabler (Macht-)Positionen nicht unbedingt die „beste" Strategie ist. Sie erkennen, daß man durch Kooperation den ohnehin „irgendwie" gemeinsam zu backenden Kuchen sogar noch vergrößern kann und die Verteilung des „neuen" größeren Kuchens auch wieder zur Frage kooperativer Arrangements wird. Hinter der Aussicht, wenn man „heute" etwas abgibt, könnte man „morgen" etwas mehr bekommen, versteckt sich oft schon ein „Quantensprung" im Denken. Die Spieltheorie zeigt die Wege, wie man diese „Quantensprünge" nicht nur denken, sondern auch wertschöpfend umsetzen kann. Da die zunehmende Komplexität diesen Wandel im Kuchenbacken nicht nur notwendig, sondern auch erst möglich macht, wird aus der Gefahr plötzlich eine Chance. In Spielszenarien gewinnen diese Chancen dann erst ihre Konturen, wenn für die Spieler erkennbar wird, daß

- „Irrwege" der Nullsummenspiele durchaus Auswege haben (können)
- Nullsummenspiel plus Nullsummenspiel nicht wieder ein Nullsummenspiel ergeben muß, wenn gemeinsam nach der „Lösung" abseits dieses Denkens gesucht wird
- man zum (Über-)Leben im Wettbewerb nicht immer dasselbe, sondern dringend etwas anderes braucht.

Mit der Spieltheorie kann man „in Stellung gehen" oder „in Bewegung bleiben"

Durch Spiele wird somit zum einen die von allen Managementphilosophien postulierte Überwindung von Blockierungen möglich, die erst durch Rigidität und Inflexibilität von Verhalten und Denken so manchen Konflikt erzeugen. Zum anderen zerstört der situationsbezogene spieltheoretische „Deutungsprozeß" die Routinen der Netzwerkrealitäten. Durch die Spieler werden nicht nur Vorstellungen und Erklärungen über das Netzwerkleben „geformt": Das Netzwerkleben wird (möglicherweise ungewollt) von den Spielern besser verstanden.

Durch Netzwerkspiele wird die Netzwerkpsychologie besser verstanden

Da Spiele aufgrund ihres systemischen Bezugs keine einseitigen, vor dem Netzwerkganzen unreflektierten „Erkenntnisse" liefern, ist plötzlich auch der Wandel der Netzwerkinnenwelten nicht mehr mit einem Nullsummenspiel vergleichbar. Wenn mit dem Netzwerk als Maschine, Organismus, selbstlernendes System, Machtsystem, Fraktal oder Neuronales Netz die unterschiedlichsten Vorstellungen (Metaphern) und Denkhaltungen der Spieler zum Verständnis des Netzwerklebens herangezogen und dazu unter den Spielern auch noch „ab-" oder „angeglichen" werden (können), kann an „unvermuteten" Stellen im Netzwerk das Spielregelsysteme und Architekturen verändernde Potential zur Lenkung und Gestaltung entstehen. So wird aus dem Change Management des „top down" das von vielen Managementphilosophien postulierte Change Management des „bottom up". Liefern diese Ungleichgewichte in den vertrauten (Macht-)Spielen des Netzwerkes dann auch noch auf bisher unbekannten (Denk-)Bahnen die neuen Einsichten (Zukunftsperspektiven), muß diesem „Phänomen" im „best case" für die Netzwerkharmonie „offen" gegenübergetreten werden. Das bedeutet „Anpassung" an das neue Denken. Da „jeder lieber fremde Fehler verbessert haben will als eigene" (Quintilian), ist der „worst case" durch die Interessen der „alten" (Macht-)Spieler jedoch wahrscheinlicher: Spieltheoretisches Szenarienmanagement rüttelt nämlich an Gedanken, Wertvorstellungen, Normen und Ritualen. Kurzum, die „künstlich" geschaffene Netzwerkrealität durch inflexible Netzwerkkulturen ist in Gefahr. Die Netzwerkpsychologie „arbeitet" plötzlich nicht nur anders; sie „arbeitet" auch noch anders als erwartet. Dabei darf es im „Gefängnis" des Denkens, in dem die (Bau-)Steine inflexibler Netzwerkkulturen die Mauern der „Group-thinking-Zellen" formen, jedoch nicht zu unkontrollierten „(Denk-)Revolutionen" kommen. Auch die (Macht-)Spiele dürfen nicht gänzlich ihre für das Netzwerkleben nicht unwichtigen (Selbst-)Steuerungspotentiale verlieren. Damit es nicht zu einem für alle ungünstigen Dilemma kommt, ist es wichtig, daß die Spieler ein Verständnis für die Logik der Veränderung durch die Spieltheorie gewinnen (können). Es muß der für alle Spieler wertschöpfende „middle case" gefunden werden.

Der „Mythos" der Spieltheorie versteckt sich hinter der (Denk-)Logik der Spieltheorie

Zum Abschluß eine kleine Spektralanalyse des „Sterns" Spieltheorie, an der sich alle Spieler bei ihrer ersten Begegnung mit der Spieltheorie erst einmal orientieren sollten, um erfolgreich ihre Spiele spielen zu können. Mit den Checkpoints der Spieltheorie am Wegesrand „zu den Sternen" können beispielsweise die Fragen beantwortet werden:

- Auf welchen Spielfeldern soll wie kooperiert werden?
- Was ist das Ziel der Kooperation?
- Wer sind geeignete Kooperationspartner?
- Nach welchen Spielregeln kann Kooperation „gepflegt" werden?

Die Spieler verlieren dabei jedoch niemals aus den Augen, wo die Konfliktpotentiale liegen, damit die einzelnen Schritte zum eigenen und gegenseitigen besseren Kennenlernen nicht in Sackgassen führen.

Ein Spiel (Szenario) ist der Rahmen für gedankliche Disziplin zur Reduktion der Komplexität auf strategisch relevante Kerne. Die Atome „Spieler", „Information", „Strategie", „Wertschöpfung" (Auszahlung) und „Spielregeln" bestimmen in Spielen, für alle Spieler wechselseitig transparent, alle möglichen Interaktionen der

Spieler. Dadurch werden systemische Wechselwirkungen klar identifiziert, und das strategische Reaktionspotential zur vorwärtsorientierten Spielgestaltung wird ständig erweitert. **Die (Spiel-)Atome reflektieren dabei das ganze Spiel; sie sind die Hebel, mit denen sich Spiele verändern und beeinflussen lassen.** Hier muß das Management ansetzen, um die Auffassungen der Spieler über Spiele zu verändern, da für Spieler *das*, was sie für das Spiel halten, auch das Spiel *ist*.

Im Spiel wird so erkennbar,

- wer die Spieler sind, was die (Teil-)Spiele sind und wie die Spiele untereinander verzahnt sind

- wie das Verhalten der Spieler in einem Spiel die verbundenen (Teil-)Spiele beeinflußt und wie die (Teil-)Spiele wiederum das Verhalten von Spielern beeinflussen, wodurch ein Rahmen zur Verfügung steht, der erst zeigt, wie sich die Rollen der Spieler verändern können

- was die Interessen, Vorstellungen und Rollen der Spieler sind und wie diese beeinflußt werden

- was die Handlungsmöglichkeiten (Strategien) der Spieler sind und wie diese zu beeinflussen sind

- was die Spielregeln sind, wie Spielregeln gefunden werden, wie „alte" Spielregeln zu beeinflussen sind, wie Spielregelqualität im Sinne von „gut" oder „schlecht" operationalisierbar ist und welche Spieler die Macht haben, Spielregeln zu verändern

- welche Spieler Machtpromotoren, Blockierer oder „Lösungsförderer" sind

- wann Informationsinhalte strategisch im Sinne von wahr oder falsch sind und wie Information gemeinsam wertschöpfend nutzbar ist, wodurch aus mangelnder Vertrauenswürdigkeit und unterschiedlichen Vorstellungen über Vertrauenswürdigkeit erst das notwendige Vertrauen zur gemeinsamen zielorientierten Spielgestaltung unter Leitbildern resultiert

- ob offene oder „verdeckte" Spielregeln das Verhalten der Spieler bestimmen

- wie und unter welchen Bedingungen sich Spielerinteressen und Teaminteressen verbinden

- welche Spieler Teams bilden können und wie durch Spielerauswahl Teams gebildet werden

- wie sich Auszahlungen im Spiel verändern, wenn neue Spieler am Spiel teilnehmen oder wenn alte Spieler aus dem Spiel ausscheiden, und wie Veränderungen der Auszahlungen das Spielerverhalten beeinflussen

- welche strategischen Chancen und Risiken Kooperation und Nichtkooperation eröffnen

- ob das bestehende Spiel durch die Verbindung mit anderen Spielen oder durch die Trennung von anderen Spielen verändert werden soll.

Der (Gedanken-)Rahmen von Spielen zeigt den Spielern aber auch,

- ob Probleme sequentiell (isoliert) oder vernetzt verhandelbar sind, wobei Probleme durch Fragen nach dem „Warum" und „Warum nicht" entscheidbar sind

- welche Vor- und Nachteile eigene und fremde (Spiel-)Strategien bergen

- wie das Finden von Optionen von der Beurteilung von Optionen zu trennen ist, wie Polemik und Polemisierung durch Aufbau einer informellen Atmosphäre realisiert werden und wie konsensfähige Optionen mit Nutzen für alle Spieler zu finden sind, wodurch falsche Entscheidungen produzierendes „Positions-gerangel" und „Feilschen" um Positionen vermieden wird

- wie Situationen aus verschiedenen Perspektiven zu betrachten sind, wodurch es erst möglich wird, sich auf Interessen statt auf Positionen zu konzentrieren, wobei beim Einnehmen der Perspektive anderer Spieler klar wird, wie diese auf eigene, für sie neue Strategien reagieren

- wie Problemlösungen mit unterschiedlichen systemischen Wirkungsgraden zu finden sind und was überhaupt die beste gemeinsame Alternative im vorliegenden Spiel ist

- warum Drohungen und Willenserklärungen oft nicht weiterhelfen, wodurch die Spieler erst die (strategische) Bedeutung von Reputation und Kontinuität erkennen, wobei sich Drohungen oft als Schwächen erweisen, die mehr Schaden anrichten, als Spieler im ersten Moment glauben

- wie Streitfälle von Spielern gemeinsam, nach akzeptierten objektiven Kriterien zu lösen sind, wodurch Meinungsverschiedenheiten der Spieler erst in konstruktive Wertschöpfung gewandelt werden, da die Spieler wechselseitig ihr Verhalten besser verstehen

- wie persönliche Angriffe zur sachbezogenen Auseinandersetzung werden, da Vernunft und Emotionen im „Gleichgewicht" sind

- wie die Beziehungen zwischen den Spielern zu verbessern sind

- wie der Kommunikationsprozeß zum Erreichen der Ziele zu gestalten ist.

Im Spiel (Szenario) wandelt sich die egozentrische zur allozentrischen Perspektive, da erkennbar wird,

- welche Spieler ausgeschlossen und welche integriert werden müssen

- wie unterschiedliche Spielerinteressen verschmelzen, wobei Spieler erst erkennen, daß sie nicht mehr aus dem Spiel herausnehmen können, als sie in das Spiel einbringen, wodurch sich die „Entweder-Oder"-Perspektive in die „Sowohl-Als-auch"-Perspektive wandelt

- daß Spieler nicht Positionen anderer Spieler angreifen müssen, sondern erst einen Blick hinter die Positionen der anderen Spieler werfen müssen, wodurch sie nicht nur dem Denken der anderen Seite auf die Spur kommen, sondern das Verhalten der anderen Seite erst verstehen

- daß Emotionen Urteile nicht vernebeln dürfen, was Sachziele und Beziehungsziele trennt

- daß Entscheidungen neben Vertrauen auch auf systemischen Risikoanalysen basieren müssen, wobei Spiele zwar die Identifikation mit und Akzeptanz der Situation erhöhen, sich die Spieler aber die Sensibilität für Risiken erhalten, da Risiken nicht „technisch" wegdiversifiziert werden

- daß „Lösungen" nicht Zwang, sondern Einsicht bedeuten, wobei das eigene Verhalten per Strategie kontrollierbar ist

- daß Spieler „gleich" behandelt werden, weil Differenzen nur sachbezogene Differenzen sind

- daß „Gepflogenheiten und Routinen folgen" sowie „Druck nachgeben" falsche Strategien sind

- wie Meinungsverschiedenheiten entstehen und Zugeständnisse wirken, was „group thinking" bedeutet und daß Spieler nicht etwas erwarten können, wenn sie nicht bereit sind, selbst etwas zu geben

- daß Neues nichts Bedrohliches, sondern ein natürlicher Teil des Wandels ist, wobei Spiele wie Lernprozesse wirken, die das Selbstvertrauen der Spieler zur Bewältigung des Wandels stärken.

Im Sinn von Shakespeares „All the world's a stage, and all the men and women merely players" sind viele voneinander abhängige Faktoren dafür verantwortlich, daß keine Entscheidung isoliert von anderen Entscheidungen getroffen werden kann. Dadurch gibt es keine isolierten Spiele, und jedes Spiel ist mit „größeren" Spielen zum Chancen-/Risikoverbund verzahnt. Die spieltheoretische Perspektive zeigt aber erst, daß aufgrund der systemischen Reflexe Selbstverständlichkeiten nicht mehr als selbstverständlich vorausgesetzt werden können. Die Spieltheorie ist daher eine Strategiepraktik, die inmitten all der damit verbundenen Komplexität über Spiele die strategischen handlungsleitenden Kernelemente klar identifiziert. Als Technik gemeinsamen strategischen Denkens, das wechselseitig in die (Denk-)Vorstellungen der Spieler eindringt, ist die Spieltheorie ein vom Umweltwandel unabhängiges, flexibles Werkzeug. Sie ist ein „Allwetterjäger" für alle Netzwerkwetterlagen, und spieltheoretisches Szenarienmanagement wirkt wie ein Moderator, den erstens alle Netzwerkspieler nutzen können, der zweitens alle Spieler als gemeinsame Sprache zur Erörterung von Alternativen vernetzt und der drittens die Gründe für Spielerverhalten klar identifiziert. **Dadurch konzentriert sich spieltheoretisches Szenarienmanagement als die Spieler wechselseitig verpflichtendes Total Quality Improvement durch das Finden der richtigen Strategien und das Treffen der richtigen Entscheidungen auf die wichtigsten Kernfragen bei der Bewältigung des Wandels.** Da aber auch der „Allwetterjäger" Spieltheorie von Menschen „geflogen" wird, ist das spieltheoretische Szenarienmanagement, trotz seiner großen Reichweite, nur so erfolgreich, wie es die Qualität der Piloten im verbundenen Einsatz zuläßt.

Index